nuevo sueña 1

ESPAÑOL LENGUA EXTRANJERA

A1-A2
Libro del alumno

Directora y coordinadora del proyecto
M.ª Ángeles Álvarez Martínez

Coordinadora del nivel Inicial
M.ª Ángeles Álvarez Martínez

Autoras
**M.ª Ángeles Álvarez Martínez
Ana Blanco Canales
M.ª Luisa Gómez Sacristán
Nuria Pérez de la Cruz**

Usa este código para acceder al
LIBRO DIGITAL
y al
BANCO DE RECURSOS
disponibles en

Ē digital LE
www.anayaeledigital.es

Dirección
M.ª Ángeles Álvarez Martínez

Programación y esquemas gramaticales
M.ª Ángeles Álvarez Martínez, Ana Blanco Canales y M.ª Jesús Torrens Álvarez

Coordinación del Nivel Inicial
M.ª Ángeles Álvarez Martínez

Autoras
M.ª Ángeles Álvarez Martínez, Ana Blanco Canales, M.ª Luisa Gómez Sacristán y Nuria Pérez de la Cruz

5.ª edición: 2023

Equipo editorial
COORDINACIÓN: Mila Bodas
EDICIÓN: Mila Bodas y Sonia de Pedro
ILUSTRACIÓN: Álvaro Núñez
CUBIERTA: Fernando Chiralt
DISEÑO Y MAQUETACIÓN: Alfredo Martín y Ricardo Polo
CORRECCIÓN: Beatriz Ruiz Rodríguez
EDICIÓN GRÁFICA: Nuria González, Alfredo Martín y Ricardo Polo
ESTUDIO DE GRABACIÓN: Anaya Educación

© DE LA DIRECCIÓN Y COORDINACIÓN DEL PROYECTO SUEÑA: M.ª Ángeles Álvarez Martínez
  DE LA PROGRAMACIÓN Y ESQUEMAS GRAMATICALES: M.ª Ángeles Álvarez Martínez, Ana Blanco Canales y M.ª Jesús Torrens Álvarez
  DE LA COORDINACIÓN DEL NIVEL INICIAL: M.ª Ángeles Álvarez Martínez

© DEL TEXTO: M.ª Ángeles Álvarez Martínez, Ana Blanco Canales, M.ª Luisa Gómez Sacristán y Nuria Pérez de la Cruz

© DE ESTA EDICIÓN: Grupo Anaya, S. A. 2015

Fotografías
Agencia EFE, AGE Fotostock, Album, Archivo Anaya (Cosano, P.; Jove, V.; Sánchez, J.; Steel, M.; Vázquez, A.), Corbis/Cordon Press, Getty Images, 123 RF

Fotografía de cubierta
Thinkstock/Getty Images

Con la colaboración de Montserrat Hidalgo Rodríguez y Carmen Criado Hernández

DEPÓSITO LEGAL: M-31423-2023
ISBN: 978-84-143-4110-0
PRINTED IN SPAIN

Las normas ortográficas seguidas en este libro son las establecidas por la Real Academia Española en su última edición de la *Ortografía*.

Instituto Cervantes

Este Método se ha realizado de acuerdo con el Plan Curricular del Instituto Cervantes, en virtud del Convenio suscrito el 14 de junio de 2001.
La marca del Instituto Cervantes y su logotipo son propiedad exclusiva del Instituto Cervantes.

PAPEL DE FIBRA CERTIFICADO

Reservados todos los derechos. El contenido de esta obra está protegido por la Ley, que establece penas de prisión y/o multas, además de las correspondientes indemnizaciones por daños y perjuicios, para quienes reprodujeren, plagiaren, distribuyeren o comunicaren públicamente, en todo o en parte, una obra literaria, artística o científica, o su transformación, interpretación o ejecución artística fijada en cualquier tipo de soporte o comunicada a través de cualquier medio, sin la preceptiva autorización.

Nadie se baña dos veces en las mismas aguas de un río, pues somos y no somos los mismos. (Heráclito)

15 años enseñando español como referente

SUEÑA se presenta con un nuevo formato, gráfico y didáctico, para continuar su andadura en el aula, donde miles de profesionales siguen confiando en él por considerarlo una herramienta de trabajo flexible que da respuestas pedagógicas eficaces sin perder de vista el nivel del usuario al que va destinado.

PROGRAMACIÓN EXHAUSTIVA

La gran virtud de **SUEÑA** es la programación que vertebra los cuatro libros y los cinco niveles. Consideramos fundamental que los contenidos estén graduados y sean coherentes, lo que se consigue con una programación exhaustiva y sólida. Creemos en los trabajos que se fundamentan en el rigor y en el conocimiento del proceso educativo, en este caso, en el proceso de aprendizaje de una segunda lengua. No se trata solo de que los alumnos aprendan español, sino de que sean conscientes de que, día a día, sus conocimientos se amplían y de que desarrollan un uso cada vez más competente.

ENFOQUE COMUNICATIVO

Desde su aparición en 2001, **SUEÑA** sigue las directrices del Instituto Cervantes, por lo que obtuvo, en su momento, el respaldo de esta institución. En posteriores ediciones, se ha ido adaptando a las **referencias de lenguas adscritas a los materiales de la enseñanza aprendizaje de segundas lenguas**.

De enfoque eminentemente comunicativo, las destrezas están integradas y ampliamente desarrolladas; de este modo, la mayor parte de las actividades y ejercicios, tanto del Libro del Alumno como del Cuaderno de Ejercicios, trabajan los contenidos lingüísticos con la práctica de una o varias **destrezas**.

SUEÑA 1 está dirigido a los alumnos que se acercan por primera vez al español y quieren alcanzar una competencia básica que les permita desarrollar actividades cotidianas en español. El principal objetivo de este nivel es que el estudiante esté el mayor tiempo posible expuesto a la lengua y practique con un número elevado de ejercicios, con el fin de adquirir una adecuada base lingüística.

nuevo sueña

Las novedades

SUEÑA 1 facilita el trabajo secuencial de cada unidad de trabajo. Se han incorporado **etiquetas temáticas** que acotan el campo comunicativo que se trata en cada caso. Además, se ha diseñado, como cierre de secuencia de trabajo, una **Tarea** pensada para repasar, de manera conjunta, los contenidos de la unidad. Por último, se acotan los ejercicios de **fonética y ortografía** para su identificación.

Se ha actualizado la infografía, reservando un espacio relevante a los nuevos formatos de la comunicación. Los contextos en que el alumno se ve inmerso son amenos y motivadores, al acercar la nueva realidad social al estudiante.

La cultura

La sección **Maneras de vivir** presenta, de forma moderna y atractiva, los aspectos y referencia culturales tanto de España como de Hispanoamérica, teniendo en cuenta las diferencias y las semejanzas.

SUEÑA sigue manteniendo su dinamismo y su actualidad. Continúa siendo un método eficaz para impartir hasta 200 horas de clase, lo que implica, según las directrices del MCER, el **cambio de nivel de lengua**. Por ello, es válido tanto para un curso académico como para dos, adaptable al número de horas de que se disponga.

¿Cómo se estructura Sueña 1?

- Cada lección está dividida en dos ámbitos temáticos en los que se amplían los contextos funcionales y se practican de manera gradual los contenidos programados.
- Contiene **fichas informativas** que ayudan a realizar una actividad o a fijar un contenido.
- Al final del ámbito, se propone una actividad denominada **TAREA,** que practica los contenidos fundamentales del ámbito.
- **Así como suena** es un apartado dedicado a la fonética, marcado gráficamente como cierre de sesión de trabajo.
- Existen etiquetas que introducen un tema comunicativo.
- Cada ámbito se cierra con un **esquema gramatical,** a modo de resumen de los contenidos fundamentales.
- **Maneras de vivir**
- **Recapitulación**
- **Transcripciones**
- **Glosario** (traducido a cinco idiomas).

FICHAS INFORMATIVAS
con contenido léxico, gramatical o funcional

FONÉTICA Y ORTOGRAFÍA

ESQUEMA GRAMATICAL
donde se sistematizan los contenidos

ACTIVIDAD GLOBALIZADORA
de los contenidos fundamentales

ETIQUETAS TEMÁTICAS

ICONO DE REFERENCIA
a las actividades del **CUADERNO DE EJERCICIOS**

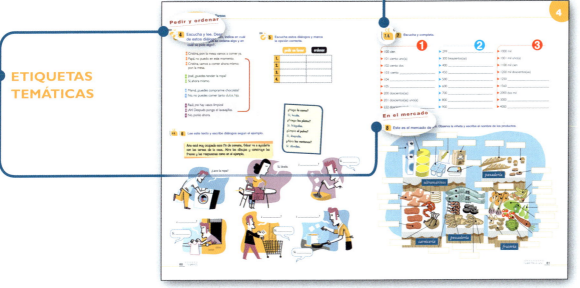

SECCIÓN DE CULTURA
pensada para la comunicación participativa entre los estudiantes.

CUADERNO DE EJERCICIOS
concebido para el refuerzo y complemento de las actividades del Libro del Alumno.

índice

LECCIÓN	FUNCIONES	GRAMÁTICA
1. ¿Quiénes somos? 1. ¿Cómo te llamas? Pág. 10	- saludar - deletrear - presentarse uno mismo - preguntar y decir el nombre y los apellidos, el origen, las lenguas que se hablan, la edad y la profesión o los estudios - pedir y dar información sobre el significado y la forma de las palabras	- presente de indicativo de *llamarse, apellidarse, ser, tener* y *hablar* - pronombres personales sujeto - *ser* + adjetivo de nacionalidad; *ser de* + nombre de ciudad o país - género y número en adjetivos de nacionalidad - interrogativos: ¿cómo?, ¿de dónde?, ¿cuántos (años)?, ¿qué?, ¿a qué? - números del 0 al 100
2. ¿Cómo estás? Pág. 18	- saludar y despedirse - presentar a alguien y responder al ser presentado - preguntar y decir la dirección - preguntar y decir el número de teléfono - contestar al teléfono y preguntar por alguien	- presente de indicativo de *vivir* y *estar* - formas de tratamiento: *tú / usted* - pronombres demostrativos - artículo: uso ante fórmulas de tratamiento - formas contractas: *al, del* - concordancia en género y número de artículo y demostrativo - interrogativos: ¿qué?, ¿dónde?, ¿cuándo?, ¿cuántos?, ¿cómo?, ¿cuál?
2. Mi mundo 1. La casa Pág. 26	- describir la vivienda y sus habitaciones - expresar existencia y ubicación de objetos - describir la ubicación de objetos - expresar acciones habituales - preguntar y decir la hora	- indefinido y numeral: *un(o)* - interrogativo: ¿cuántos(as)? - género y número en los sustantivos; concordancia con el indefinido y con el interrogativo *cuántos* - *en* (nombre de lugar) *hay* + indefinido o numeral / artículo + sustantivo + *está(n)* - *ser* + adjetivo / *tener* + sustantivo / *estar* + adverbio o *en* + nombre de lugar - preposiciones y adverbios de lugar: *en, cerca (de), lejos (de)* - presente de indicativo de los verbos regulares más frecuentes
2. La clase Pág. 34	- expresar existencia y ubicación de objetos y personas - describir a una persona - establecer comparaciones	- *en* (nombre de lugar) *hay* + indefinido o numeral. Artículo + sustantivo + *está(n)* - *no hay* + sustantivo plural / *no hay ningún/ninguna* + sustantivo singular - preposiciones y adverbios de lugar: *en, sobre, debajo (de), delante (de), encima (de), dentro (de), al lado (de), enfrente (de), detrás (de)* - adverbios: *aquí, ahí, allí* - verbos *ser / tener / llevar* para la descripción de personas - comparativos: *tan... como; más / menos... que*
3. Mi vida 1. Un día normal Pág. 42	- expresar la actividad profesional - expresar relaciones familiares y hablar de los miembros de la familia - expresar acciones habituales - expresar la frecuencia con que hacemos las cosas	- género y número de los nombres de familia - presente de indicativo de los verbos regulares e irregulares más frecuentes - verbos reflexivos - posesivos: formas átonas - interrogativos: ¿quién / quiénes?, ¿qué?, ¿cuántos?, ¿cómo?, ¿dónde? - presencia del artículo con los días de la semana - *al, del* - expresiones de frecuencia: *siempre, normalmente, a menudo, a veces, nunca*
2. Un día de fiesta Pág. 48 Recapitulación 1, 2, 3 Pág. 56	- expresar acciones habituales - expresar la frecuencia con que hacemos las cosas - hablar de actos sociales	- expresiones de frecuencia: *generalmente, frecuentemente, normalmente, nunca, siempre, a menudo, a veces, con frecuencia* - *soler* - *cuando* + presente de indicativo - pronombres átonos de CI
4. Lo normal 1. Tareas Pág. 58	- expresar frecuencia - pedir un favor - dar órdenes y hacer sugerencias - ofrecer ayuda - compras: pedir un producto y preguntar por sus características y precio - comparar productos, precios, calidad - valorar - expresar gustos y preferencias - mostrar acuerdo o desacuerdo en los gustos	- expresiones de frecuencia: *X veces al día / a la semana / por semana; X veces cada X días* - ¿*puedes* + infinitivo? - imperativo afirmativo (*tú*) - preguntas en presente para ofrecer ayuda - imperfecto de cortesía: *quería* - pronombres átonos CD y CI; colocación - comparaciones - verbos *gustar, encantar, odiar, preferir* - *muy, mucho, poco* - *también / tampoco; a mí sí / a mí no* - *quedarle a uno algo bien / mal* - números a partir del 101
2. ¿Qué me pasa, doctor? Pág. 66	- expresar estados físicos y anímicos - preguntar por la salud y hablar de ella - expresar síntomas y enfermedades - expresar dolor - expresar condición - expresar obligación - aconsejar - aceptar o rechazar un consejo - concertar una cita	- ¡*qué* + sustantivo + *tener*! / ¡*qué* + adjetivo + *estar*! - *tener dolor de / doler* - *cuando* + presente + presente = *si* + presente + presente - *si* + presente + imperativo - imperativo afirmativo y negativo - *muy, mucho* - *hay que / tener que*
5. Nos divertimos 1. ¡Nos vamos de vacaciones! Pág. 74	- expresar gustos personales - describir una población (su clima y su geografía) - expresar planes y proyectos - hablar del tiempo atmosférico - preguntar por la ubicación de lugares públicos - indicar direcciones	- verbo *preferir* - *cuando* + presente - ¿*por qué*? / *porque* - *ir a* + infinitivo - marcadores temporales de futuro - *ser / estar / haber / tener* - *hace (frío / calor), llueve, nieva, hay niebla*, etc. - *muy, mucho, bastante, poco* - expresiones de lugar: *a la izquierda / derecha, todo recto, al final, enfrente de; a + tiempo / distancia* - *hay que / tener que*

ESCRITURA	FONÉTICA	LÉXICO	CULTURA
ortografía - abecedario - signos (¿ ?) y (¡ !) tipos de escrito - información personal y profesional (pasaporte, carné de estudiante)	- primer acercamiento a la pronunciación de las letras	- saludos: hola - nombre y apellidos - países, nacionalidades y lenguas - estudios y profesiones - ayudas e instrucciones de clase	
ortografía - abreviaturas: c/, Avd., P.º, Pl., n., tel., C.P.; Sr., Sra., Srta., D., D.ª tipos de escrito - agenda - datos y dirección en un sobre - solicitud de pasaporte	- entonación de enunciativas e interrogativas	- saludos y despedidas - partes del día - presentaciones - fórmulas de tratamiento - direcciones y teléfonos - lugares públicos fundamentales	- personajes famosos del mundo hispano
tipos de escrito - anuncios breves de periódico (descripción de viviendas)		- partes de la casa - mobiliario y enseres de la casa - acciones habituales	
ortografía - representación de /x/ y /g/: j / g / gu - representación de /θ/ y /k/: c / z / qu tipos de escrito - anuncios breves (descripción de personas)	- /x/ y /g/ - /θ/ y /k/	- mobiliario y objetos de la clase - adjetivos para describir el físico y el carácter de las personas	- tipos de viviendas
		- profesiones - lugares de trabajo - la familia - estado civil - días de la semana - acciones habituales	
ortografía - r/rr - m/n en posición implosiva tipos de escrito - certificados (urgente, con acuse de recibo)	- /r/ y /r̄/ - m ante bilabial	- los meses - fiestas - celebraciones (nacimientos, bodas, cumpleaños, Navidad...)	- la Navidad
		- tareas de la casa - la compra: alimentos, pesos y medidas - la ropa: nombres de prendas y características	
tipos de escrito - documentos bancarios: el cheque	- separación y cómputo de sílabas - la sílaba fuerte	- partes del cuerpo - estados físicos y anímicos - enfermedades y síntomas - medicamentos y remedios	- ir de tapas
- escribir correos electrónicos		- medios de transporte - tipos de alojamiento - destinos de los viajes - adjetivos para describir lugares - expresiones para hablar del tiempo atmosférico - países hispanoamericanos - lugares públicos	

LECCIÓN	FUNCIONES	GRAMÁTICA
2. Me gustan la música, el cine... Pág. 82	- expresar distintos grados de gustos personales - hablar de acciones en desarrollo - pedir en un restaurante	- *encantar, gustar mucho, gustar, no gustar nada, odiar* - *preferir* - *pero* - pronombres CI - *estar* + gerundio - *muy, mucho(a), poco(a)* - *un(a)* + nombre contable / *un poco de* + nombre no contable - *otro(a)* + nombre contable / *más, un poco más de* + nombre no contable
6. ¿Puedo...? **1.** Hay que estudiar Pág. 90	- pedir permiso y denegarlo - pedir favores; responder afirmativa o negativamente - expresar obligación o ausencia de ella - expresar necesidad o ausencia de ella - expresar prohibición - pedir y ofrecer ayuda - aceptar o rechazar ayuda	- *poder* + infinitivo - *¿puedo...?* para pedir permiso - *¿puedes...?* para pedir favores - imperativo; repetición para la concesión de permiso - *(no) hay que*: (falta de) obligación y necesidad - *(no) tener que*: (falta de) obligación y necesidad personal - *no poder* (prohibición) - *¿se puede...?* para pedir permiso - *ayudar a* - *no hacer falta; no ser necesario*
2. ¡Que tengas suerte! Pág. 96	- identificar personas y cosas - expresar existencia e inexistencia - describir objetos - felicitar - alabar - agradecer - desear buena suerte a alguien - expresar deseos - expresar posesión y pertenencia	- *el / la de* + artículo + nombre - *el / la de* + adverbio de lugar - *el / la que* + verbo - *el más / menos* + adjetivo + *de* - indefinidos: *algún, alguno, ningún, ninguno, nada, nadie, algo, alguien* - *ser de* + materia - *ser* + adjetivo - *servir para* - presente de subjuntivo: verbos regulares e irregulares (*ser, tener, poner*) - *que* + presente de subjuntivo - *esperar, desear* + presente de subjuntivo - *querer* + presente de subjuntivo - *¡Qué* + adjetivo! - posesivos
Recapitulación 4, 5, 6 Pág. 104		
7. ¿Cuidamos el medio ambiente? **1.** ¿Qué has hecho hoy? Pág. 106	- hablar de lo hecho recientemente - hablar de experiencias personales - valorar una actividad pasada	- pretérito perfecto: forma y usos - participios regulares e irregulares - marcadores temporales + pretérito perfecto (*hoy, este(a)* + unidad de tiempo, *hace* + cantidad de tiempo) - marcadores de frecuencia + pretérito perfecto (*alguna vez, una vez, muchas / pocas / algunas / varias veces, nunca, jamás*) - *todavía / aún no, ya* + pretérito perfecto
2. ¿Y tú qué opinas? Pág. 114	- pedir opinión - dar una opinión - expresar acuerdo o desacuerdo con algo - argumentar a favor o en contra de una idea - situar en el espacio	- pretérito perfecto: usos - *creer, opinar, pensar + que* - *(no) estar de acuerdo con... porque* - preposiciones de lugar: *en, por, para, a, hacia, desde, hasta, desde... hasta / de... a* - adverbios de lugar: *encima (de), debajo (de), al lado (de), enfrente (de), delante (de), detrás (de), cerca (de), lejos (de)*
8. Hablemos del pasado **1.** Biografías Pág. 124	- hablar del pasado - contar la vida de una persona - situar los hechos en el pasado - relacionar hechos en el pasado	- pretérito indefinido: verbos regulares e irregulares (*ir, ser, estar, venir, hacer, tener, morir*) - referencias temporales (*ayer, antes de ayer, el / la* + unidad de tiempo + *pasado / a* + fecha, *en* + mes, año o periodo de tiempo, *hace* + cantidad de tiempo) - oraciones subordinadas de tiempo: *cuando* + indefinido, *al* + infinitivo - pretérito indefinido / pretérito perfecto: contraste; marcadores propios de cada tiempo
2. ¡Qué experiencia! Pág. 130	- hablar de acontecimientos y hechos históricos; situarlos en el tiempo - referirse a acontecimientos o hechos y valorarlos	- pretérito indefinido: otros verbos irregulares (*caer, construir*) - *ser* para expresar localización temporal y espacial - *tener lugar, pasar, ocurrir* - referencias temporales y organizadores del relato (*primero, luego, después, más tarde, por último, al final*) - superlativo absoluto (*-ísimo*, superlativos léxicos) - contraste pretérito perfecto / pretérito indefinido. Contextos - marcadores temporales propios de cada tiempo
9. Recuerdos de la infancia **1.** Así éramos Pág. 138	- describir lugares, personas y cosas del pasado - hablar de acciones habituales en el pasado - valorar el carácter de una persona en el pasado - hablar de deseos y gustos en el pasado - expresar cambios (físicos y de personalidad) - expresar cambios en los hábitos	- pretérito imperfecto: verbos regulares e irregulares - marcadores temporales: *entonces, todos los días, a menudo, frecuentemente, muchas / pocas / algunas veces, (casi) siempre / nunca* - otros marcadores: *de pequeño, cuando* + imperfecto - *soler* - *antes* + imperfecto / *ahora* + presente
2. Todo cambia Pág. 146	- expresar cambios de personalidad - expresar continuidad (o no) en los hábitos - narrar hechos del pasado y describir a sus protagonistas y los lugares en los que sucedieron - hablar de hechos concretos y de acciones habituales en el pasado	- *dejar de* + infinitivo - *seguir* + gerundio - *seguir sin* + infinitivo - *ya no / todavía* - contraste imperfecto / indefinido: descripción / narración - preposiciones de tiempo: *a, en, por, desde, hasta, desde... hasta / de... a* - organizadores del discurso: *en primer lugar, en segundo lugar, a continuación, al final...*
Recapitulación 7, 8, 9 Pág. 154		
10. Y mañana, ¿qué? **1.** Mañana será otro día Pág. 156	- hablar del futuro - expresar condiciones - expresar y pedir opinión - expresar y preguntar por el acuerdo o el desacuerdo - corroborar o negar una afirmación ajena - preguntar por el grado de seguridad - expresar duda e inseguridad	- futuro simple: verbos regulares e irregulares - *si* + presente de indicativo, futuro simple - *creer, pensar, opinar, parecer* - *tener razón* - *estar de acuerdo con* - *a lo mejor* + indicativo - *quizás, tal vez* + indicativo / subjuntivo
2. Esto se acaba Pág. 164	- reflexionar sobre las estrategias de aprendizaje - opinar sobre el proceso de aprendizaje y el desarrollo del curso - valorar la experiencia académica y personal	

ESCRITURA	FONÉTICA	LÉXICO	CULTURA
- empleo de la mayúscula	- el sistema vocálico del español	- actividades de ocio y tiempo libre - espectáculos - deportes - cine - el restaurante - comidas	- el turismo en España
acentuación - reglas básicas	- sílabas fuertes y débiles /p/, /t/, /k/ /b/, /d/, /g/	- lugares públicos - profesiones	
tipos de escrito - notas y tarjetas de agradecimiento, felicitación, despedida, invitación y para desear suerte	- sílabas fuertes y débiles/	- profesiones - objetos relacionados con las profesiones	- costumbres españolas para el tiempo libre
acentuación - repaso de las reglas de acentuación	- identificación de palabras semejantes - sílabas fuertes y débiles	- avances tecnológicos - accidentes geográficos - medio ambiente	
tipos de escrito - recados, avisos - correo electrónico	- fonemas /r/ y /l/. Contraste. - agrupaciones consonánticas: /d + r/ y /r + d/	- avances tecnológicos - accidentes geográficos - medio ambiente - deportes	- espacios naturales en España
puntuación - el punto y la coma tipos de discurso - la narración	- fonemas palatales: /č/ y /ɲ/	- verbos y sustantivos que expresan actividades cotidianas del pasado - verbos y sustantivos que expresan actividades importantes en la vida de una persona	
tipos de discurso - la narración (histórica y de experiencias personales)	- fonemas palatales: /l/ y /y/	- verbos y sustantivos que expresan acontecimientos históricos - medios de transporte - viajes	- mujeres hispanas famosas
acentuación - acentuación de monosílabos: el / él; mi / mí; tu / tú; se / sé; te / té; que / qué; de / dé		- animales - verbos y expresiones de actividades cotidianas - adjetivos para la descripción física y de carácter	
tipos de discurso - narración y descripción en un mismo discurso	- los sonidos del español: repaso - contraste de sonidos de articulación próxima	- adjetivos para la descripción física y de carácter	- los gestos y su valor en la comunicación; algunos gestos de uso frecuente
tipos de discurso - la exposición		- términos básicos del ámbito de la tecnología y el medio ambiente	
			- Los avances de la ciencia

Transcripciones
Pág. 172

Glosario
Pág. 182

1 ¿Quiénes somos?

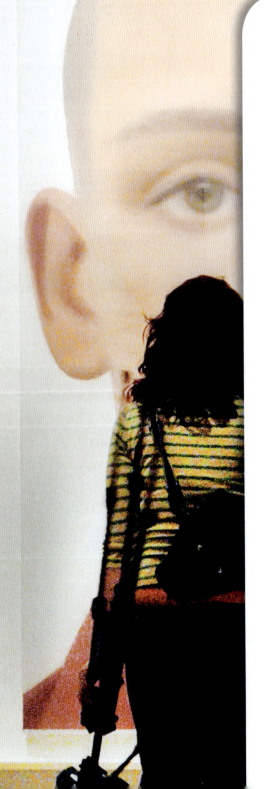

ámbito 1 ¿Cómo te llamas?

- Saludar
- Deletrear
- Presentarse uno mismo
- Preguntar y decir el nombre y los apellidos, el origen, las lenguas que se hablan, la edad y la profesión o los estudios
- Pedir y dar información sobre el significado y la forma de las palabras

ámbito 2 ¿Cómo estás?

- Saludar y despedirse
- Presentar a alguien y responder al ser presentado
- Preguntar y decir la dirección
- Preguntar y decir el número de teléfono
- Contestar al teléfono y preguntar por alguien

ámbito 1
¿Cómo te llamas?

1 Fíjate en los datos personales de estos pasaportes.

Nombre: Francisco
Apellidos: Rodríguez de la Fuente
Nacionalidad: Española
País: España
Fecha de nacimiento: 04/06/1972

Name: Bruce
Surname: Johnston
Nationality: British
Country: England
Date of birth: 26/08/1973

 1.1 Ahora, escucha y lee este diálogo.

Bruce: Hola, ¿cómo te llamas?
Paco: Me llamo Paco, ¿y tú?
Bruce: Bruce.
Paco: ¿De dónde eres?
Bruce: Soy inglés, de Londres, ¿y tú?
Paco: Yo soy español, de Sevilla. ¿Cómo te apellidas?
Bruce: Johnston, ¿y tú?
Paco: Rodríguez.

2 Pregunta a tus compañeros por su nombre y apellidos.

¿Cómo te llamas?

Me llamo Robert Stone.

3 Relaciona los nombres con sus fotografías.

▶ Íker Casillas   ▶ Almudena Grandes
▶ David Bisbal   ▶ Gabriel García Márquez
▶ Salma Hayek   ▶ Mario Vargas Llosa

4 Contesta las preguntas siguientes.

1. ¿Cómo se apellida Salma? _____
2. ¿Cómo se apellida Almudena? _____
3. ¿Cómo se apellida Íker? _____
4. ¿Cómo se apellida Gabriel? _____
5. ¿Cómo se apellida Mario? _____
6. ¿Cómo se apellida David? _____

ámbito 1 ¿Cómo te llamas?

5 Escucha la pronunciación de estos lugares y observa cómo se escriben.

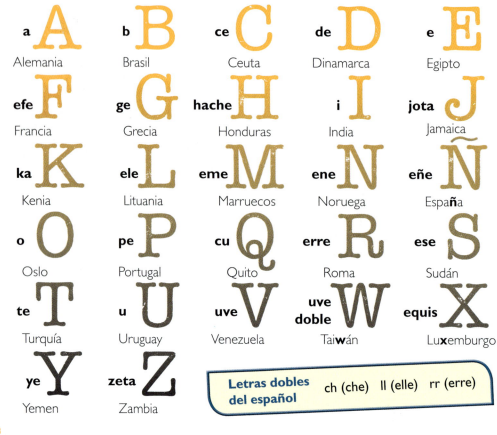

a **A** Alemania	b **B** Brasil	ce **C** Ceuta
de **D** Dinamarca	e **E** Egipto	efe **F** Francia
ge **G** Grecia	hache **H** Honduras	i **I** India
jota **J** Jamaica	ka **K** Kenia	ele **L** Lituania
eme **M** Marruecos	ene **N** Noruega	eñe **Ñ** España
o **O** Oslo	pe **P** Portugal	cu **Q** Quito
erre **R** Roma	ese **S** Sudán	te **T** Turquía
u **U** Uruguay	uve **V** Venezuela	uve doble **W** Taiwán
equis **X** Luxemburgo	ye **Y** Yemen	zeta **Z** Zambia

Letras dobles del español: ch (che)   ll (elle)   rr (erre)

5.1 Ahora, escucha y repite.

5.2 ¿Sabes deletrear tu nombre?

A: ¿Cómo se escribe tu nombre?
B: Be-erre-u-ce-e. ⟶ Bruce.

6 DELETREAMOS. Practica con tu compañero.

ALUMNO A

1. Deletrea a tu compañero estos apellidos españoles.

Ej.: ele-o-pe-e-zeta

▶ Fernández ▶ López ▶ Domínguez ▶ Oñoro
▶ Hidalgo ▶ Pérez ▶ Caballé ▶ Cervantes

2. Señala los nombres que te deletrea tu compañero.

☐ Esperanza ☐ Alberto ☐ Marta ☐ Aurora
☐ Carmen ☐ Manolo ☐ Teresa ☐ Nuria
☐ Montserrat ☐ Silvia ☐ José ☐ Jacinto
☐ Óscar ☐ Antonio ☐ Laura ☐ Luis

ALUMNO B

1. Señala los apellidos que te deletrea tu compañero.

☐ González ☐ Domínguez ☐ Gil ☒ López
☐ Fernández ☐ Martínez ☐ Muñoz ☐ Hidalgo
☐ García ☐ Heredia ☐ Cortés ☐ Cervantes
☐ Caballé ☐ Pérez ☐ Valenciano ☐ Oñoro

2. Deletrea a tu compañero estos nombres.

▶ Esperanza ▶ Aurora ▶ José ▶ Carmen
▶ Jacinto ▶ Óscar ▶ Nuria ▶ Antonio

¿De dónde somos?

7 Relaciona los adjetivos de nacionalidad con los países correspondientes.

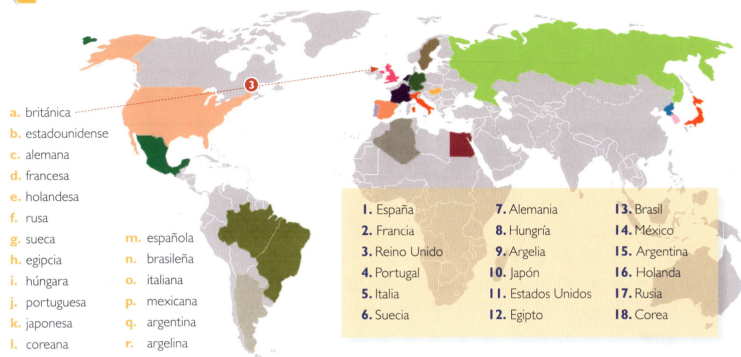

a. británica
b. estadounidense
c. alemana
d. francesa
e. holandesa
f. rusa
g. sueca
h. egipcia
i. húngara
j. portuguesa
k. japonesa
l. coreana
m. española
n. brasileña
o. italiana
p. mexicana
q. argentina
r. argelina

1. España
2. Francia
3. Reino Unido
4. Portugal
5. Italia
6. Suecia
7. Alemania
8. Hungría
9. Argelia
10. Japón
11. Estados Unidos
12. Egipto
13. Brasil
14. México
15. Argentina
16. Holanda
17. Rusia
18. Corea

8 Mira las imágenes y completa según los ejemplos.

▶ El cocido y el gazpacho son platos españoles.

▶ Neymar y Marcelo _____

▶ Oxford y Cambridge son ciudades _____

▶ Mireia Belmonte y _____

▶ La *pizza* y _____

▶ _____

trece 13

ámbito 1 ¿Cómo te llamas?

9 Escucha y lee los primeros números en español.

10 Escucha de nuevo y une cada número con su nombre.

▶	0	cero
▶	1	tres
▶	2	uno
▶	3	dos
▶	4	once
▶	5	diez
▶	6	ocho
▶	7	seis
▶	8	catorce
▶	9	nueve
▶	10	diecisiete
▶	11	siete
▶	12	dieciséis
▶	13	cinco
▶	14	veinte
▶	15	dieciocho
▶	16	cuatro
▶	17	doce
▶	18	trece
▶	19	diecinueve
▶	20	quince

11 Lee a tu compañero los números de estos carnés de identidad.

- 3458921 M — EUGENIO DE NIÑO MATESANZ
- 8976543 J — FERNANDO QUIRÓS SUÁREZ
- 6567238 T — CLAUDIA SORRENTO JAISALMER
- 87965432 D — LAURA BURGOS LLAR
- 7895432 F — RICARDO SORIA BOLAÑOS

8. **12** Números del 21 al 100. Escucha y repite. Completa los que faltan.

✔ 21 veintiuno	✔ 30 treinta	✔ 51 cincuenta y uno
✔ 22 veintidós	✔ 31 treinta y uno	✔ 52 _____
✔ 23 veintitrés	✔ 32 _____	✔ 60 sesenta
✔ 24 veinticuatro	✔ 34 _____	✔ 70 setenta
✔ 25 veinticinco	✔ 35 _____	✔ 80 ochenta
✔ 26 veintiséis	✔ 40 cuarenta	✔ 90 noventa
✔ 27 veintisiete	✔ 41 _____	✔ 91 _____
✔ 28 _____	✔ 42 cuarenta y dos	✔ 99 _____
✔ 29 veintinueve	✔ 50 cincuenta	✔ 100 cien

9. **13** Relaciona los datos de estas personas con sus imágenes.

① Hélène
Tengo 31 años.
Soy francesa y soy profesora. Hablo tres lenguas: francés, inglés e italiano.

② Ann
Tengo 19 años.
Soy estadounidense y soy estudiante.
Hablo inglés y un poco de español.

③ Sergiu
Tengo 28 años. Soy rumano y soy médico. Hablo tres lenguas: rumano, inglés y español.

④ Mustafá
Tengo 21 años.
Soy marroquí y soy estudiante.
Hablo árabe y francés.

⑤ Simone
Tengo 25 años.
Soy brasileña y soy economista.
Hablo portugués, inglés y francés.

13.1 Contesta a estas preguntas con tus datos personales. Habla con tus compañeros.

▷ ¿Cómo te llamas? _____
▷ ¿Cuántos años tienes? _____
▷ ¿De dónde eres? _____
▷ ¿A qué te dedicas? _____
▷ ¿Qué lenguas hablas? _____

13.2 Completa estos pasaportes con los datos personales de dos de tus compañeros.

▷ Apellidos: _____
▷ Nombre: _____
▷ Nacionalidad: _____
▷ Fecha de nacimiento: _____
▷ Lugar de nacimiento: _____
▷ Domicilio: _____

▷ Apellidos: _____
▷ Nombre: _____
▷ Nacionalidad: _____
▷ Fecha de nacimiento: _____
▷ Lugar de nacimiento: _____
▷ Domicilio: _____

quince 15

ámbito 1 ¿Cómo te llamas?

14 En parejas, observad el mapa y completad con la información que falta.

ALUMNO A

En Francia se habla _____
En Suecia _____
En Holanda _____
En Reino Unido _____
En Italia _____

A
- japonés
- alemán
- portugués
- ruso
- español

ALUMNO B

En Portugal se habla _____
En Alemania _____
En Japón _____
En México _____
En Rusia _____

B
- francés
- inglés
- italiano
- sueco
- holandés

Ayudas en clase

15 Escucha y lee.

¿Cómo se dice *teacher* en español?

Profesor.

Más despacio, ¿puedes repetir, por favor?

Profesor.

¿Es así?

Sí.

¿Qué significa *escuchar*?

Prestar atención.

No entiendo. ¿Cómo se escribe? ¿Puedes deletrear?

Pe-erre-o-efe-e-ese-o-erre.

16 Escucha y completa.

\> ¿Cómo se dice *table* en español?
\< _____ .
\> Más _____, _____ .
¿Puedes _____?
\< _____ .

16 dieciséis

TAREA

17 Mira estos dibujos y lee lo que representan.

Habla

Relaciona

Pregunta y contesta

Mira

Marca

Lee

Escucha

Escribe

17.1 En parejas, pensad en tres palabras y representadlas con los dibujos del móvil. Luego, las deletreáis. ¿Cuál ha sido la más divertida? ¿Y la más difícil?

esquema gramatical

ADJETIVOS DE NACIONALIDAD

Género

masculino	femenino
■ ø ➔	-a
inglés	inglesa
español	española
■ -o ➔	-a
italiano	italiana
mexicano	mexicana

Número

singular	plural
■ vocal ➔	-s
chileno	chilenos
sueca	suecas
■ consonante ➔	-es
alemán	alemanes
irlandés	irlandeses

PRESENTE

	llamarse	apellidarse	hablar	tener
yo	me llamo	me apellido	hablo	tengo
tú	te llamas	te apellidas	hablas	tienes
él/ella/usted	se llama	se apellida	habla	tiene
nosotros/nosotras	nos llamamos	nos apellidamos	hablamos	tenemos
vosotros/vosotras	os llamáis	os apellidáis	habláis	tenéis
ellos/ellas/ustedes	se llaman	se apellidan	hablan	tienen

VERBO SER

yo	soy
tú	eres
él/ella/usted	es
nosotros/-as	somos
vosotros/-as	sois
ellos/ellas/ustedes	son

■ *Ser* + adjetivo de nacionalidad
  Soy brasileño.
  Somos peruanos.

■ *Ser* de + nombre de ciudad
  Soy de París.
  Somos de Buenos Aires.

PREGUNTAS

¿**Cómo** te llamas?
Me llamo Ernesto.

¿**Cómo** te apellidas?
Me apellido García Henares.

¿**De dónde** eres?
Soy argentino.

¿**Cuántos** años tienes?
Tengo 20 años.

¿**A qué** te dedicas?
Soy estudiante.

¿**Qué** lenguas hablas?
Hablo español y portugués.

¿**Qué** lengua se habla en Argentina?
Se habla español.

ámbito 2
¿Cómo estás?

1 Escucha y lee.

2 Completa estas presentaciones.

a. Mira, _____ son Brad Pitt y Angelina Jolie. Son norteamericanos.
b. _____ es Enrique Iglesias. Es _____.
c. _____ es Monica Bellucci. Es _____.
d. _____ son Pedro Almodóvar y Penélope Cruz. Son _____.
e. Mira, _____ es Ricky Martin. Es _____.
f. _____ son Maribel Verdú y Elena Anaya. Son _____.
g. _____ son Emma Thompson y Mick Jagger. Son _____.
h. _____ son Paulo Coelho y Marcelo. Son _____.

3 Tus amigos no conocen a tus nuevos compañeros. Presenta dos de ellos a tus amigos.

Saludos

4 Fíjate en los relojes y relaciona cada una de las horas con el saludo que corresponda.

- Buenos días
- Buenas tardes
- Buenas noches

5 Ahora, escucha y lee.

6 Practica con tu compañero.
- Adiós, hasta mañana.
- Adiós, nos vemos en clase mañana.
- Hasta luego.

7 Completa con las expresiones adecuadas.
- Hasta pronto
- Hasta siempre
- Hasta mañana
- Hasta luego

1. _____ 2. *Hasta luego*

3. _____ 4. _____

ámbito 2 ¿Cómo estás?

Tú/usted

8 Mira el dibujo y lee el diálogo.

9 Escucha estos diálogos y señala el tratamiento (tú o usted).

Tú	Usted
1. _____	1. _____
2. _____	2. _____
3. _____	3. _____
4. _____	4. _____
5. _____	5. _____

> ✔ Para hablar directamente con una persona, **no se utiliza el artículo.**
> *Buenos días, señor Rodríguez.*
>
> ✔ Para preguntar por una persona o hablar de alguien de forma indirecta, **se utiliza el artículo.**
> *Mire, este es el señor Alonso.*

10 Escribe los diálogos siguientes en la columna que corresponda.

> ¿Cómo estás?
> Muy bien, gracias.

> Te presento a Guillermo.
> ¡Hola, Guillermo! ¿Qué tal?

> ¿Cómo está usted, señor Gómez?
> Bien, gracias.

> Buenos días, señorita Estévez.
> Buenos días, señor Gómez.

> ¿Qué tal, Tomy?
> Fenomenal.

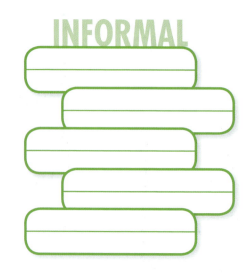

11 Estas son las agendas de Paco y Carmen. Léelas y escribe en los círculos las palabras correspondientes.

Teresa Armas González
c/ Lagasca, n.º 36, 4.º A
91 002 21 94 C. P. 28001

Manolo García Mederos
Pl. Huertas, n.º 15, 2.º izquierda
Tel. 91 001 26 11 C. P. 28014

Raúl García Hurtado
Avd. Daganzo, n.º 1, 5.º D
91 040 86 53 C. P. 28806

Óscar Pérez Moreta
P.º Prado, n.º 5, 4.º C
91 002 90 04 C. P. 28804

Mariola Pérez Sánchez
c/ Los Hueros n.º 5, 4.º A
91 059 83 41 C. P. 28804

11.1 Ahora, contesta a las siguientes preguntas.

Ej.: ¿Dónde vive Teresa? En la calle Lagasca.

- ¿En qué número vive Teresa?
- ¿Cómo se apellida Manolo?
- ¿Cuál es el número de teléfono de Manolo?
- ¿Cúal es el código postal de Raúl?
- ¿Dónde vive Óscar?
- ¿Cuál es su apellido?
- ¿Dónde vive Mariola?
- ¿En qué piso vive Mariola?
- ¿Cuál es su código postal?
- ¿Cuál es su número de teléfono?

✓ ¿**Cuál** es tu número de teléfono móvil?
   Uno, sesenta y ocho, cincuenta, treinta y dos, cero, nueve (1 68 50 32 09).

✓ ¿**Cuál** es el número de teléfono del hospital?
   Cero, cero, seis, treinta y tres, cuarenta y dos (0 06 33 42).

11.2 Escucha el diálogo y completa las agendas de Paco y Carmen con sus datos personales.

Paco
agenda
1
Nombre: Paco
Dirección:
Población:
Teléfono:

Carmen
agenda
1
Nombre: Carmen
Dirección:
Población:
Teléfono:

veintiuna **21**

ámbito 2 ¿Cómo estás?

12 En parejas. Intercambio de información.

ALUMNO A

1. Pregunta a tu compañero los números de teléfono que te faltan.

- Bomberos _____
- Hospital   91 727 70 00
- Universidad 91 394 10 00
- Policía   _____
- RENFE   _____
- Autobús   _____
- Aeropuerto 91 321 10 00

2. Ahora, di a tu compañero los números de teléfono que te pregunta.

ALUMNO B

1. Di a tu compañero los números de teléfono que te pregunta.

- Bomberos   112
- Hospital   _____
- Universidad _____
- Policía   91 877 35 60
- RENFE   902 320 320
- Autobús   91 888 16 22
- Aeropuerto _____

2. Pregunta a tu compañero los números de teléfono que te faltan.

---

de + el → del   a + el → al

✓ ¿Cuál es el número de teléfono **del** hospital?
✓ Llama **al** hospital.

---

13 Lee y escucha los diálogos. Indica el orden de audición.

☐
> ¿Diga?
< ¿Está Carolina?
> Sí, soy yo.

☐
> ¿Diga?
< ¿Está Mar?
> Sí, ¿de parte de quién?

☐
> ¿Dígame?
< ¿La señora García, por favor?
> No, no está en este momento. ¿De parte de quién?
< Soy Pilar Núñez.
> ¿Quiere dejarle algún recado?
< No, luego la llamo.

☐
> Seguros Vabién. ¿Dígame?
< ¿Me pone con la extensión 234, por favor?
> Sí, un momento.

☐
> ¿Diga?
< ¿Está Claudia?
> Sí, pero no puede ponerse. ¿Quién es?
< Soy Eduardo.
> ¡Hola, Eduardo! Mira, Claudia está en la ducha…

14 En parejas.

ALUMNO A

1. Llama al 91 020 50 89, pregunta por Juan.

2. Tu número de teléfono es el 91 923 49 78. En tu casa vive Ana, pero ahora está en el médico. Pregunta si quiere dejar algún recado.

3. Te llamas Pablo. Llama al 91 092 34 65, pregunta por Gabriel.

ALUMNO B

1. Tu número de teléfono es el 91 020 50 89, te llamas Juan.

2. Llama al 91 923 49 78, pregunta por Ana. Di que luego vuelves a llamar.

3. Tu número de teléfono es el 91 092 34 65. Tu compañero de piso, Gabriel, está en la ducha y no puede contestar al teléfono.

15 Escucha y señala si es pregunta o no.

PREGUNTA	NO PREGUNTA
1.	
2.	
3.	
4.	
5.	
6.	
7.	
8.	
9.	
10.	

17 Ahora, hablad entre vosotros. Os presentáis y os pasáis vuestros datos personales. Uno es el representante del centro y el otro el alumno.

DATOS DEL ALUMNO
Nombre:_____ Apellido:____
Número de pasaporte:_____
Teléfono móvil:_____
Correo electrónico:_____
Curso que quiere realizar:___
Nivel:___

DATOS DEL CENTRO
Nombre del centro:_____
Dirección:_____
Ciudad:_____
Teléfono fijo:_____
Correo electrónico:_____

16 Escucha y ordena lo que oigas.

▶ ¡Hola, Carmen!, ¿qué tal? ☐
▶ Adiós, hasta pronto. ☐
▶ Me llamo Carlos, ¿y tú? ☐
▶ Este es Alfonso, el nuevo director. ☐
▶ ¿Cómo se llama la nueva secretaria? ☐

esquema gramatical

PRESENTE

	VIVIR	ESTAR
yo	vivo	estoy
tú	vives	estás
él/ella/usted	vive	está
nosotros/nosotras	vivimos	estamos
vosotros/vosotras	vivís	estáis
ellos/ellas/ustedes	viven	están

DEMOSTRATIVOS

masculino	femenino
este	esta
estos	estas

SALUDOS Y DESPEDIDAS
✔ ¡Hola!, ¿qué tal?
✔ ¿Cómo estás?
✔ Buenos días.
✔ Buenas noches.
✔ Buenas tardes.
✔ Adiós.
✔ Hasta luego.
✔ Hasta pronto.

AL TELÉFONO
✔ ¿Diga? / ¿Dígame?
✔ No, no está en este momento.
✔ No se puede poner.
✔ ¿Quiere dejarle algún recado?

PRESENTACIONES
> Este es Javier.
  ↗ Hola, ¿qué tal?
  ↘ Encantado.

PREGUNTAS
> **Cuál** es la dirección?
< Avenida de La Paz, 10.
> **Cuál** es tu número de teléfono?
< 61 806 43 06.

veintitrés 23

Maneras de VIVIR

El español en el mundo

1 Marca los países donde se habla español.

España China COLOMBIA
Guatemala
Reino Unido Corea JAPÓN Argentina
México
República Dominicana
Cuba Italia GRECIA
República Checa Rusia Estados
Unidos Chile BRASIL Francia
Portugal Ecuador Perú
Suecia Finlandia
NORUEGA Letonia Eslovenia

2 Ahora, sitúalos en el mapa.

3 ¿En qué otros países se habla también español? Busca los países que tienen el español como lengua oficial. Te damos una pista: son 21.

4 Escribe los nombres de los habitantes que tienen el español como lengua oficial.

Ejemplo: *de Colombia, colombiano.*

5 En parejas, dile a tu compañero el nombre de un país. Él te dirá cómo se llaman sus habitantes.

6 ¿Conoces españoles famosos? ¿A qué se dedican?

políticos, músicos, cantantes, deportistas, escritores, actores...

7 ¿Conoces famosos de otros países que también hablen español? ¿A qué se dedican?

8 Lee este texto y redacta otro similar con lo que ya sabéis.

El español se habla en muchas partes del mundo.

Hay muchos personajes conocidos en el mundo hispano. En España, entre otros, tenemos a **Penélope Cruz**, una gran actriz, ganadora de un Oscar, y al actor **Javier Bardem**, ganador de otro Oscar por la película *No es país para viejos*. Tenemos también algunos cantantes famosos, como **David Bisbal** o **Malú**. **Ricky Martin** es de Puerto Rico, un cantante mundialmente conocido. Entre los escritores más importantes, están el colombiano **Gabriel García Márquez** y **Vargas Llosa**, nacido en Perú. Los dos son Premio Nobel de Literatura.

¿Sabías que...?

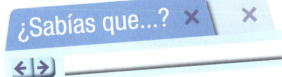

El español es la segunda lengua del mundo en número de hablantes nativos. ¿Sabes cuántos?

2 Mi mundo

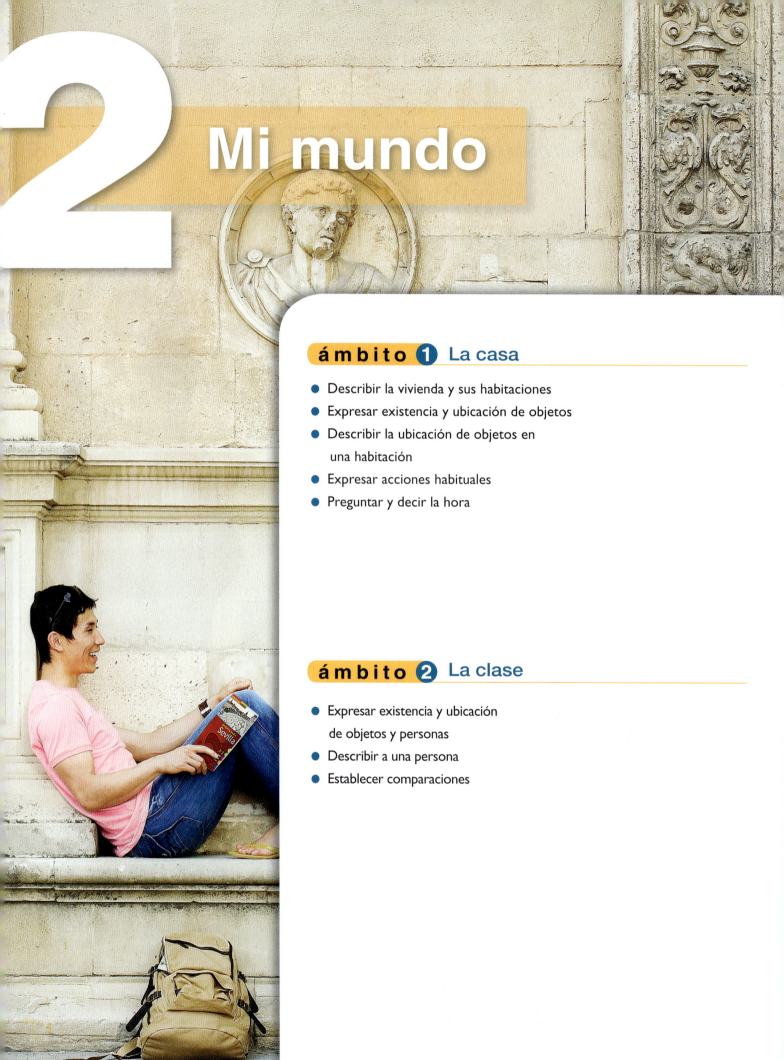

ámbito 1 La casa

- Describir la vivienda y sus habitaciones
- Expresar existencia y ubicación de objetos
- Describir la ubicación de objetos en una habitación
- Expresar acciones habituales
- Preguntar y decir la hora

ámbito 2 La clase

- Expresar existencia y ubicación de objetos y personas
- Describir a una persona
- Establecer comparaciones

ámbito 1
La casa

1 Observa este dibujo y escribe las palabras que faltan en los recuadros.

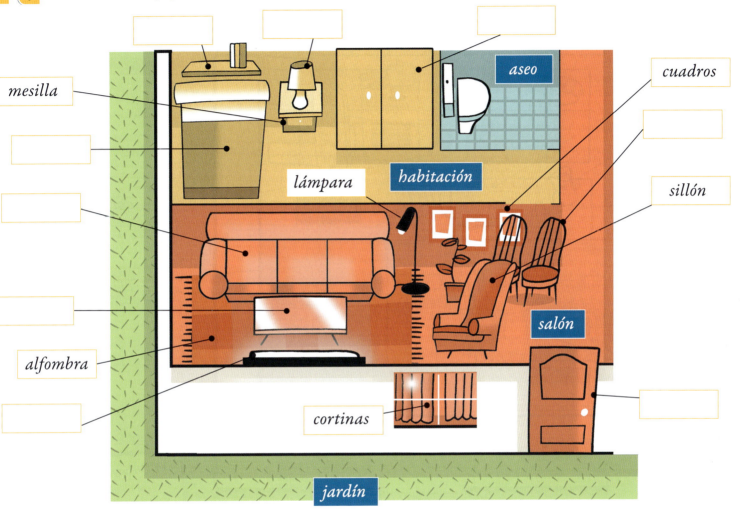

2 Elige una foto. Descríbela a tu compañero. Él tiene que adivinar cuál es.

Ej.: ▶ En mi salón hay un reloj, una ventana y una lámpara.
▶ ¿Es este?
▶ Sí / No…

ámbito 1 La casa

3 Escribe las palabras que faltan.

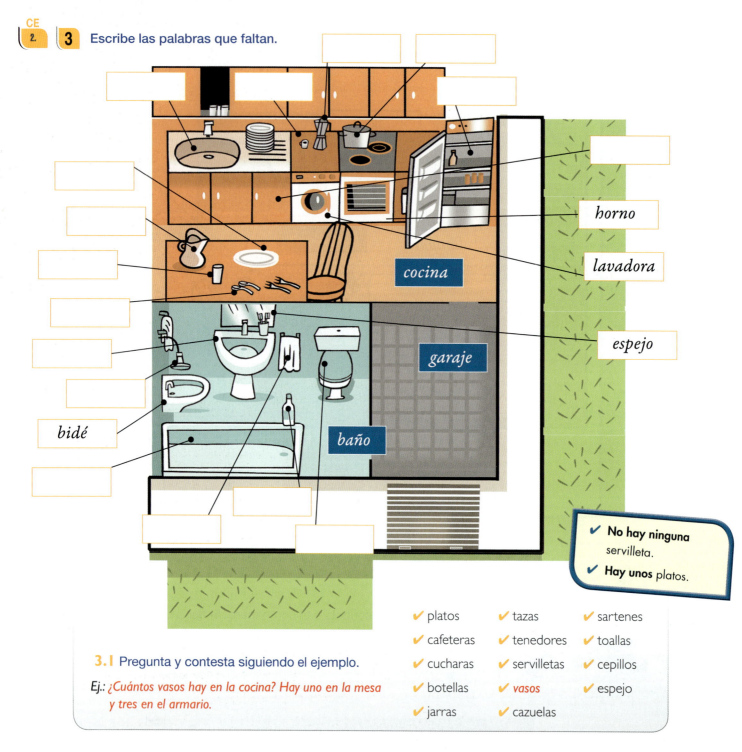

- ✓ No hay ninguna servilleta.
- ✓ Hay unos platos.

3.1 Pregunta y contesta siguiendo el ejemplo.

Ej.: ¿Cuántos vasos hay en la cocina? Hay uno en la mesa y tres en el armario.

- ✓ platos
- ✓ cafeteras
- ✓ cucharas
- ✓ botellas
- ✓ jarras
- ✓ tazas
- ✓ tenedores
- ✓ servilletas
- ✓ vasos
- ✓ cazuelas
- ✓ sartenes
- ✓ toallas
- ✓ cepillos
- ✓ espejo

4 ¿QUÉ HAY EN EL SALÓN? Escucha la descripción que Pedro hace de su casa y completa las columnas siguiendo el ejemplo.

salón	habitación	baño	cocina
Hay unos sillones	Hay unas estanterías		

28 veintiocho

Se alquila

5 Lee el diálogo y marca la fotografía que corresponda.

> ¿Dónde vives?
< Vivo en un piso pequeño en el centro de la ciudad.
> ¿Cómo es?
< Es antiguo y muy bonito. Es exterior. Tiene mucha luz.
> ¿Cuántas habitaciones tiene?
< Dos habitaciones, un salón, cocina y un cuarto de baño.
> ¿Tiene calefacción?
< Sí, calefacción central.
> ¿Tiene terraza?
< Sí, sí tiene terraza, pero es pequeña. Además, tiene garaje, ascensor y aire acondicionado.
> ¿Está lejos de la universidad?
< No, en metro llego en media hora.
> ¿Es muy caro el alquiler?
< No, no demasiado.

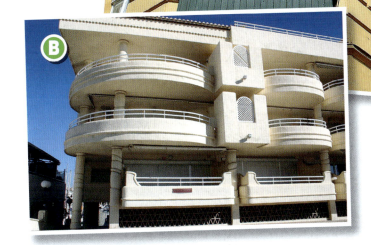

5.1 Ahora, responde a estas preguntas.

- ¿Cuántas habitaciones tiene? _____
- ¿Cómo es? _____
- ¿Tiene ascensor y garaje? _____
- ¿Es interior? _____
- ¿Está lejos de la universidad? _____
- ¿Es caro el alquiler? _____

6 Lee estos anuncios. Elige el piso que más te guste y cuéntale a tu compañero cómo es, dónde está, qué tiene... Tu compañero te puede preguntar.

| Ver fotos | Detalles | Contactos | Compra | Alquiler |

ZONA ESTACIÓN
75 m², 3 dormitorios, baño, aseo, calefacción, ascensor, exterior.

PLAZA DE CERVANTES
80 m², 2 dormitorios, baño, interior, garaje, calefacción, moderno. Muy económico.

ZONA CASCO ANTIGUO
100 m², 3 dormitorios, 2 baños, garaje y trastero, ascensor, aire acondicionado. ¡Precioso!

C/ GRANADOS
140 m², 4 dormitorios, 2 baños, salón, terraza, garaje, muy céntrico.

ZONA CUATRO CAÑOS
90 m², 2 dormitorios, ascensor, suelo de parqué. Zona ajardinada. Muy bonito.

MORALEJA (CHALÉ)
120 m², 5 dormitorios, jardín, piscina, garaje, calefacción, buhardilla. ¡Muy grande!

✔ Tener + sustantivo.
✔ Ser + adjetivo.
✔ Estar + adverbio / en + lugar.

SER
Es pequeño, pero luminoso.

ESTAR
Está en el centro.

TENER
Tiene ascensor.

ámbito 1 La casa

Todos los días lo mismo

7 Lee lo que hace Paco cada día y ordena los dibujos añadiendo las horas.

> **Paco se levanta a las 8:00 de la mañana,** se ducha a las **8:15**, y desayuna un café con leche y una tostada un cuarto de hora después. A las **8:45** sale de casa y coge el autobús a las **8:50**. Estudia arquitectura en Madrid y su clase comienza a las **10:30**. Come en la cafetería con sus compañeros a las **14:15**, porque por la tarde tiene prácticas. Regresa a su casa a las **18:00**. Estudia toda la tarde y cena a las **21:00**.

8 Observa estos dibujos y escribe qué hace normalmente Tomás.

9 Mira estos relojes. ¿Qué hora es?

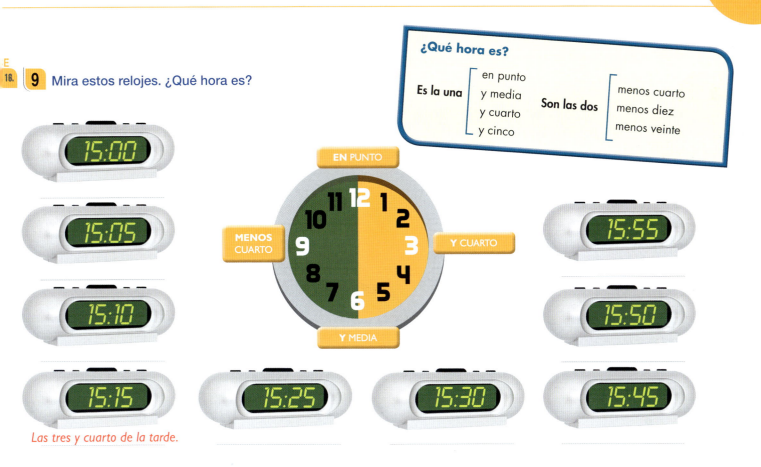

Las tres y cuarto de la tarde.

¿Qué hora es?

Es la una
- en punto
- y media
- y cuarto
- y cinco

Son las dos
- menos cuarto
- menos diez
- menos veinte

10 Observa las imágenes y pregunta a tu compañero siguiendo el ejemplo. Escribe las respuestas y comentadlas entre vosotros.

Ej.: —¿A qué hora te levantas?
—Me levanto a las 8.

Alumno A

Alumno B

treinta y una 31

ámbito 1 — La casa

11 Lee estas programaciones de televisión.

1
- 14:30 Ecos de sociedad.
- 15:00 Telediario 1.
- 15:30 El tiempo.
- 15:35 Sesión de tarde.
- 21:45 Fútbol.

2
- 12:15 Concierto.
- 13:00 Deportes.
- 14:15 Campeonato de atletismo.
- 21:30 Documental de viajes.

3
- 12:55 Programa de cocina.
- 15:00 Noticias.
- 15:35 Saber y ganar. Concurso.
- 17:30 España directo.
- 21:00 Noticias fin de semana.

4
- 12:15 Telenovela.
- 13:00 Informativo de fin de semana.
- 14:15 Cine español.
- 21:30 Música en la noche.

11.1 Elige tres programas y pregunta a tu compañero a qué hora se emite cada uno. Luego él te pregunta a ti.

12 Ahora, cread una programación de televisión ideal para vosotros. Tiene que ser informativa, interesante, divertida y actual.

10:00_____	10:00_____
11:30_____	11:30_____
13:15_____	13:15_____
15:00_____	15:00_____
16:30_____	16:30_____
18:00_____	18:00_____

- Deportes
- Aventuras
- Documentales
- Cine
- Series

13 Presentad vuestra programación a la clase. ¿Habéis coincidido en vuestros gustos?

esquema gramatical

EL SUSTANTIVO: Género y Número

masculino	femenino	masculino y femenino
■ -o *el gato*	*la gata*	■ -ista *el / la periodista*
■ -e *el cine*	-a *la mesa*	■ -ente *el / la delincuente*
■ consonante *el doctor*	*la doctora*	
■ -or, -aje *el ordenador, el viaje*	-ción, -sión, -d *la canción, la profesión, la verdad, la salud*	¡ojo! *el presidente / la presidenta*
¡ojo! *el problema, el tema*	¡ojo! *la mano, la moto*	

si el singular termina en:	en plural se añade:	
vocal *silla, mesa*	▶ -s	*sillas, mesas*
consonante *tenedor, sillón*	▶ -es	*tenedores, sillones*
-s *lunes, gafas*	▶ no cambia	*lunes, gafas*

Presente de indicativo. Verbos regulares

	1.ª conjugación am-ar	2.ª conjugación beb-er	3.ª conjugación sub-ir
yo	am-**o**	beb-**o**	sub-**o**
tú	am-**as**	beb-**es**	sub-**es**
él/ella/usted	am-**a**	beb-**e**	sub-**e**
nosotros/nosotras	am-**amos**	beb-**emos**	sub-**imos**
vosotros/vosotras	am-**áis**	beb-**éis**	sub-**ís**
ellos/ellas/ustedes	am-**an**	beb-**en**	sub-**en**

Expresar existencia

- Hay + *un / una* + sustantivo singular.
  En la cocina hay una mesa.

- Hay + [*unos / unas* / *dos, tres, cuatro...*] + sustantivo plural.
  En la mesa hay unas cucharas.
  En el armario hay dos tazas.

- No hay + *ninguna* + sustantivo.
  No hay ninguna servilleta.

ámbito 2
La clase

1 Observa este dibujo y escribe las palabras que faltan en el recuadro.

1.1 ¿Tienes buena memoria? Escribe qué hay en la clase. ¡No puedes mirar el dibujo!

Ej.: *Hay un bolígrafo.*

1.2 Y en tu clase, ¿qué hay? Tienes un minuto para escribir todo lo que ves.

Cada cosa en su sitio

2 Observa y lee. Fíjate en dónde están los objetos.

La goma de borrar está encima de la mesa.

La mochila está delante de la pizarra.

El bolígrafo está al lado del café.

3 Mira el dibujo de la actividad 1 y responde a estas preguntas.

- ¿Dónde está la pizarra?
- ¿Dónde están los libros?
- ¿Dónde está el sacapuntas?
- ¿Dónde está la goma de borrar?
- ¿Dónde está el bolígrafo?

Los rotuladores están dentro del estuche.

La regla está debajo del sacapuntas.

Los libros están sobre la mesa.

4 En parejas. Preguntamos por los objetos y el lugar donde están.

ALUMNO A

No mires el dibujo del alumno B.

1. Pregunta a tu compañero qué hay en su clase y dónde están los objetos. Dibújalos.
2. Di a tu compañero qué objetos hay en tu clase y dónde están.

3. Comprueba con tu compañero.

ALUMNO B

No mires el dibujo del alumno A.

1. Di a tu compañero qué objetos hay en tu clase y dónde están.

2. Pregunta a tu compañero qué hay en su clase y dónde están los objetos. Dibújalos.
3. Comprueba con tu compañero.

treinta y cinco

ámbito 2 — La clase

5. Carlos nos cuenta cómo es su habitación. Escucha y señala los objetos que oigas mencionar.

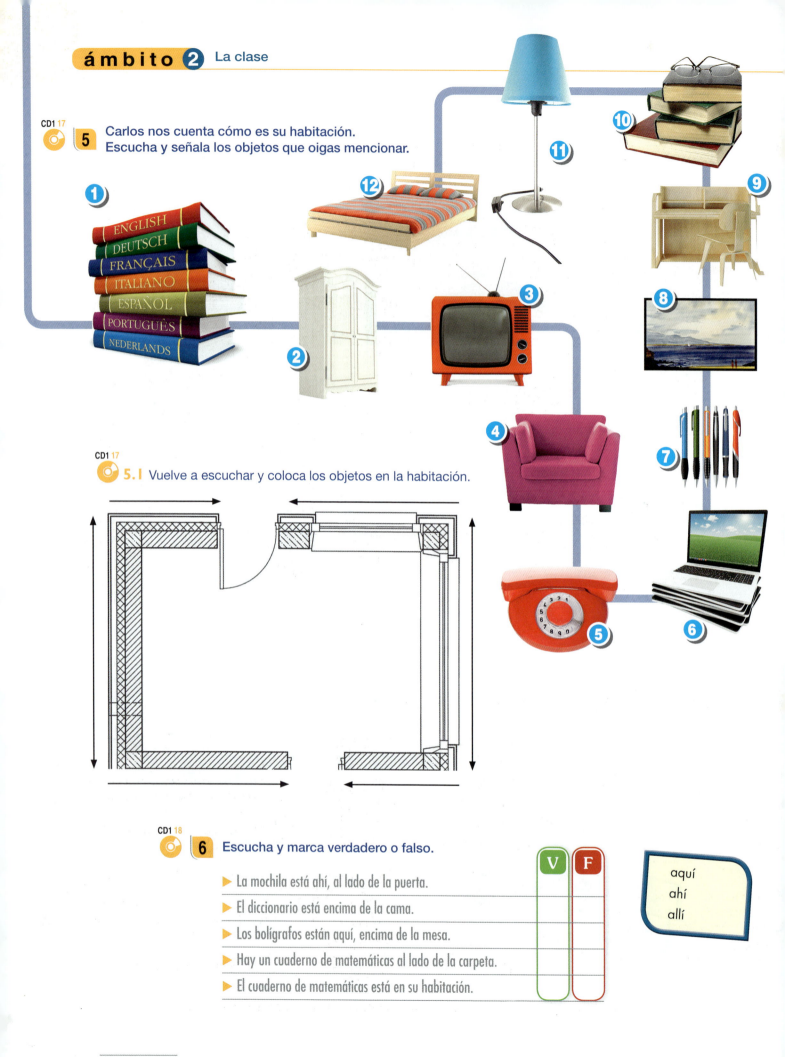

5.1 Vuelve a escuchar y coloca los objetos en la habitación.

6. Escucha y marca verdadero o falso.

	V	F
▶ La mochila está ahí, al lado de la puerta.		
▶ El diccionario está encima de la cama.		
▶ Los bolígrafos están aquí, encima de la mesa.		
▶ Hay un cuaderno de matemáticas al lado de la carpeta.		
▶ El cuaderno de matemáticas está en su habitación.		

aquí
ahí
allí

7 Mira, esta es mi familia. Han ido a la Feria del Libro. Describe a cada uno con las palabras que te damos.

Antonio · María · Paula · Alfredo · Andrés

delgado, -a
guapo, -a
rubio, -a
alto, -a
gafas
joven
barba
gordo, -a
viejo, -a
bajo, -a
pelo liso
pelo corto
moreno, -a
bigote
sombrero
pelo rizado
pelo largo
feo, -a

8 Y estos son mis amigos. Lee las presentaciones. ¿Sabes quién es cada uno?

Soy Elisa. Tengo 19 años. Soy estudiante. Tengo el pelo largo y soy morena. Soy delgada y llevo gafas. Tengo los ojos azules. Vivo en Barcelona.

Me llamo Juan. Soy rubio y alto. Tengo el pelo corto y rizado. Soy español y tengo 22 años. Vivo en Madrid y soy camarero.

Soy Raúl. Tengo 27 años. Soy de Lugo. Vivo en Santiago de Compostela. Tengo el pelo largo y castaño. Tengo los ojos negros.

¡Hola! Me llamo Almudena. Soy de Sevilla. Tengo 25 años. Tengo el pelo largo y liso. Soy rubia y tengo los ojos verdes.

8.1 Ahora preséntate tú. Escribe un texto con tu descripción. Léesela a tus compañeros.

treinta y siete 37

ámbito 2 — La clase

9 Observa y escribe ejemplos como los propuestos.

*Alfredo es **tan** delgado **como** Paula.*
*Paula es **más** baja **que** Alfredo.*
*Alfredo es **menos** guapo **que** Paula.*

Comparaciones
- Es tan + adjetivo + como…
  Es tan alto **como** su padre.
- Es más + adjetivo + que…
  Es más alto **que** su padre.
- Es menos + adjetivo + que…
  Es menos alto **que** su hermano.

TAREA

10 Lee estas palabras y busca su significado en el diccionario.

- inteligente
- tímido/-a
- decidido/-a
- simpático/-a
- tonto/-a
- antipático/-a
- serio/-a
- alegre
- amable
- profesional
- maleducado/-a
- descuidado/-a

10.1 Piensa en un amigo o en una persona que pueda describirse con tres de estos adjetivos.

10.2 Ahora, escribe una descripción completa. Explica cómo es esa persona físicamente, cómo es su carácter, cómo se viste, cómo es en su trabajo… Después, descríbesela a tu compañero.

ASÍ COMO SUENA

11 Escucha estas palabras y completa.

- casa
- comedor
- cocina
- que
- aquí

- zumo
- centro
- cine

[k]

[θ]

11.1 Escribe el nombre de estos objetos.

11.2 A partir de las palabras de la actividad 11, completa estos cuadros.

C + ___, ___ se pronuncia [θ].   C + ___, ___, ___ se pronuncia [k].

Cuando pronunciamos [θ] escribimos . . . .
Cuando pronunciamos [k] escribimos . . . .

12 Escucha estas palabras y escribe la letra que falta.

___oma	___ato	___irafa
ca___ón	___ente	___oven
___uapa	___efe	___uego
___itarra	___erra	___itano

13 Escribe los nombres correspondientes a estas imágenes.

13.1 Ahora escucha y repite.

[g] → ga, gue, gui, go, gu.
[x] → ja, je, ji, jo, ju, ge, gi.
ge, gi → la **g** suena fuerte.
gue, gui → la **g** suena suave.
La **u** se escribe, pero no se pronuncia.

esquema gramatical

■ **Ubicación**

artículo + sustantivo + está +
- adverbio de lugar: aquí, ahí, allí
  El libro está aquí.
- prep. o adv. de lugar + artículo + sustantivo:
  en
  encima de / debajo de
  delante de / detrás de
  al lado de / enfrente de
  El ordenador está al lado de la ventana.

■ **Comparación**

inferioridad	menos + adjetivo + que Esta casa es menos soleada que la tuya.
igualdad	tan + adjetivo + como Inés es tan alta como Pilar.
superioridad	más + adjetivo + que Paco es más alto que Peter.

■ **Descripción de personas**

verbo ser +
- adjetivo de rasgo físico:
  Enrique es alto y moreno.
- adjetivo de carácter:
  Pilar es simpática.

verbo tener +
- edad:
  Carmen tiene 30 años.
- sustantivo de rasgo físico:
  Paco tiene bigote.

verbo llevar + ropa, complementos:
Lleva una camisa roja. Lleva gafas.

treinta y nueve 39

Maneras de VIVIR

La vivienda

1 **LA CASA DE TUS SUEÑOS.** En parejas, redacta un breve texto contando cómo es la casa de tus sueños.

Número de habitaciones
Terraza
Piscina
Baños
Cocina

2 ¿Cómo es la casa donde vives ahora? Dibuja el plano y explicadle a vuestro compañero qué habitaciones tiene.

3 Mira estas fotografías. ¿Sabes cómo se llaman en español estos tipos de viviendas y casas?

4 En parejas, mirad estas viviendas e imaginad qué tipo de personas viven en ellas.

5 Lee este texto. ¿Crees que tu casa es rara? Busca la casa más extraña y muéstrala a tus compañeros.

Hogar, dulce hogar

Nuestra casa nos define, dice mucho de cada uno y de nuestro estilo de vida: si somos prácticos, si nos gusta el arte…

Cuando entramos por primera vez en una casa, solemos examinarla con detenimiento y nos imaginamos viviendo en ellas: es decir, enseguida nos identificamos o no con ese lugar. Una misma casa puede dar la sensación de ser espaciosa o muy pequeña, luminosa u oscura, ordenada o desordenada, dependiendo de los ojos del que mira y de la persona que la habita.

En el mundo entero existen casas muy raras, por su diseño, por sus colores, por su forma o por su situación.

¿Te imaginas vivir en ellas?

¿Sabías que…?

La casa más fea del mundo está en México. ¿Sabes por qué?

3 Mi vida

ámbito ① Un día normal

- Expresar la actividad profesional
- Expresar relaciones familiares y hablar de los miembros de la familia
- Expresar acciones habituales
- Expresar la frecuencia con que hacemos las cosas

ámbito ② Un día de fiesta

- Expresar acciones habituales
- Expresar la frecuencia con que hacemos las cosas
- Hablar de actos sociales

ámbito 1
Un día normal

1 Las profesiones. Observa esta viñeta y fíjate en las profesiones.

1.1 Contesta las siguientes preguntas.

Ej.: ¿Qué hace Ana? Es enfermera.

- ¿Qué hace Marta? _____
- ¿Qué hace Pedro? _____
- ¿Qué hace Alfredo? _____
- ¿Qué hace Moisés? _____
- ¿Qué hace Luis? _____
- ¿Qué hace M.ª Jesús? _____
- ¿Qué hace Pablo? _Pablo es estudiante._
- ¿Qué hace Esperanza? _____
- ¿Qué hace M.ª Ángeles? _____
- ¿Qué hace José? _____

estudiante	enfermera	conductor
secretaria	médica	bombero
director	dependienta	policía
profesor	ama de casa	arquitecto
camarero	mecánico	periodista

1.2 Fíjate en la viñeta y pregunta a tu compañero dónde trabajan estas personas.

ALUMNO A

Ej.: A: ¿Dónde trabaja M.ª Jesús?
B: En un supermercado.

- Carlos trabaja en _____
- José trabaja en _____
- Pedro trabaja en _____
- M.ª Ángeles trabaja en _____
- Alfredo trabaja en _el parque de bomberos_

ALUMNO B

Ej.: B: ¿Dónde trabaja Ana?
A: En un hospital.

- Marta trabaja en _____
- Luis trabaja en _____
- Manolo trabaja en _____
- Moisés trabaja en _____
- Ignacio trabaja en _____

2 Pregunta a cinco de tus compañeros qué oficio o profesión les gustaría ejercer en el futuro.

cuarenta y tres 43

ámbito 1 — Un día normal

3 Paco nos habla de su familia. Lee el texto.

> Todas las mañanas, en mi casa, cuando nos levantamos, se repite la misma situación. Así empieza todo.

–¡Javier!, sé que estás leyendo un cómic, pero llego tarde a trabajar.

Esto es lo que le dice mi madre a mi hermano Javier. Él tiene dieciocho años y, normalmente, entra en el baño con un cómic y tarda mucho en salir.

–¡Moisés! Comes mucho por la mañana.

Eso es lo que mi abuela Esperanza le dice a mi abuelo, que todos los días se levanta con mucha hambre y se toma seis tostadas con tres tazas de café con leche. Él, durante todo el día, come y duerme.

–¡Ramón! ¡Déjame entrar al servicio! ¡Eres un pesado! ¡Todos los días igual!

Ramón es el hermano de mi padre; no está casado, pero está enamorado de M.ª Ángeles, su secretaria, y todos los días se pasa una hora en el baño. Se ducha, se afeita, se viste, se hace el nudo de la corbata mil veces... y sale del baño muy guapo; pero M.ª Ángeles ya tiene novio. Mi hermana Marta grita a mi tío Ramón todas las mañanas; es la primera que se levanta y la última que entra en el cuarto de baño; siempre llega tarde al trabajo. Al final, todos terminamos gritando: mi padre me grita a mí, yo grito a mi hermano Javier, mi madre grita a mi abuela, mi abuela a mi abuelo... Esto es lo que ocurre cada mañana en mi casa antes de salir todos juntos.

3.1 Ahora, a partir del texto, completa el árbol genealógico de Paco.

- padre / madre
- abuelo / abuela
- tío / tía
- hijo / hija
- hermano / hermana
- primo / prima
- sobrino / sobrina
- nieto / nieta

3.2 Completa estas oraciones con los nombres que faltan.

1. Los padres de Paco son _____ y _____.
2. La madre de Alfredo es _____ y el padre es _____.
3. Javier tiene dos hermanos. La hermana se llama _____ y el hermano _____.
4. Alfredo y Paloma tienen tres hijos: _____, Paco y _____.
5. La mujer de Alfredo se llama _____.
6. El marido de Esperanza se llama _____.
7. Los abuelos de Marta son _____ y _____.
8. Moisés tiene tres nietos. La nieta se llama _____ y los nietos, _____ y _____.
9. El tío de Marta es _____.
10. Paco es el sobrino de _____.

3.3 Tienes cinco minutos para escribir el mayor número de oraciones que indiquen las relaciones familiares que unen a estos personajes.

Ej.: Paco es hijo de Alfredo y Paloma.

4 Pablo y Marta se encuentran por la calle y comienzan a hablar. Escucha la conversación y completa la tabla.

	¿A qué se dedican?	¿Dónde trabajan?	Relación familiar con Paco
Marta			
Pablo			
Javier			
Laura			

5 Aquí tienes algunos de los verbos que aparecen en el texto del ejercicio 3. Escribe su infinitivo. Después, marca los irregulares.

	INFINITIVO		INFINITIVO		INFINITIVO
nos levantamos	levantarse	tiene		se viste	
empieza		entra		sale	
estás		duerme		grita	
llego		canta		come	
es		se ducha		terminamos	
dice		se afeita		ocurre	

6 Escucha los verbos y completa la tabla con los infinitivos correspondientes.

- sentarse
- soñar
- vestirse
- preferir
- volar
- pedir
- acostarse
- empezar
- mentir
- dormir

o ▶ ue	e ▶ ie	e ▶ i
dormir	sentarse	vestirse

7 ¿Y tú qué haces normalmente? Contesta a las siguientes preguntas.

1. ¿A qué hora te levantas? ¿Y en vacaciones?
2. ¿Qué desayunas? ¿Y en vacaciones?
3. ¿Qué haces por las mañanas? ¿Y en vacaciones?
4. ¿A qué hora comes? ¿Y en vacaciones?
5. ¿Qué haces después de comer? ¿Y en vacaciones?
6. ¿A qué hora cenas? ¿Y en vacaciones?
7. ¿A qué hora te acuestas? ¿Y en vacaciones?
8. ¿Qué haces antes de acostarte? ¿Y en vacaciones?

7.1 Ahora pregunta a tu compañero y contesta a lo que él te pregunte.

8 Trabajad en parejas. Estas son las cosas que hace María todas las semanas. Pregunta a tu compañero por la información que falta.

ALUMNO A

Ej.: ¿Qué hace María los lunes?

- LUNES:
- MARTES:
- MIÉRCOLES: comer con su madre
- JUEVES: hacer la compra
- VIERNES: salir con sus amigos
- SÁBADO:
- DOMINGO:

ALUMNO B

Ej.: ¿Qué hace María los jueves?

- LUNES: ir al gimnasio
- MARTES: lavar la ropa
- MIÉRCOLES:
- JUEVES:
- VIERNES:
- SÁBADO: dormir hasta mediodía
- DOMINGO: ver la televisión

ámbito 1 — Un día normal

9 Paco le enseña a Gema fotos de su familia. Lee y escucha la conversación.

Paco: Esta es mi madre, es profesora. Y este es mi padre. Trabaja en una compañía aérea. Es piloto.
Gema: ¿Quién es esta?
Paco: Esta es mi hermana Marta.
Gema: ¿A qué se dedica?
Paco: Es médica.
Gema: ¿Está casada?

Paco: No. Está soltera, pero tiene novio. Es este. Se llama Pedro y es abogado.
Gema: ¿Y estos quiénes son?
Paco: Son mis abuelos.
Gema: ¿Trabajan o están jubilados?
Paco: Están jubilados.
Gema: ¿Cuántos años tienen?

Paco: Mi abuelo setenta años y mi abuela, setenta y dos. Mira, esta es mi prima.
Gema: ¿Y este quién es?
Paco: Es mi tío Juan, el hermano de mi madre. Está divorciado. El niño es mi primo Juan Carlos. ¡Ah! Y este es mi perro. Se llama Budy.

9.1 Relaciona los familiares de Paco con sus profesiones. No mires el texto.

- madre ▸ jubilado /-a
- padre ▸ médico /-a
- hermana ▸ piloto
- novio de la hermana ▸ profesor /-a
- abuelo ▸ abogado /-a

9.2 Ahora indica qué miembros de la familia de Paco están casados, solteros o divorciados.

- ✔ casados: _____
- ✔ solteros: _____
- ✔ divorciados: _____

10 Di los nombres de dos o tres personas de tu familia. Tus compañeros van a preguntarte sobre ellos.

- ✔ ¿Quién es este(a)?
- ✔ ¿Quiénes son estos(as)?
- ✔ ¿Está casado(a) soltero(a) divorciado(a) viudo(a)?
- ✔ ¿Tiene hermanos / hijos?
- ✔ ¿Cuántos años tiene?
- ✔ ¿A qué se dedica?
- ✔ ¿Tiene novio(a)?

TAREA

12 Mira las fotografías y elige un personaje. Después, escribe cómo te imaginas que es un día normal en su vida.

Ej.: Fernando Alonso se levanta temprano para ir a entrenar al gimnasio.

Brad Pitt
Fernando Alonso
Shakira

12.1 Comentad en qué se diferencian y en qué coinciden las vidas de vuestros personajes. Preparad una presentación para exponer en clase.

11 HABLAMOS DE LA FRECUENCIA. Escucha y marca la frecuencia con que los hablantes realizan sus actividades.

		①	②
⌛	siempre		
⌛	normalmente		
⌛	a menudo		
⌛	a veces		
⌛	nunca		

46 cuarenta y seis

esquema gramatical

EL ARTÍCULO

	masculino	femenino
singular	el	la
plural	los	las

LOS POSESIVOS

masculino		femenino	
singular	plural	singular	plural
mi	mis	mi	mis
tu	tus	tu	tus
su	sus	su	sus
nuestro	nuestros	nuestra	nuestras
vuestro	vuestros	vuestra	vuestras
su	sus	su	sus

PRESENTE DE INDICATIVO. VERBOS IRREGULARES

1. Irregularidades vocálicas

E > IE QUERER	O > UE PODER	U > UE JUGAR	E > I PEDIR
quier-o	pued-o	jueg-o	pid-o
quier-es	pued-es	jueg-as	pid-es
quier-e	pued-e	jueg-a	pid-e
quer-emos	pod-emos	jug-amos	ped-imos
quer-éis	pod-éis	jug-áis	ped-ís
quier-en	pued-en	jueg-an	pid-en

2. Irregularidades consonánticas en la primera persona de singular

A > AIG TRAER	C > G HACER	N > NG PONER	L > LG SALIR
traig-o	hag-o	pong-o	salg-o
tra-es	hac-es	pon-es	sal-es
tra-e	hac-e	pon-e	sal-e
tra-emos	hac-emos	pon-emos	sal-imos
tra-éis	hac-éis	pon-éis	sal-ís
tra-en	hac-en	pon-en	sal-en

3. Doble irregularidad: consonántica y vocálica

TENER	VENIR	DECIR	OÍR
teng-o	veng-o	dig-o	oig-o
tien-es	vien-es	dic-es	oy-es
tien-e	vien-e	dic-e	oy-e
ten-emos	ven-imos	dec-imos	o-ímos
ten-éis	ven-ís	dec-ís	o-ís
tien-en	vien-en	dic-en	oy-en

PRESENCIA DEL ARTÍCULO

– Ante apellido plural.
Los García viven en Málaga.
– Ante fórmulas de tratamiento.
La señora Reverte trabaja en una oficina.
– Con las horas y los momentos del día.
Son las 8 de la mañana.
Por la mañana, por la tarde, por la noche.
– Con los días de la semana.
Los sábados no trabajo. **Pero:** *Hoy es lunes.*

▶ de + el → del *Este es el número **del** hotel.*
▶ a + el → al *Los sábados vamos **al** cine.*

EXPRESIONES DE FRECUENCIA

siempre
normalmente
a menudo
a veces
nunca

VERBOS REFLEXIVOS

DUCHARSE	LAVARSE
me ducho	me lavo
te duchas	te lavas
se ducha	se lava
nos duchamos	nos lavamos
os ducháis	os laváis
se duchan	se lavan

AFEITARSE	PEINARSE
me afeito	me peino
te afeitas	te peinas
se afeita	se peina
nos afeitamos	nos peinamos
os afeitáis	os peináis
se afeitan	se peinan

ámbito 2
Un día de fiesta

1 Completa el calendario con el nombre de los meses.

- mayo
- julio
- octubre
- enero
- noviembre
- agosto
- diciembre
- junio
- marzo
- febrero
- abril
- septiembre

Los Reyes Magos

Sanfermines

Noche de San Juan

Día de la Madre

Navidad

Día del Padre

Santos Inocentes

San Valentín

2 Ahora, busca información sobre estas fiestas y márcalas en el calendario.

Ej.: *En el mes de mayo se celebra el Día de la Madre. Es el primer domingo de mayo.*

3 Relaciona cada mes con fiestas o acontecimientos importantes de tu país.

Ej.: *En diciembre es Navidad.
En enero…*

48 cuarenta y ocho

4 En días muy señalados los españoles acostumbramos a hacer ciertas cosas. Observa las fotos y escribe oraciones según el ejemplo.

*Ej.: Los españoles solemos cantar villancicos **en Navidad.***

- _____
- _____
- _____
- _____
- _____
- _____

tomar las uvas de la suerte
poner el árbol de Navidad 
tomar tarta 
regalar flores 
regalar una corbata 
poner monigotes 

4.1 Escribe qué sueles hacer tú en estas fechas. Coméntalo con el resto de la clase.

4.2 Además, en España se festejan estos días de otra manera.

▶ Normalmente gastamos bromas a los amigos el día **28 de diciembre**.
▶ **En Navidad** los niños suelen pedir el aguinaldo a los vecinos.
▶ **En los cumpleaños** siempre hacemos un regalo a quien cumple años.
▶ **En Nochevieja** damos besos a nuestra familia y amigos.
▶ **El primer domingo de mayo** compramos bombones a nuestra madre.
▶ **El día 19 de marzo** preparamos una sorpresa a nuestro padre.

4.3 Transforma las oraciones anteriores según el ejemplo.

*Ej.: Normalmente, **les** gastamos bromas el día 28 de diciembre.*

- _____
- _____
- _____
- _____
- _____

4.4 ¿Qué otras cosas se hacen en tu país?

ámbito 2 Un día de fiesta

5 Lee estos carteles del Festival de Otoño y anota la frecuencia de cada evento.

Festival de Otoño (8 de noviembre)

	N.°
• funciones de teatro	3
• música y danza al aire libre	2
• conciertos	1
• verbenas	3

Festival de Otoño (9 de noviembre)

	N.°
• funciones de teatro	1
• música y danza al aire libre	3
• conciertos	4
• verbenas	2

Festival de Otoño (15 de noviembre)

	N.°
• funciones de teatro	3
• música y danza al aire libre	4
• conciertos	3
• verbenas	3

Festival de Otoño (16 de noviembre)

	N.°
• funciones de teatro	3
• música y danza al aire libre	3
• conciertos	1
• verbenas	3

Festival de Otoño (22 de noviembre)

	N.°
• funciones de teatro	4
• música y danza al aire libre	2
• conciertos	1
• verbenas	3

Festival de Otoño (23 de noviembre)

	N.°
• funciones de teatro	7
• música y danza al aire libre	2
• conciertos	4
• verbenas	2

Ej.: A veces, hay dos verbenas, pero generalmente hay tres.

6 Escucha a Ana y a Pilar conversando acerca de lo que hacen normalmente en Nochevieja. Completa el diálogo.

Pilar: ¡Hola, Ana! ¿Qué tal?

Ana: ¡Hola, Pilar! Bien. Busco un vestido para Nochevieja.

Pilar: ¡Ah! ¿Qué haces en Nochevieja?

Ana: Este año voy a hacer lo mismo que todos los años. _____ hago lo mismo.

Pilar: Yo también.

Ana: Ceno con mi familia y _____ mi madre y yo hacemos la cena.

Pilar: ¿Qué soléis cenar?

Ana: Depende, _____ cenamos marisco y otros años cenamos carne.

Pilar: Nosotros _____ cenamos carne; no nos gusta mucho.

Ana: Y ya sabes, después de cenar, tomamos las uvas.

Pilar: ¿En casa?

Ana: Bueno, _____ sí.

Pilar: Yo _____ las tomo en casa; _____ en la Puerta del Sol con mis amigos.

Ana: ¡Qué divertido! Yo, después de las uvas, _____ me voy a una gran fiesta hasta el amanecer. Es lo más divertido.

Pilar: Yo _____ voy a fiestas, _____ estoy en la calle y _____ estoy en los bares; no me gustan las fiestas donde hay tanta gente.

campanadas

roscón de Reyes

gastar bromas

mazapán

cava

turrón

polvorón

7 Lee este texto sobre la Navidad. Aquí tienes algunas imágenes que te van a servir para comprenderlo.

En España la Navidad comienza el 22 de diciembre, «día de la lotería».

Es un día de gran ilusión, pues casi todos los españoles juegan a algún número y esperan con impaciencia la salida del «gordo», que es como se conoce el primer premio de la lotería de Navidad.

El 24 de diciembre es Nochebuena.

La familia se reúne para cenar en torno a una mesa preparada para tal fin: marisco, pescado, carne, dulces... Los dulces navideños más típicos son el turrón, el mazapán y los polvorones, que se ponen en unas bandejas para ofrecer a las visitas. Después de la cena, se cantan villancicos y se charla.

El día 25 es Navidad.

Se festeja con una comida especial, como en Nochebuena. Después, se brinda con cava y se pasa el día con la familia.

El 28 de diciembre son los Santos Inocentes.

Ese es el día oficial de las bromas. En los periódicos y en la televisión, se dan noticias falsas. Es un día muy divertido.

La noche del 31 es Nochevieja.

La cena de ese día es muy popular, pero no tan familiar como la de Nochebuena. Muchas personas llevan ropa interior roja, porque creen que así van a tener suerte durante el año próximo. La gente suele ver la televisión, pues a las doce menos cuarto se conecta con la Puerta del Sol de Madrid; allí está el reloj que va a dar las doce campanadas anunciando el nuevo año. Con cada campanada se come una uva y, al terminar, se brinda con cava. Después, los amigos suelen celebrar alguna fiesta o reunión que dura toda la noche, hasta que empieza a amanecer: entonces se toma chocolate con churros.

El día 1 es Año Nuevo.

Las familias se suelen reunir para comer, pero casi todo el mundo tiene resaca porque en Nochevieja, normalmente, se bebe mucho.

El día 5 por la noche llegan los Reyes Magos.

Es la fiesta de los niños, que días antes les escriben una carta y les piden lo que más desean. El 6 por la mañana los Reyes han dejado ya todos sus regalos junto a los zapatos. Ese día se desayuna con el roscón de Reyes, un dulce que tiene dentro un pequeño regalo; también muchos niños escriben a Papá Noel y reciben sus regalos en Navidad.

Esta es la Navidad de los españoles.

7. I Ahora contesta verdadero o falso.

	V	F
En Navidad, se hace una fiesta familiar.		
En Nochevieja la gente se pone ropa interior roja.		
Todos los niños en España escriben una carta a Papá Noel.		
La Nochebuena es más familiar que la Nochevieja.		
En Nochevieja, todos se acuestan muy pronto.		
El 22 de diciembre, se celebra un sorteo de lotería muy importante.		
El día 28 de diciembre, la gente pone monigotes en su televisor.		
El día 5 de enero, se come el roscón de Reyes.		

ámbito 2 — Un día de fiesta

8 ¿Qué haces cuando…

es el cumpleaños de tu hermano?	estás de vacaciones?	tienes una fiesta en tu casa?	es Nochevieja?
no tienes que trabajar?	te invitan a una cena?	vas a una boda?	viajas a un país extranjero?

9 Fíjate en los siguientes objetos. ¿Se regalan en tu país? ¿Cuándo?

Ej.: En EE. UU. se regalan globos cuando se visita a un niño en el hospital.

TAREA

10 Paco tiene que enviar un paquete a su novia, Cristina. Ayúdalo a completar el impreso que le dan en Correos.

Nombre: Francisco
Apellido: Rodríguez de la Fuente
Domicilio: Pza. Reyes Católicos, n.º 2, 3.º A
28043
Localidad: Madrid

Nombre: Cristina
Apellido: Fernández Linz
Domicilio: C/ Ruiz de Alarcón, n.º 56, 4.º H
41070
Localidad: Sevilla

CORREOS — INTERNACIONAL

REMITENTE / SENDER
- Nombre: Francisco Rodríguez de la Fuente
- DNI / CIF / Otro
- Empresa
- Persona de contacto
- C. /
- N.º Piso CP
- Población
- Provincia
- País
- Email
- Teléfono
- N.º Contrato N.º Cliente

DESTINATARIO / ADDRESSEE
- Nombre
- DNI / CIF / Otro
- Empresa
- Persona de contacto
- C. /
- N.º Piso CP
- Cuidad
- País
- Teléfono
- Email

ASÍ COMO SUENA

11 ¿Sabes pronunciar la *r* y la *rr*?

11.1 La *rr.* Lee y escucha.

- **r**egla
- is**r**aelí
- pe**rr**o
- al**r**ededor
- En**r**ique

> Este sonido [r̄] se escribe:
> – **r** (a principio de palabra y detrás de **l, n** y **s**)
> – **rr** (entre vocales)

11.2 La *r.* Lee y escucha.

toro

faro

marmota — pera

> El sonido [r] va entre vocales, tras *p, b, c, g, t* y *d*, o al final de sílaba y se escribe **r**.

12 Escucha y escribe correctamente *r* o *rr*.

En__ique	en__iquecer
__atón	is__aelí
en__edar	ca__o
ca__o	pu__o
pe__o	ciga__o
lo__o	to__o

13 Escucha y lee estos trabalenguas.

El cielo está enladrillado,
quién lo desenladrillará.
El desenladrillador
que lo desenladrille
buen desenladrillador será.

Había un perro
debajo de un carro.
Vino otro perro
y le arrancó el rabo.
Pobrecito perro,
cómo corría
al ver que su rabo no lo tenía.

14 Fíjate y completa la ficha.

" campo   cambio   canto   tango   tronco
  atender   también   tampoco   ensuciar   enfriar "

✓ Escribimos **m** delante de…
✓ Escribimos **n** delante de…

15 Escucha y repite.

[campo, cambio, canto, tango, tronco, atender, también, tampoco, ensuciar, enfriar]

esquema gramatical

Expresar frecuencia

1. *Soler* + infinitivo
   Suelo levantarme a las ocho.
   Solemos ir al cine los sábados.

2. Siempre, generalmente, normalmente, a menudo, frecuentemente, a veces, nunca
   Normalmente, me levanto a las ocho.
   Vamos al cine a menudo.

Pronombres personales de complemento indirecto

singular	plural
me	nos
te	os
le	les

Regalamos flores **a nuestra madre** → **Le** regalamos flores.
Compran caramelos **a los niños** → **Les** compran caramelos.

Maneras de VIVIR

Las fiestas

1 Estos amigos hablan de las navidades. Escucha atentamente y escribe qué hacen en cada país.

2 Ahora, contesta verdadero o falso.

	V	F
La mayoría de los españoles recibe los regalos en Navidad.		
En Venezuela se dan los regalos en Nochebuena.		
La comida típica de Argentina son las hallacas.		
Lo más típico en Argentina es el pan dulce o *panetone*.		
La cena no es familiar en España.		

3 Relaciona las comidas típicas con su país.

- panetone
- cochino
- hallacas
- turrón
- besugo
- melón
- asado
- pavo
- langostinos

Argentina

Venezuela

España

4 Investiga y relaciona cada hecho con su país correspondiente.

Santa Claus deja los regalos en Navidad.

Cantar villancicos.

Tomar cava a las doce de la noche.

Misa del gallo a las doce de la noche.

El Niño Jesús da los regalos.

Los Reyes Magos traen los regalos.

A   B   C

54 cincuenta y cuatro

5 Infórmate de cómo se celebra la Navidad en otros países del ámbito hispánico y haz un PowerPoint para presentarlo a tus compañeros.

6 Describe cómo son las Navidades en tu país y establece las diferencias con el ámbito hispánico.

7 En parejas, comentad la importancia de respetar las fiestas religiosas de otros países.

8 En parejas, cread un póster con imágenes de fiestas importantes de tres países diferentes e indicad cómo se celebran.

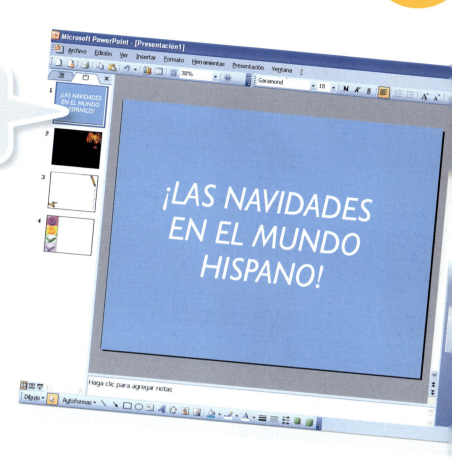

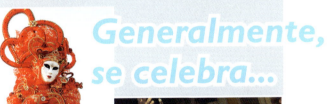

9 Ahora sois reporteros / periodistas. Preparad una encuesta para preguntar a tres personas de la calle cómo celebran las fiestas.

Carnaval de Venecia.

Cabalgata de los Reyes Magos en España.

¿Sabías que...?

En Bérchules, un pueblo de Granada, se celebra la Nochevieja el primer fin de semana de agosto. ¿Sabes por qué?

Fiesta de los colores en India (Holi).

Recapitulación

1 Completa este texto con tus datos.

Me llamo _____ y tengo _____ años. Soy de _____. Vivo en _____ y mi teléfono es _____. Soy _____ y _____ el pelo _____. Tengo los ojos _____ y soy _____.

En mi familia somos _____. Mi padre es _____ y _____ el pelo _____. Se llama _____. Tiene _____ años. Es _____, trabaja en _____.

Mi madre se _____ y es _____ y _____.

Mi hermano/a se llama _____ y tiene _____ años. Tiene el _____ y los ojos _____. Es _____.

Mi mejor amigo/a _____.

2 ¿Masculino o femenino? Clasifica las siguientes palabras por su género.

tenedor, cafetera, salón, mesa, habitación, botella, bote, calefacción, garaje, ascensor, universidad, ordenador, razón, viaje, profesión, problema

MASCULINO	FEMENINO

2.1 Elige cinco palabras de las anteriores y di dónde están habitualmente.

Ej.: El tenedor está en la cocina, dentro de un cajón, al lado de la cuchara.

3 Has decidido alquilar una habitación de tu piso. Escribe un anuncio para publicarlo en la prensa.

compra | venta | **alquiler** | cambio

TEXTO: _____

4 La vida de Pedro es un poco monótona: todos los días hace las mismas cosas. Lee su agenda y escribe un texto contando su vida diaria.

- 7:45 – levantarse
- 8:00 – desayunar
- 8:20 – ducharse, vestirse
- 8:45 – salir de casa
- 9:00 – llegar al trabajo
- 14:00 – salir del trabajo
- 14:15 – llegar a casa
- 14:30 – comer
- 15:00 - 16:45 – descansar
- 17:00 – volver al trabajo
- 20:00 – salir del trabajo
- 20:30 – encontrarse con sus amigos

5 Construye oraciones según el ejemplo.

1 QUERER, ELLOS *Ellos quieren vivir en el extranjero.*
2 PODER, NOSOTROS
3 JUGAR, TÚ
4 PEDIR, ÉL
5 SALIR, YO
6 HACER, VOSOTROS
7 CONOCER, YO
8 TENER, ELLOS
9 VENIR, USTED
10 DECIR, TÚ
11 OÍR, NOSOTROS
12 SER, TÚ
13 IR, USTEDES
14 PONER, ELLA

6 Busca el nombre de estas diez profesiones en la sopa de letras.

- ✓ Trabaja en un hospital.
- ✓ Construye edificios.
- ✓ Trabaja en un colegio.
- ✓ Escribe en los periódicos.
- ✓ Trabaja en una oficina.
- ✓ Apaga incendios.
- ✓ Trabaja en un restaurante.
- ✓ Arregla los coches.
- ✓ Trabaja en una tienda.
- ✓ Ayuda al médico.

A	D	F	C	Ñ	B	D	E	G	U	I	Z	X	A	O
B	D	E	P	E	N	D	I	E	N	T	E	C	V	C
D	E	S	E	C	R	E	T	A	R	I	O	E	F	I
G	N	H	R	I	J	K	A	B	Ñ	C	O	P	Q	N
R	F	S	I	T	Y	Z	A	Z	A	O	X	P	C	A
Y	E	D	Ö	E	E	D	F	M	C	G	B	R	H	C
I	R	J	D	K	L	L	A	I	M	N	A	O	Ñ	E
O	M	P	I	Q	R	R	D	S	T	Y	Z	F	A	M
B	E	C	S	D	E	E	F	J	C	Q	E	E	R	T
Y	R	U	T	R	M	I	I	O	P	A	A	S	D	F
G	O	H	A	R	Q	U	I	T	E	C	T	O	J	K
Z	X	M	C	V	B	N	M	Q	E	R	T	R	Y	U
I	A	O	P	A	S	D	F	G	H	J	K	L	Ñ	Z
C	H	F	E	D	C	B	A	B	M	N	B	V	C	X
B	O	M	B	E	R	O	B	C	F	F	Y	H	J	N

4 Lo normal

ámbito 1 Tareas

- Expresar frecuencia
- Pedir un favor
- Dar órdenes y hacer sugerencias
- Ofrecer ayuda
- Comprar: pedir un producto y preguntar por sus características y su precio
- Comparar productos, precios, calidades
- Valorar
- Expresar gustos y preferencias
- Mostrar acuerdo o desacuerdo en los gustos

ámbito 2 ¿Qué me pasa, doctor?

- Expresar estados físicos y anímicos
- Preguntar por la salud y hablar de ella
- Expresar síntomas y enfermedades
- Expresar dolor
- Expresar condición
- Expresar obligación
- Aconsejar
- Aceptar o rechazar un consejo
- Concertar una cita

ámbito 1
Tareas

1 Relaciona las tareas de la casa con las imágenes.

- limpiar el polvo
- tender la ropa
- limpiar los cristales
- barrer el suelo
- poner la lavadora
- planchar la ropa
- hacer la compra
- hacer la cama
- hacer la comida
- fregar los platos
- fregar el suelo

2 Lee el texto siguiente.

César y Ana son dos amigos españoles que viven juntos. Parte del fin de semana lo dedican a las tareas de la casa. Trabajan mucho y tienen poco tiempo al día para estas tareas, por eso dedican los sábados por la mañana a ordenar su casa. Son muy organizados y han elaborado un horario con las tareas de todo el mes.

CD1 33

2.1 Escucha con qué frecuencia realizan estas actividades y escribe estas palabras al lado de cada tarea.

> una vez al día, dos veces al día, una vez a la semana, una vez al mes, tres veces al mes, muchas veces al día, dos veces a la semana, cuatro veces al mes, una vez cada tres días

César
Limpiar los cristales _____
Hacer la compra _____
Lavar los platos _____
Hacer la cama _____
Barrer el suelo _____
Poner la lavadora _____

Ana
Limpiar el polvo _____
Planchar la ropa _____
Tender la ropa _____
Fregar el suelo _____
Fregar los platos _____
Hacer la comida _____

3 Anota las veces que realizas estas tareas en tu casa. Luego, haz una encuesta entre tus compañeros.

Ej.: > ¿Cuántas veces limpias el polvo por semana?
< Suelo limpiar el polvo dos veces a la semana.

	una vez	n.º de veces	nunca
Limpiar el polvo			
Barrer el suelo			
Poner la lavadora			
Tender la ropa			
Planchar la ropa			
Hacer la comida			
Limpiar los cristales			
Fregar los platos			

cincuenta y nueve 59

ámbito 1 Tareas

Pedir y ordenar

4 Escucha y lee. Después, indica en cuál de estos diálogos se ordena algo y en cuál se pide algo?.

- Cristina, pon la mesa; vamos a comer ya.
- Papá, no puedo en este momento.
- Cristina, vamos a comer ahora mismo; pon la mesa.

- José, ¿puedes tender la ropa?
- Sí, ahora mismo.

- Mamá, ¿puedes comprarme chocolate?
- No, no puedes comer tanto dulce, hija.

- Raúl, ¡no hay vasos limpios!
- ¡Ah! Después pongo el lavavajillas.
- No, ponlo ahora.

5 Escucha estos diálogos y marca la opción correcta.

	pedir un favor	ordenar
1.		
2.		
3.		
4.		

> ¿Hago **la cama**?
> Sí, haz**la**.
> ¿Friego **los platos**?
> Sí, friéga**los**.
> ¿Limpio **el polvo**?
> Sí, límpia**lo**.
> ¿Abro **las ventanas**?
> Sí, ábre**las**.

6 Lee este texto y escribe diálogos según el ejemplo.

Ana está muy ocupada este fin de semana. César va a ayudarla con las tareas de la casa. Mira los dibujos y construye las frases y las respuestas como en el ejemplo.

7 Escucha y completa.

1
- 100 cien
- 101 ciento uno(a)
- 102 ciento dos
- 103 ciento _____
- 104 _____
- 105 _____
- 200 doscientos(as)
- 201 doscientos(as) uno(a)
- 222 doscientos(as) _____

2
- 299 _____
- 300 trescientos(as)
- 400 _____
- 450 _____
- 500 _____
- 600 _____
- 700 _____
- 800 _____
- 900 _____

3
- 1000 mil
- 1001 mil uno(a)
- 1100 mil cien
- 1200 mil doscientos(as)
- 1250 _____
- 1560 _____
- 2000 dos mil
- 3000 _____
- 4000 _____

En el mercado

8 Este es el mercado de mi barrio. Observa la viñeta y escribe el nombre de los productos.

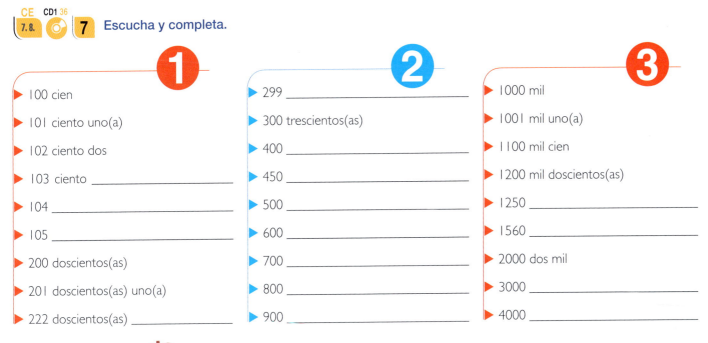

ámbito 1 — Tareas

9 Escucha esta conversación y marca en la lista lo que compra César.

- 250 gramos de chorizo
- 1 lata de tomate
- 1 kilo de naranjas
- 1 docena de huevos
- 1 paquete de azúcar
- 1 barra de pan
- 1 kilo de patatas
- 1 lechuga
- 250 gramos de jamón
- 1 paquete de harina
- 1 botella de vino

100 g	cien gramos
1/4 kg	un cuarto de kilo
1/2 kg	medio kilo
1 kg	un kilo
1 1/2 kg	un kilo y medio
2 kg	dos kilos
1 l	un litro
1 1/2 l	un litro y medio
1/2 l	medio litro
2 l	dos litros

9.1 Escúchala de nuevo y escribe el precio de cada una de las cosas que compra César.

- Jamón
- Naranjas
- Harina
- Vino
- Huevos
- Pan

10 Lee este diálogo y contesta a las preguntas.

- Hola, buenos días.
- Buenos días.
- ¿Qué quería?
- ¿A cuánto están las naranjas?
- A 2 €.
- Pues me pone un kilo.
- Aquí tiene. ¿Algo más?
- Sí, medio kilo de peras.
- Aquí tiene. ¿Algo más?
- No, nada más, gracias. ¿Cuánto es?
- Son 3,50 euros.

1. ¿Cuánto cuestan las peras?
2. ¿Quiere algo más?
3. ¿Cuánto es todo?

11 Ahora, ordena el siguiente diálogo.

- Pues póngame esta.
- Aquí tiene. ¿Algo más?
- No, nada más, gracias. ¿Cuánto es?
- Buenas tardes.

- Hola, buenas tardes.
- A 17 euros.
- Son 20,40 euros.
- ¿A cuánto está la merluza?

4

12 Fíjate en las imágenes y haz comparaciones usando estos adjetivos.

Ej.: *Las naranjas son más baratas que las manzanas.*

grande / pequeño   caro / barato   maduro / verde

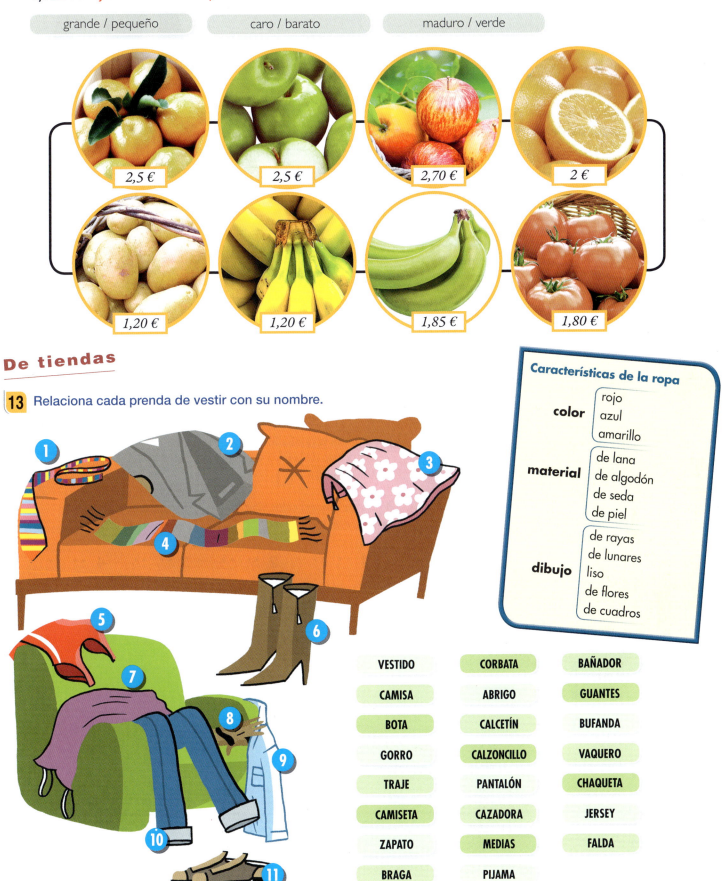

De tiendas

13 Relaciona cada prenda de vestir con su nombre.

Características de la ropa

color	rojo / azul / amarillo
material	de lana / de algodón / de seda / de piel
dibujo	de rayas / de lunares / liso / de flores / de cuadros

VESTIDO CORBATA BAÑADOR
CAMISA ABRIGO GUANTES
BOTA CALCETÍN BUFANDA
GORRO CALZONCILLO VAQUERO
TRAJE PANTALÓN CHAQUETA
CAMISETA CAZADORA JERSEY
ZAPATO MEDIAS FALDA
BRAGA PIJAMA

sesenta y tres 63

ámbito 1 — Tareas

14 Silvia y Esther han ido de compras. Escucha lo que dicen.

Esther: Mira, Silvia, estos pantalones azules me gustan mucho.

Silvia: A mí me gustan más aquellos rojos; son más modernos.

Esther: ¡Ah! Sí, y esa camisa que está enfrente de los pantalones me encanta.

Silvia: A mí no; odio el color marrón.

Esther: No, esa no, la camisa blanca que está debajo de la falda verde.

Silvia: ¡Ah! Sí, esa sí me gusta.

Esther: Creo que hoy me lo compro todo. Me encantan todos los vestidos.

Silvia: A mí también, pero prefiero los pantalones, son más cómodos.

14.1 Contesta verdadero o falso.   **V / F**

- A Silvia le gustan más los pantalones azules que los rojos.
- Silvia odia el color marrón.
- A Esther no le gusta la camisa que está debajo de la falda verde.
- Silvia prefiere los vestidos a los pantalones.
- A Esther le encantan todos los vestidos.

15 Ordena estas oraciones según el grado de preferencia (de mayor a menor).

1. Me gusta mucho vestirme elegante en las bodas.
2. No me gusta el pan duro.
3. Odio comer solo.
4. Me encantan las naranjas.
5. Me gusta llevar vaqueros.

15.1 Ahora, relaciona los diálogos con los dibujos.

ACUERDO
- ▶ Me gusta la camisa blanca que está debajo de la falda verde.
- ◀ A mí también.
- ▶ No me gusta el color marrón.
- ◀ A mí tampoco.

DESACUERDO
- ▶ Me encantan las patatas fritas.
- ◀ A mí no.
- ▶ No me gustan estos vestidos; son muy incómodos.
- ◀ A mí sí.

1   2   3   4

16 Estos amigos nos hablan de lo que les gusta. ¿Están de acuerdo? Escucha e indica el número de diálogo correspondiente.

a
b
c

17 Escucha estos dos diálogos y completa la tabla.

¿qué compran?	¿cómo es?	¿qué talla? ¿qué número?	¿cuánto cuesta?
1.			
2.			

18 Ordena el diálogo siguiente.

A: ¿Qué tal le queda?
A: Aquí tiene. ¿Qué le parece?
A: 57,10 euros.
B: ¡Ay!, pues no sé, creo que la 44.
A: ¿Cómo la quiere? De seda, de algodón, de…
A: ¿Cómo le está?
B: De seda, por favor.

B: Me queda un poco estrecha. ¿Puede darme otra talla?
A: Sí, le traigo la 46.
B: Quiero una camisa blanca.
A: ¿Qué talla tiene?
B: Muy bien. Me queda muy bien. Me la llevo. ¿Cuánto cuesta?

B: A ver la 46 cómo me está. Sí, está muy bien.
B: Bien, ¿puedo probármela?
A: Buenos días. ¿Qué desea?
A: Sí, claro.

TAREA

19 Lee este minidiálogo. Después pregunta a tu compañero por sus preferencias.

- Me gusta mucho la fruta de verano.
- A mí también, pero prefiero la fruta de invierno.

Ej.: *¿Qué prefieres, ir al cine o visitar museos?*
Me gustan los museos, pero prefiero ir al cine.

esquema gramatical

IMPERATIVO AFIRMATIVO
Verbos regulares

	TOM-AR	BEB-ER	SUB-IR
tú	tom-a	beb-e	sub-e
usted	tom-e	beb-a	sub-a
vosotros	tom-ad	beb-ed	sub-id
ustedes	tom-en	beb-an	sub-an

Pronombres personales de CD

Forma	Posición
me te lo / la nos os los / las	■ Se colocan delante del verbo. *Compro naranjas en la frutería* → ***Las** compro en la frutería.* ■ Con imperativo se colocan detrás del verbo y unido a él. *Compra naranjas en la frutería* → *Cómpra**las** en la frutería.*

Verbos irregulares

	tú	usted	ustedes
PONER	pon	ponga	pongan
VENIR	ven	venga	vengan
TENER	ten	tenga	tengan
DECIR	di	diga	digan
HACER	haz	haga	hagan
SALIR	sal	salga	salgan
SER	sé	sea	sean
IR	ve	vaya	vayan
CERRAR	cierra	cierre	cierren
PEDIR	pide	pida	pidan
DORMIR	duerme	duerma	duerman

Pedir un favor
¿Poder + infinitivo?
¿Puedes cerrar la ventana, por favor?

Aceptar realizarlo
Sí, claro, ahora mismo.

Denegarlo
No, no puedo, lo siento.
No, no puedo; es que está rota.

Expresar gustos

pronombre CI + [gustar / encantar] + sujeto

Me gusta la comida italiana.
Les encanta el vino español.
Me gustan mucho las patatas fritas.

sujeto + [odiar / preferir] + CD

Yo odio la carne poco hecha.
Preferimos el pescado.
Juan prefiere los tomates.

Pedir un producto
¿Me pone un kilo de naranjas, por favor?
¿Podría ponerme un kilo de naranjas?

Preguntar el precio
¿Cuánto cuesta...?: precios fijos (ropa, bebida, transporte...).
¿A cuánto está...?: precios variables (frutas, carne, pescado...).

ámbito 2 ¿Qué me pasa, doctor?

1 Escribe el nombre de las partes del cuerpo en su lugar correspondiente.

- cabeza
- estómago
- espalda
- mano
- pie
- pierna
- hombro
- brazo
- oreja
- rodilla
- cintura
- ojos
- nariz
- boca
- codo
- diente
- tobillo
- cuello
- muela
- dedo
- cadera

¡Atención!
la nariz
la mano

Me duele todo

2 Observa los dibujos. ¿Qué le duele a Carlos? Después, escucha y comprueba.

3 Fíjate en los dibujos y escribe estas expresiones en el lugar que corresponda.

a) ¡Qué hambre tengo!
b) ¡Qué cansado estoy!
c) ¡Qué sed tengo!

d) ¡Qué frío tengo!
e) ¡Qué triste estoy!
f) ¡Qué contento estoy!

g) ¡Qué calor tengo!
h) ¡Qué aburrido estoy!
i) ¡Qué preocupada estoy!

ámbito 2 ¿Qué me pasa, doctor?

4 Escucha y escribe cómo se sienten estas personas.

1. _____
2. _____
3. _____
4. _____

5 Relaciona ambas columnas.

- Si estornudas en primavera, → ... tienes tortícolis.
- Cuando no puedes hablar porque no tienes voz, → ... tienes fiebre.
- Si duermes en una mala postura y te duele el cuello, → ... tienes alergia.
- Cuando trabajas mucho y duermes poco, → ... estás afónico.
- Si tienes 40° de temperatura. → ... estás agotado.
- Si tienes fiebre y te duele todo el cuerpo, → ... tienes gripe.

6 ¿Qué te pasa? Exprésalo con gestos. Tu compañero tiene que adivinarlo.

7 Relaciona cada problema con su remedio.

problema	remedio
> tener dolor de cabeza	> *tomar una aspirina*
> tener fiebre	> _____
> tener dolor de espalda	> _____
> estar agotado/a	> _____

8 ¿Qué tienes que hacer para...

1. no tener hambre? ▸ *Tengo que comer.*
2. estar contento? ▸ _____
3. no tener frío? ▸ _____
4. no estar cansado? ▸ _____
5. no tener sed? ▸ _____

9 Carlos ha decidido pedir cita a su médico. Ordena el diálogo siguiente.

A: ¿A las cuatro y media?
B: Hola, buenos días, quería pedir hora para esta tarde.
B: Muy bien, a esa hora me viene bien.
A: Bueno, entonces, hoy a las cuatro y media, ¿de acuerdo?
B: De acuerdo. Gracias, hasta la tarde.

A: Consulta del doctor Bosque, dígame.
B: Pues a primera hora de la tarde, sobre las cuatro, más o menos.
A: Adiós.
A: Un momento, por favor, ¿a qué hora le viene bien?

9.1 Ahora, escucha y comprueba.

10 Escucha y lee estos diálogos.

1

A: Hola, buenas tardes.
B: Buenas tardes. Pase y siéntese.
A: Gracias.
B: Dígame, ¿qué le pasa?
A: Tengo una tos muy fuerte, especialmente por las noches y, además, casi no puedo respirar.
B: ¿Le duele la garganta?
A: Sí.
B: ¿Y la cabeza?
A: También.
B: ¿Tiene fiebre?
A: Sí, y también me duelen los brazos y las piernas. Bueno... todo el cuerpo.
B: Lo que usted tiene es gripe. Tómese este jarabe para la tos y póngase estas inyecciones.
A: Muy bien.
B: Por supuesto, no fume. Acuéstese y descanse. No vaya a la oficina, quédese en casa tres días como mínimo. No coja frío. Si la garganta le duele mucho, beba zumo de limón con miel. Si después de tres días no se encuentra mejor, vuelva a mi consulta.
A: Gracias, doctor.
B: De nada. Y cuídese.

2

C: ¡Qué dolor de cabeza!
D: Pues si te duele la cabeza, tómate una aspirina. Mira, aquí tienes una.
C: No, gracias. No me gusta tomar medicinas. No sé qué me pasa, me encuentro mal. Aquí hace frío, ¿no?
D: No. A ver... ¡Huy! ¡Tienes fiebre! Creo que tienes gripe.
C: ¿En serio?
D: Sí. Si te encuentras mal, vete a casa y descansa, y mañana no vayas a la oficina.
C: Sí, buena idea.
D: Y si tienes tos, tómate un buen jarabe.
C: ¿Otra medicina? No, no.
D: Pues bebe zumo de limón con miel. Es un remedio natural. Y no fumes. Y lo más importante: no cojas frío.
C: Ya.

10.1 Marca todos los imperativos que aparecen en los diálogos y clasifícalos.

afirmativos

negativos

ámbito 2 ¿Qué me pasa, doctor?

11 En parejas. Intercambiad la información.

ALUMNO A

Tienes estos síntomas. Vas a la consulta de tu compañero, que es médico. Explícale qué te pasa.

PROBLEMAS

gripe   estrés
dolor de estómago

Ahora eres tú el médico. Tu compañero se encuentra mal y viene a tu consulta. Escúchalo y dale una solución.

SOLUCIONES

- andar
- fumar
- salir al campo
- ir a la playa
- comer verdura
- comer grasas
- hacer deporte
- darse una crema
- tomarse un jarabe
- hacerse un análisis de sangre
- tomarse una manzanilla

ALUMNO B

Eres médico. Tu compañero se encuentra mal y viene a tu consulta. Escúchalo y dale una solución.

SOLUCIONES

- andar
- fumar
- salir al campo
- ir a la playa
- comer verdura
- comer grasas
- hacer deporte
- darse una crema
- tomarse un jarabe
- hacerse un análisis de sangre
- tomarse una manzanilla

Ahora tú eres el paciente.

PROBLEMAS

dolor de riñones
mareos   tortícolis

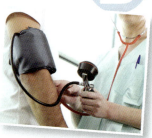

Vida sana

12 Escribe debajo de cada imagen la acción que representa.

1 _____

2 _____

3 _____

4 _____

5 _____

6 _____

7 _____

8 _____

9 _____

12.1 Escribe cuáles de esos hábitos son buenos o malos para la salud.

12.2 Comenta los resultados con tu compañero. ¿Estáis de acuerdo?

TAREA

13 Vamos a hacer entre todos una guía para llevar una vida sana. Anota tus ideas y, después, compártela con tus compañeros.

para VIVIR 100 años con CALIDAD

- Hay que comer solo lo necesario.
- Hay que dormir por lo menos ocho horas al día.
-
-
-
-
-

13.1 Explícale a un amigo qué tiene que hacer para vivir cien años con una buena calidad de vida.

Nuevo | Responder | Eliminar | Archivar | Correo no deseado | ...

RV:

Agregar a contactos 11:59

Querido ____________:

¿Qué tal estás? Yo estoy muy bien aquí, en España. Todos los días aprendo algo nuevo. Por ejemplo, hoy tengo unas indicaciones sobre ¡¡¡Cómo vivir 100 años!!! Es muy interesante:

– **Tienes que comer** solo lo necesario.
– **Tienes que dormir** por lo menos ocho horas al día.

____

____

____

____

Pero no es fácil hacerlo, ¿verdad? Bueno, escríbeme pronto.
Un abrazo
Luis

ASÍ COMO SUENA

CD1 45

14 Escucha e identifica la sílaba fuerte de cada palabra.

[sábado · médico · libro · árbol · edad · sofá]

14.1 Ahora, separa en sílabas.

CD1 46

14.2 Escucha estas otras palabras y escríbelas en la columna correspondiente. Después señala la sílaba fuerte.

4 sílabas	3 sílabas	2 sílabas
pe**rió**dico	**mé**dico	**si**lla

esquema gramatical

IMPERATIVO NEGATIVO

	TOM-AR	BEB-ER	SUB-IR
tú	no tom-**es**	no beb-**as**	no sub-**as**
usted	no tom-**e**	no beb-**a**	no sub-**a**
vosotros	no tom-**éis**	no beb-**áis**	no sub-**áis**
ustedes	no tom-**en**	no beb-**an**	no sub-**an**

doler
Me / te / le... duele + sustantivo singular.
Nos duele la cabeza.
Me / te / le... duelen + sustantivo plural.
Me duelen las piernas.

tener dolor de...
Yo tengo dolor de piernas.
Nosotros tenemos dolor de cabeza.

ENFERMEDADES, SÍNTOMAS Y ESTADOS DE SALUD

***tener* + nombre de enfermedad o síntomas**	***estar* + estado físico o anímico**
Tengo [gripe / fiebre / alergia / catarro / escalofríos	*Estoy* [agotado /-a / nervioso /-a / afónico /-a / mareado /-a / bien / mal / regular
Nosotros tenemos dolor de cabeza.	*Estoy agotada.*

Expresar obligación

- Impersonal, general: *hay que* + infinitivo
  Para tener buena salud, hay que hacer deporte.
- Personal, particular: *tener que* + infinitivo
  Si quieres tener buena salud, tienes que hacer deporte.

Expresar condición

- Con acciones habituales
  - *Cuando* → presente + presente: *Cuando me duele la cabeza, me tomo una aspirina.*
  - *Si* → presente + presente: *Si me duele la cabeza, me tomo una aspirina.*
- Con órdenes
  Si → presente + imperativo: *Si te duele la cabeza, tómate una aspirina.*

Maneras de VIVIR

¿Comemos **para vivir** o vivimos **para comer?**

1 Observa estas fotos y relaciónalas con sus nombres.

pulpo a la gallega
patatas bravas
jamón serrano
morcilla
chorizo
boquerones en vinagre
aceitunas

 Lee este texto.

Tomar tapas es una costumbre muy española

y consiste en reunirse en los bares para estar con los amigos, con la familia o con los compañeros de trabajo. Normalmente, se «tapea» en varios bares y, en cada uno, se pide una tapa, o varias, y una ronda de bebida. Se suele pagar «a escote», es decir, cada uno lo suyo, aunque también existe la modalidad de pagar cada uno «una ronda»; esto es, una persona paga el total en un sitio, y otra en otro. Lo curioso de las tapas es que los platos (llamados raciones) se comparten. Se puede «tapear» a diferentes horas del día como aperitivo o como sustitución de una comida o una cena.

En su origen (s. XV), la palabra *tapa* significaba literalmente eso: tapa. Se utilizaba para cubrir la jarra de cerveza como protección contra las moscas; en un principio, era simplemente un trozo de pan con algo encima, pero se ha convertido en una comida muy variada y creativa.

En parejas...

5 Comentad cómo es en vuestros países. ¿También existe esta costumbre de «tapear» en distintos bares? ¿Os parece divertido?

6 Buscad información sobre las tapas españolas: ¿cuáles son las más típicas?

7 Hablad sobre salud y comida. ¿Es bueno/malo comer todos los días tapas? ¿Son las tapas comida rápida?

8 Por último, preparad una carta de tapas originales y divertidas. Presentadlas en clase. ¿Os atrevéis a prepararlas en casa con vuestros compañeros?

3 Di si estas afirmaciones son verdaderas o falsas.

Para ir de tapas, ...

	V	F
tienes que estar necesariamente solo.		
normalmente, tienes que quedarte en un bar.		
paga siempre la misma persona.		
tienes que compartir la comida.		
hay que esperar a la noche.		

4 ¿Qué términos del texto se relacionan con «tapa» y «tapear»?

¿Sabías que...?

En Venezuela, las tapas se llaman pasapalos.
El tequeño (o dedito de queso) es el pasapalo más famoso.
¿Sabes cómo es el tequeño?

setenta y tres 73

5 Nos divertimos

ámbito 1 ¡Nos vamos de vacaciones!

- Expresar gustos personales
- Describir una población (su clima y su geografía)
- Expresar planes y proyectos
- Hablar del tiempo atmosférico
- Preguntar por la ubicación de lugares públicos
- Indicar direcciones
- Expresar obligación y necesidad

ámbito 2 Me gustan la música, el cine...

- Expresar diferentes grados de gustos personales
- Hablar de acciones en desarrollo
- Pedir la consumición en un restaurante

ámbito 1
¡Nos vamos de vacaciones!

1 Escucha a Juan y a Carmen, que están preparando sus vacaciones. Después, contesta las preguntas.

- Juan: ¿Dónde vamos esta Semana Santa?
- Carmen: A mí me gustaría ir a la playa.
- Juan: Yo prefiero ir a Sevilla.
- Carmen: ¡Ah! Muy buena idea.
- Juan: ¿Vamos en avión, en tren o en coche?
- Carmen: Yo prefiero en avión; es más rápido.
- Juan: Sí, pero el tren es casi igual de rápido y más cómodo.
- Carmen: Vale. ¿Dónde vamos a dormir?
- Juan: No sé. ¿Qué prefieres, hotel, campin o albergue?
- Carmen: Prefiero el hotel, pero el albergue es más barato.
- Juan: Bien, yo llamo al albergue para saber cuánto cuesta y dónde está.
- Carmen: Vale, yo consulto los horarios de los trenes y los precios de los billetes por internet.

1. ¿Dónde prefiere ir Juan de vacaciones de Semana Santa? ¿Y Carmen?
2. ¿Cómo prefiere ir Carmen a Sevilla? ¿Por qué?
3. ¿Cómo van a ir a Sevilla?
4. ¿Dónde prefiere dormir Carmen?
5. ¿Dónde van a dormir? ¿Por qué?
6. ¿Para qué va a llamar Juan al albergue?
7. ¿Qué va a consultar Carmen en internet?

2 Relaciona estas palabras con transportes, alojamientos y lugares.

- ✔ albergue
- ✔ apartamento
- ✔ *autoestop*
- ✔ avión
- ✔ bicicleta
- ✔ campin
- ✔ campo
- ✔ ciudad
- ✔ coche
- ✔ hotel
- ✔ montaña
- ✔ playa
- ✔ tren

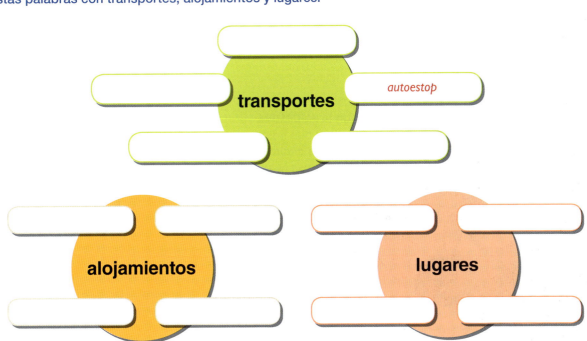

2.1 ¿Cuáles son tus preferencias cuando viajas? Explícaselas a tus compañeros.

Ej.: *Cuando viajo, prefiero ir en tren, porque es más cómodo y se ve muy bien el paisaje.*

ámbito 1 ¡Nos vamos de vacaciones!

3 Fíjate en estas personas. Habla con tu compañero y di cuáles son sus preferencias cuando viajan.

4 En parejas. Escribid el nombre de algunas ciudades con estas características.

LUGAR DE VERANEO
Playas grandes y limpias. Puedes descansar, divertirte y conocer gente de todo el mundo. Por las mañanas, puedes tomar el sol y, por la noche, puedes salir hasta muy tarde.

LOS GRANDES EDIFICIOS DE CRISTAL Y ACERO
te hacen pensar en el progreso constante del ser humano. Al pasear por sus calles puedes ver la perfección de su diseño. Las nuevas tecnologías están a tu alcance. Son ciudades del futuro.

CONTACTO CON LA NATURALEZA
Puedes respirar el aire fresco y limpio, y practicar deporte al aire libre. La tranquilidad de estas ciudades te hace sentir bien. Es todo muy sano y saludable.

CIUDADES LLENAS DE CULTURA Y TRADICIÓN
Edificios antiguos, calles estrechas en donde el tiempo se para. Al pasear por sus calles, te trasladas al mundo del pasado.

4.1 ¿A cuál de ellas te gustaría ir en tus próximas vacaciones? ¿Por qué? Coméntalo con tu compañero.

5 Lee estas informaciones referidas a dos ciudades muy distintas. ¿Sabes cuáles son?

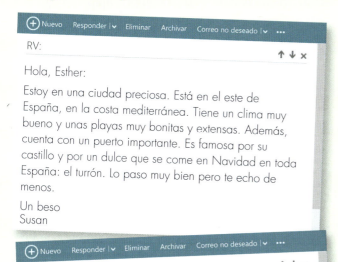

Hola, Esther:

Estoy en una ciudad preciosa. Está en el este de España, en la costa mediterránea. Tiene un clima muy bueno y unas playas muy bonitas y extensas. Además, cuenta con un puerto importante. Es famosa por su castillo y por un dulce que se come en Navidad en toda España: el turrón. Lo paso muy bien pero te echo de menos.

Un beso
Susan

Hola, Susan:

Esta ciudad es mágica. Está en el sur de España. Hace mucho calor. Tiene un edificio árabe muy bonito y junto a él unos jardines maravillosos con muchas fuentes. Las casas tienen grandes patios con muchas flores. En esta ciudad hay pocas casas altas. La gente está mucho en la calle y hay una gran actividad de día y de noche. La foto que te adjunto es de una de las partes del edificio árabe, declarado Patrimonio de la Humanidad. Espero verte pronto.

Besos
Esther

¿Qué tiempo hace?

6 Relaciona los dibujos con las palabras o expresiones siguientes.

hace calor
hace frío
hace viento
llueve
hace sol / buen tiempo
hace mal tiempo
nieva
está nublado

7 ¿Qué diferencias hay entre estas dos fotografías? Descríbelas.

CE 7. 8. 9.

Ej.: *Tiene grandes avenidas, con mucho tráfico...*

Es muy: grande / pequeña / bulliciosa
Tiene: muchos museos / muchas casas

5.1 Ahora, márcalas en el mapa y relaciona las palabras que te damos con las ciudades que aparecen en él.

1. puerto
2. playa
3. mar Mediterráneo
4. océano Atlántico
5. monumentos
6. moderna
7. antigua
8. lluvia / sol
9. buen tiempo
10. mal tiempo

ámbito 1 ¡Nos vamos de vacaciones!

8 ¿Conoces los países latinoamericanos? Escucha a estas personas que nos hablan de sus países y señala en el mapa.

8.1 Ahora, elige un país y dile a tu compañero dónde está y cómo es. Él tiene que adivinar de qué país se trata.

9 Relacionad las imágenes con los países del mapa.

10 Escucha a Carmen, que está buscando hotel o albergue en Sevilla.

Albergue Sevilla
Capacidad: 60 personas.
Habitaciones: 10.
Calle: Los Molinos n.° 12.
Situado en la zona centro
Muchas actividades

Hotel Husa ***

Habitación	Pensión	Precio	
		TA	TB
Doble	completa	180 €	165 €
Individual	completa	160 €	98 €

Hotel Miramar ***

Habitación	Pensión	Precio	
		TA	TB
Doble	completa	160 €	150 €
Individual	completa	140 €	120 €
Doble	media	150 €	115 €
Individual	media	110 €	98 €

10.1 Ahora, contesta a las siguientes preguntas.

Primer diálogo
¿Qué habitación quiere Carmen?
_____
¿Reserva la habitación?
_____

Segundo diálogo
¿Tiene el hotel habitaciones dobles?
_____
¿Qué tipo de pensión quiere Carmen?
_____
¿Reserva la habitación?
_____

Tercer diálogo
¿Hay habitaciones libres?
_____
¿Cuánto cuesta la habitación?
_____
¿Reserva Carmen la habitación? ¿De qué tipo? ¿Qué día?
_____

11 En parejas. Intercambio de información.

ALUMNO A
- Quieres reservar una habitación individual con media pensión y solo tienes 42 euros.
- Llama al Hotel Husa y al hotel Miramar.
- Quieres ver la televisión y hacer gimnasia por la mañana. La necesitas para el 15 de agosto.

Eres el recepcionista de los hoteles Husa y Miramar. Responde a las preguntas de tu compañero.

ALUMNO B
Eres el recepcionista de los hoteles Husa y Miramar. Responde a las preguntas de tu compañero.

- Quieres reservar una habitación doble con pensión completa. El dinero no es problema. Llama al hotel Miramar y al hotel Husa.
- No te gusta el calor, llevas coche y tienes que mandar unos correos electrónicos.
- La necesitas para el día 1 de agosto.

Nos movemos por la ciudad

12 Relaciona los objetos con los lugares públicos o tiendas.

 (1)
 (2)
 (3)
 (11)
 (4)
 (10)
 (5)
 (6)
 (9)
 (8)
 (7)

- farmacia ☐
- banco ☐
- quiosco ☐
- Correos ☐
- bar ☐
- hospital ☐
- biblioteca ☐
- estación ☐
- museo ☐
- parada de autobús ☐
- gasolinera ☐

13 Escucha y lee. Después relaciona los diálogos con los planos.

> Oye, perdona, ¿dónde hay una farmacia por aquí?
< Sigue todo recto y gira la primera a la izquierda. Allí, en la esquina, hay una farmacia.
> Gracias.

 (1)

> Oiga, perdone, ¿dónde está la oficina de Correos?
< Muy cerca de aquí. La segunda calle a la derecha.
> Gracias.

 (2)

> Perdona, ¿hay un supermercado por aquí?
< Sí, hay uno al final de esta calle.
> ¿Está muy lejos?
< No, a unos cinco minutos de aquí.
> Gracias.

 (3)

> Por favor, ¿la calle Corrientes?
< Tome la primera calle a la izquierda y luego gire a la derecha.
> ¿Está cerca de aquí?
< Sí, sí.
> Gracias.

 (4)

setenta y nueve 79

ámbito 1 ¡Nos vamos de vacaciones!

14 En parejas. Intercambio de información.

ALUMNO A

1. Pregunta a tu compañero dónde hay o están estos lugares públicos y tiendas. Marca el recorrido en el plano.
   - teatro Cervantes
   - librería
   - gasolinera

2. Dale instrucciones a tu compañero para ir a los lugares públicos y tiendas sobre los que te va a preguntar.

ALUMNO B

1. Dale instrucciones a tu compañero para ir a los lugares públicos y tiendas sobre los que te va a preguntar.

2. Pregunta a tu compañero dónde hay o están estos lugares públicos y tiendas. Marca el recorrido en el plano.
   - quiosco
   - estanco
   - hospital

¿Cómo se va?

 15 Dile a tu compañero cómo vas...

- ✔ a Nueva York
- ✔ a la escuela
- ✔ al hospital
- ✔ de copas con los amigos
- ✔ a casa de tu amigo
- ✔ a casa de tus abuelos

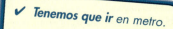
✔ Tenemos que **ir** en metro.
✔ Hay que **tomar** el autobús.

TAREA

16 En grupos. Preparad una ruta de fin de semana por Galicia, marcadla en el mapa y exponedla en clase.

- ¿Dónde vais?
- ¿Cómo vais?
- ¿Dónde os alojáis?
- ¿Cómo son esos lugares?
- ¿Qué tiempo hace?

esquema gramatical

Ir a + infinitivo

- **Expresar planes y proyectos**
  ¿Qué vas a hacer en vacaciones?

- **Hablar de acciones futuras**
  El domingo vamos a viajar a la playa.

Hablar del tiempo atmosférico

- Hace + [mucho / bastante] + frío / calor / aire
- Hace + [(muy) buen / (muy) mal] + tiempo
- Llueve / nieva + [mucho / poco]
- Hay + niebla

SER
Sirve para **definir**
¿Cómo es tu ciudad?
Es pequeña y acogedora.

ESTAR
Sirve para **situar**
¿Dónde está tu ciudad?
Esta al norte del país, junto a un gran lago.

HABER (HAY)
Sirve para expresar **existencia**
Hay pocas casas altas.

TENER
Sirve para expresar **posesión**
¿Tiene muchos habitantes?
No, solo 30 000.

ámbito 2
Me gustan la música, el cine…

1 OCIO Y TIEMPO LIBRE. ¿Qué prefieres? Compara tus gustos con los de tu compañero.

Cine
 de aventuras
 de amor
 de ciencia-ficción
 musical
 comedia

Teatro

 clásico
 moderno

De copas
 pequeños bares
 grandes discotecas
 teterías

Música

 ópera — clásica — rock

Museos

 de arte
 de ciencia

2 Ahora, mira esta oferta de ocio y responde a las preguntas.

Portada	Cine ▼		Conciertos ▼	Arte	Restaurantes	Tarde y Noche

MUSEO DEL PRADO
Paseo del Prado s/n.
Horario: de martes a domingo y festivos, de 9 a 20 horas.
Lunes: cerrado.

AUDITORIO NACIONAL
Príncipe de Vergara, 146.
Sala de cámara.
Localidades a partir de 40€. Venta telefónica, internet y en taquilla a partir de las 17 horas.
Este lunes: *Cuarteto en fa mayor*, de Ravel.

FERNÁN GÓMEZ CENTRO CULTURAL DE LA VILLA
Plaza de Colón, 4.
Metro Colón/Serrano.
Dirección: Antonio Guirau.
Venta de localidades en las taquillas del centro o por teléfono.
Horario de taquilla: de 11.00 a 13.30 horas y de 17.00 a 18.00 horas.
Lunes: cerrado.
Sala I. Ballet Clásico de Madrid. Director artístico: Laurentiu Guinea; presenta *Romeo y Julieta*.
Sala II. Veranos de la Villa. Zarzuela. Compañía Lírica Española. Director: Antonio Amengual.

PLANETARIO DE MADRID
Parque Tierno Galván.
Metro Méndez Álvaro/Autobús 148.
Documentales: 12.45 y 18.45 horas.
Lunes: cerrado.

ZOO-AQUARIUM
Casa de Campo.
Metro: Batán
Autobús: 33.
Horario: todos los días de 10.30 a 19.30 horas.
Delfinario y otras exhibiciones todos los días.

CASA DE AMÉRICA
Paseo de Recoletos, 2.
Metro Banco de España.
Exposiciones: PhotoEspaña, colectiva.
Lunes: cerrado.

- ¿A qué hora empiezan los documentales del Planetario?
- ¿Qué exposición hay en la Casa de América?
- ¿Cuánto cuesta el concierto en el Auditorio Nacional de la Música?
- ¿En qué sala se representa el ballet *Romeo y Julieta*?
- ¿Qué día cierran el Museo del Prado?

82 ochenta y dos

3 Escribe los nombres de estas actividades y marca las que realizas normalmente.

4 Laura y Juan hablan de lo que les gusta hacer en su tiempo libre. Escucha y lee.

Laura: Juan, ¿qué te gusta hacer el fin de semana?
Juan: A mí me gusta ir al cine, nadar y estar con mis amigos. ¿Y a ti?
Laura: A mí me gustan los deportes.
Juan: ¿Qué deportes te gustan?
Laura: Me gustan el baloncesto y el tenis. Alberto, ¿qué te gusta hacer el fin de semana?
Alberto: A mí me gusta pasear por el campo y no me gusta ver la televisión.

4.1 Ahora, contesta verdadero o falso.

	V	F
A Laura le gusta ir al cine.		
A Juan le gusta estar con sus amigos.		
A Juan le gusta el tenis.		
A Laura le gusta el baloncesto.		
A Alberto le gusta ver la televisión.		

4.2 Escribe cinco actividades que te gusta hacer en tu tiempo libre.

Me gusta ....

5 Sonia es una reportera que está entrevistando a algunas personas en la calle. Escucha y completa.

	1	2
Le encanta	salir con sus amigos	leer
Le gusta mucho	deportes, jugar al tenis	escuchar la música
Le gusta	pasear por la ciudad	libros de Agatha Christie, novelas policíacas
No le gusta nada	ir de compras	libros de amor
Odia	el fútbol	libros de aventuras

6 En grupos, utilizad el verbo *preferir* y haced una cadena.

Me gusta leer, pero prefiero ver la televisión.

Me gusta ver la televisión, pero prefiero jugar al fútbol.

Me gusta jugar al fútbol, pero...

ochenta y tres

ámbito 2 — Me gustan la música, el cine…

¿Qué estamos viendo?

  7 Laura y John están en el cine. Los amigos de Laura acaban de hacer un cortometraje y ella le explica a John quién es cada uno de ellos.

John: Hacer una película es muy divertido, ¿verdad?

Laura: Sí, mis amigos se divierten mucho cuando tienen que actuar.

John: ¿Quién es el que está cantando?

Laura: Ese es Carlos. Le gusta mucho imitar a Elvis Presley. El que está bailando a su lado es Pablo.

John: ¡Ah! ¿Quién es la que está cocinando ese gran pastel?

Laura: Esa es Natalia, es mi mejor amiga.

John: ¿También está en esta película Jorge?

Laura: Sí, mira, es el que está leyendo el periódico en este momento.

John: ¡Ah!, sí.

Laura: También están María y Alberto. Mira, están montando en bicicleta.

8 Ya conoces a los amigos de Laura. Fíjate en estas escenas y escribe qué está haciendo cada uno.

Acciones en desarrollo

Estar + gerundio: cant**ando**, hac**iendo**, viv**iendo**

1. _____
2. _____
3. _____
4. _____
5. _____

84   ochenta y cuatro

9 Escribid qué están haciendo los personajes en cada una de las viñetas. Después ordenadlas, contad la historia e inventad otro final.

 A _____
 C _____
 E _____
 B _____
D _____

 F _____

10 Lee el menú de este restaurante.

MENÚ CASA PACA

Primer plato
- Sopa de marisco
- Fabada asturiana
- Paella valenciana
- Gazpacho
- Pisto manchego

Segundo plato
- Merluza a la vizcaína
- Ternera de Ávila
- Cochinillo asado
- Huevos con chorizo
- Calamares

Postre
- Flan
- Arroz con leche
- Natillas
- Helado de fresa
- Tarta de chocolate
- Crema catalana

10.1 Después del cine, Laura y John deciden ir a cenar. Escucha el diálogo y completa.

Laura: Hola, buenas noches.
Camarero: Buenas noches. ¿Qué van a _____?
Laura: Para mí, de primero pisto manchego.
John: Para mí, sopa de marisco.
Camarero: ¿Y de _____?
Laura: Yo, ternera de Ávila.
John: Para mí, merluza a la vizcaína.
Camarero: ¿Y para beber?
Laura: Una botella de vino y otra de _____, por favor.
Camarero: Ahora mismo.

Camarero: ¿Quieren algo de _____?
Laura: Sí, arroz con _____.
John: Y helado de fresa.

John: Camarero, ¿nos trae la cuenta, _____?

10.2 En grupos de tres, representad el diálogo anterior.

Para pedir la comida en un restaurante	Para pedir algo por primera vez	Para pedir algo por segunda vez
✔ Yo (quiero)… ✔ Para mí…	✔ **Nombre contable** ¿Me trae un / una…? ¿Me trae una botella de vino? ✔ **Nombre no contable** ¿Me trae un poco de…? ¿Me trae un poco de agua?	✔ **Nombre contable** ¿Me trae otro / otra…? ¿Me trae otra cerveza? ✔ **Nombre no contable** ¿Me trae un poco más de…? ¿Me trae un poco más de agua?

ámbito 2 — Me gustan la música, el cine…

11 Escucha los diálogos y marca qué tipo de comida prefieren estas personas.

	comida china	comida italiana	comida india	comida mexicana
1				
2				
3				
4				

> ¿Te gusta la comida mexicana?
< Sí, mucho; me encanta. ¿Y a ti?
> También, pero me gusta más la comida india. Es más picante.
< Sí, yo también prefiero la india.

TAREA

12 En parejas. Intercambio de información: estamos en un restaurante y pedimos al camarero algunas cosas que necesitamos.

ALUMNO A

1. Eres un cliente de un restaurante.
   ✔ Quieres

   ✔ Después quieres…

2. Eres el camarero de un restaurante. Un cliente te pide cosas. Tú se las llevas.
   - un tenedor
   - una jarra de agua
   - un poco de sal y pimienta
   - una copa
   - una copa de vino
   - un poco de aceite
   - un poco de tomate

   El cliente te pide cosas otra vez.
   Tú se las llevas.
   - otro tenedor
   - otra jarra de agua
   - más tomate

ALUMNO B

1. Eres el camarero de un restaurante.
   Un cliente te pide cosas. Tú se las llevas.
   - una cuchara
   - una servilleta
   - un poco de pan
   - un vaso
   - una copa de vino
   - un plato
   - un poco de mayonesa

   El cliente te pide cosas otra vez.
   Tú se las llevas.
   - otra cuchara
   - otra copa de vino
   - un poco más de mayonesa
   - más pan

2. Eres un cliente de un restaurante.
   ✔ Quieres…

   ✔ Después quieres…

13. LAS MAYÚSCULAS. Coloca las palabras en su lugar correspondiente.

nombres	apellidos	ciudades	instituciones

Óscar París Universidad Ann Buenos Aires González Gobierno Esther García Ayuntamiento

13.1 Habla con tu compañero y escribid dos palabras más de cada categoría.

14. Lee el texto y escribe con mayúsculas las palabras que lo necesiten.

hoy estamos muy contentas elena y yo porque nos han dicho que mañana vienen el rey don felipe VI y el presidente del gobierno español a entregar el premio cervantes en el paraninfo de la universidad de alcalá de henares. ¡estamos muy emocionadas! vamos a poder ver de cerca a gente muy importante de todas las artes.

ASÍ COMO SUENA

15. En español tenemos cinco vocales: a, e, i, o, u. Escucha y repite estas palabras.

1. lama	lapa	tapa
2. dedo	dado	dudo
3. dos	tres	sol
4. cuelo	copo	dúo
5. cacho	cupe	cubo
6. zumo	sumo	tubo
7. taba	tema	baba
8. bebe	teme	Pepe
9. domo	tomo	pomo
10. mesa	pala	tacha
11. polo	loro	poro
12. mama	mamá	mano

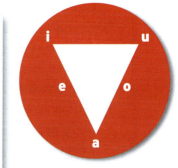

15.1 Dicta seis de estas palabras a tu compañero.

esquema gramatical

Estar + gerundio
Expresa una acción en desarrollo que se realiza en el mismo momento en el que se habla.
¿Qué haces?
Estoy viendo la televisión.

Gerundio: verbos regulares

-AR	-ER	-IR
-ando	-iendo	-iendo
comprando	viendo	viviendo

Expresar coincidencia y acuerdo
- **También** Para contestar a frases afirmativas:
  - Me gustan las películas de acción.
  - A mí **también**.
- **Tampoco** Para contestar a frases negativas:
  - En mi ciudad no hay teatros.
  - En la mía **tampoco**.

Expresar no coincidencia y desacuerdo
- **Sí** Para contestar a frases negativas:
  - A mí no me gusta la música pop.
  - A mí, **sí**.
- **No** Para contestar a frases afirmativas:
  - Tengo muchos discos de música clásica.
  - Yo **no**.

Maneras de VIVIR

La vida de **otra manera**

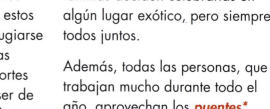

1 ¿Te gusta viajar? Lee el texto y comprueba cómo viajan los españoles.

Los españoles suelen viajar en tres momentos concretos del año: en verano, en Semana Santa y en Navidades

Las vacaciones de verano suelen coincidir con las vacaciones escolares. Por tanto, suele ser en el mes de agosto. Normalmente, las familias con niños aprovechan este mes para ir a la playa o a lugares con sol, bullicio y alegría. Los deportes que se practican entonces son los acuáticos.

La Semana Santa, que puede ser en marzo o abril, celebra una fiesta religiosa en todas las ciudades de España. Muchos aprovechan para escapar estos días de las ciudades y refugiarse en entornos rurales o de las costas españolas. Los deportes que se practican pueden ser de riesgo o simplemente senderismo. Algunos deciden visitar ciudades europeas.

Las Navidades, por el contrario, son fiestas más familiares que reúnen a los miembros de la familia. En los últimos años, las familias deciden celebrarlas en algún lugar exótico, pero siempre todos juntos.

Además, todas las personas, que trabajan mucho durante todo el año, aprovechan los **puentes*** para escapar de las grandes ciudades y de las obligaciones laborales. Así, se ha formado una cultura del «turismo a la carta». Unos prefieren descansar en entornos rurales muy acogedores y llenos de paz.

* Los **puentes** son fiestas locales o nacionales que coinciden con un fin de semana. De esa forma, se aprovechan tres o cuatro días de fiesta para escapar de la ciudad y del trabajo.

En parejas...

3 ¿Habéis hecho alguna vez turismo rural? ¿Sabéis en qué consiste? Buscad la información en internet: *Casas rurales con encanto* o en www.escapadarural.com

4 Buscad cuatro ofertas de turismo rural en el norte, sur, este y oeste de España, que sean muy diferentes.

5 Preparad una presentación para toda la clase de los deportes que más os gusten y de los lugares donde pueden practicarse en España.

Otros prefieren disfrutar de los deportes de riesgo.

En cualquier caso, España es un país profundamente turístico que ofrece a sus habitantes todas las posibilidades de turismo y es también un referente en toda Europa, pues a la diversión y a los lugares de gran belleza se suma mucho sol y alegría.

2 Ahora, contesta verdadero o falso.

	V	F
Los españoles viajan normalmente en invierno.		
Suelen ir a la montaña.		
A los españoles, les gusta pasar sus vacaciones solos.		
Las vacaciones escolares no son en verano.		
Las Navidades son fiestas para pasarlas en soledad en casa.		
A todos los españoles les gusta aprovechar los puentes.		
La Semana Santa es en diciembre.		
A los españoles, les gustan los lugares tristes.		

6 Buscad un «puente» y preparad un viaje para toda la clase a un lugar con encanto. No olvidéis hacer la lista de las cosas que hay que llevar (ropa, comida, cosas para practicar algún deporte…).

7 Preparad el programa de actividades que vais a realizar en ese viaje conjunto. Indicad las horas y discutid en grupo cómo aprovechar mejor el tiempo.

¿Sabías que...?

La Unesco declara que el turismo en las islas Canarias es un ejemplo de turismo sostenible.

¿Sabes qué significa?

ochenta y nueve **89**

6 ¿Puedo...?

ámbito 1 — Hay que estudiar

- Pedir permiso y denegarlo
- Pedir favores; responder afirmativa o negativamente
- Expresar obligación o ausencia de ella
- Expresar necesidad o ausencia de ella
- Expresar prohibición
- Pedir y ofrecer ayuda
- Aceptar o rechazar ayuda

ámbito 2 — ¡Que tengas suerte!

- Identificar personas y cosas
- Expresar existencia e inexistencia
- Describir objetos
- Felicitar
- Alabar
- Agradecer
- Desear buena suerte a alguien
- Expresar deseos
- Expresar posesión y pertenencia

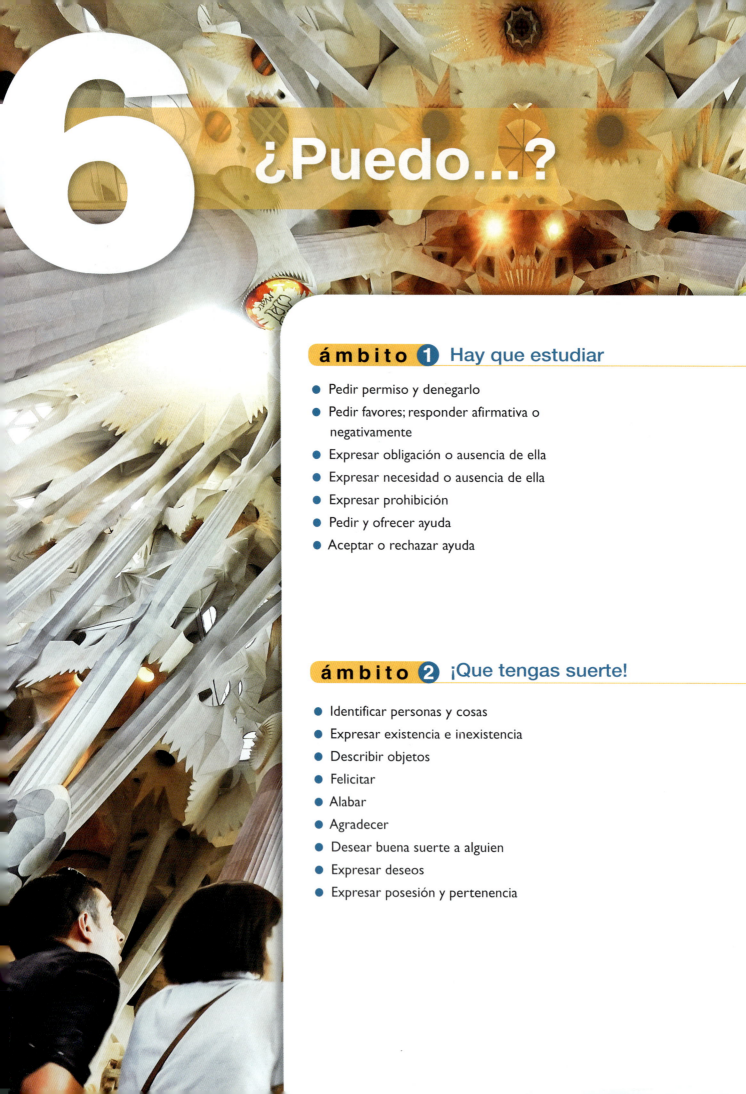

ámbito 1
Hay que estudiar

1 Fíjate en estos dibujos y decide a cuál corresponde cada diálogo.

a) ☐ b) ☐ c) ☐

1. ¿Puedes abrir la ventana?
   — No, hace frío.

2. ¿Puedes ordenar la habitación, por favor?
   — Sí, ahora la ordeno.

3. ¿Puedes dejarme el bolígrafo?
   — Sí, toma.

2 Escribe diálogos breves para pedir permiso o pedir favores. Utiliza estos verbos.

- Pasar (yo)
- Poner música (nosotros)
- Sentarse (yo)
- Llamar por teléfono (nosotros)
- Ayudarnos (usted)
- Dejarme un boli (tú)

pedir permiso	pedir favores
>	>
<	<
>	>
<	<
>	>
<	<

ámbito 1 — Hay que estudiar

3 Fíjate bien en estas imágenes. ¿Qué dices en estos casos?

3. ¿Puedes cerrar la puerta?

4 Escucha estos diálogos breves y completa con estas palabras.

no | de acuerdo | enseguida | lo siento | disculpe | sí

1. > ¿Puedes dejarme el jersey negro?
   < _____, está sucio.

2. > ¿Puedes pasarme la sal?
   < _____, _____ te la paso.

3. > _____ ¿Se puede pasar?
   < Entre, entre.

4. > ¿Puedes traerme un vaso de agua?
   < _____, ahora mismo te lo traigo.

5. > ¿Puedes dejarme tus llaves?
   < _____, no las tengo.

5 Escribe las cosas que tienes que hacer hoy. Pregunta a tu compañero si puede ayudarte a hacerlas.

Ej.: *Tengo que hacer la maleta. ¿Me puedes ayudar?*

Las mejores profesiones

6 Lee los textos y escribe los nombres de las profesiones a las que se refieren.

1. Tienes que llevar uniforme.
   Hay que trabajar en la calle.
   Tienes que proteger a la gente.
   _ _ _ _ _ _ _

2. Hay que estar en buena forma.
   Hay que salvar vidas.
   Tienes que apagar fuegos.
   _ _ _ _ _ _ _ _

3. Tienes que enseñar a otras personas.
   Tienes que tener paciencia.
   Hay que trabajar mucho.
   _ _ _ _ _ _ _ _

4. Tienes que estudiar mucho.
   Tienes que ser justo.
   Hay que juzgar a las personas.
   _ _ _ _ _

5. Tienes que llevar bata.
   Hay que estudiar mucho.
   Tienes que curar enfermos.
   _ _ _ _ _ _ _

ASÍ COMO SUENA

7 Escucha y completa con las consonantes que faltan. Después, elige las cinco mejores profesiones

1. arqui__e____o
2. in__eniero
3. e__onomis__a
4. __ilo__o
5. __om__ero
6. __erio__is__a
7. __rofesor
8. __en__is__a
9. __olí__i__o
10. a____or

8 Ahora, escucha, escribe y señala la sílaba fuerte de estas otras profesiones.

1. _____
2. _____
3. _____
4. _____
5. _____
6. _____
7. _____
8. _____
9. _____
10. _____

✓ **Palabras agudas**
Son las palabras que llevan el acento en la última sílaba. __ __ __ ´
Llevan tilde cuando terminan en vocal o en consonante **n** o **s**: *café, papá, bombón, compás.*

✓ **Palabras llanas**
Son las palabras que llevan el acento en la penúltima sílaba. __ __ ´ __
Llevan tilde cuando terminan en consonante diferente de **n** o **s**: *lápiz, fácil.*

✓ **Palabras esdrújulas**
Son las palabras que llevan el acento en la antepenúltima sílaba. __ ´ __ __
Llevan tilde siempre: *termómetro, pájaro.*

9 Forma oraciones como en el ejemplo. Te damos algunas propuestas.

Ej.: **Para ser** economista **hay que** estudiar mucho, pero **no hay que** llevar uniforme.

 Para ser

hablar en público

actuar bien hay que

llevar uniforme

estudiar mucho

dibujar muy bien

estudiar matemáticas

Prohibido prohibir

10 Relaciona las señales con su significado.

 1
 2
 3
 4
 5
 6

A Prohibido fumar.
B No se puede pescar.
C No se puede nadar.
D Prohibido entrar con perros.
E No se puede beber agua.
F No se puede comer.

noventa y tres 93

ámbito 1 Hay que estudiar

11 Qué se puede hacer y qué no se puede hacer en estos lugares públicos. Relaciona los enunciados con las imágenes.

✔ Se puede comer palomitas.
✔ Prohibido fumar.
✔ No se puede pisar el césped.
✔ No se puede hablar en voz alta.
✔ No se puede tener encendido el móvil.
✔ No se puede tirar papeles al suelo.
✔ Se puede escuchar música tranquilamente.
✔ No se puede beber alcohol.
✔ No se puede traer comida de fuera.
✔ Prohibido hablar.

CE 17. **12** Y ahora pregunta a tu compañero qué se puede hacer y qué no se puede hacer en su país en los siguientes lugares.

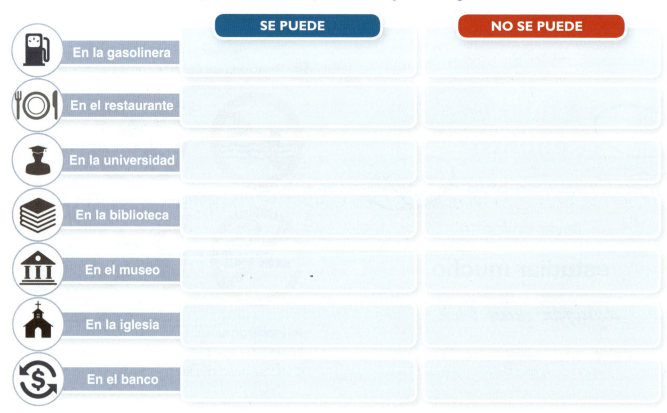

	SE PUEDE	NO SE PUEDE
En la gasolinera		
En el restaurante		
En la universidad		
En la biblioteca		
En el museo		
En la iglesia		
En el banco		

TAREA

13 Lee estos diálogos.

- Por favor, ¿me ayudas a llevar los libros? Es que pesan mucho.
- Sí, sí, claro. ¿Dónde los llevas?
- A la biblioteca.

- ¿Te ayudo a llevar las maletas?
- No, no es necesario. Gracias.

13.1 En parejas, practicad según el modelo de los diálogos anteriores.

ALUMNO A

Mañana vienen tus padres a visitarte. Tienes muchas cosas que hacer y no tienes tiempo. Pide ayuda a tu compañero para:

- ✔ Comprar un ramo de flores a tu madre.
- ✔ Organizar una visita turística por la ciudad.
- ✔ Limpiar tu habitación.
- ✔ Planchar la ropa.
- ✔ Llamar a un buen restaurante para reservar mesa.

Mañana tienes que presentar un trabajo en clase de español. Te faltan muchas cosas por hacer y no tienes tiempo. Pide ayuda a tu compañero para:

- ✔ Redactar el último capítulo.
- ✔ Pegar todas las ilustraciones.
- ✔ Imprimir todo el trabajo.
- ✔ Fotocopiar el trabajo.
- ✔ Llevar el trabajo al profesor.

ALUMNO B

Tu compañero te pide ayuda.
Tú puedes ayudarlo a:

- ✔ Comprar un ramo de flores a su madre.
- ✔ Organizar una visita turística por la ciudad.
- ✔ Llamar a un buen restaurante para reservar mesa.

No puedes ayudarlo a:

- ✔ Limpiar su habitación porque has quedado con otro amigo.
- ✔ A planchar la ropa porque no planchas muy bien.

Tu compañero te pide ayuda.
Tú puedes ayudarlo a:

- ✔ Pegar todas las ilustraciones.
- ✔ Imprimir todo el trabajo.
- ✔ Fotocopiar el trabajo.

No puedes ayudarlo a:

- ✔ Redactar el último capítulo porque tu español no es muy bueno todavía.
- ✔ Llevar el trabajo al profesor porque no te quieres levantar temprano.

esquema gramatical

PETICIONES

✔ **Pedir permiso**
¿Puedo fumar aquí?

✔ **Pedir favores**
¿Puedes cerrar la ventana?

✔ **Pedir ayuda**
¿Me ayudas a redactar un texto?

✔ **Saber si está permitido**
¿Se puede fotografiar el cuadro?

✔ **Expresar prohibición**
No puedes comer en los cines.
No se puede comer en los teatros.

✔ **Conceder permiso**
Pasa, pasa.
Cierra, cierra.

OBLIGACIÓN Y NECESIDAD

✔ **Obligación y necesidad general**
Hay que llegar puntual.
No hay que hacer nada.

✔ **Obligación y necesidad personal**
Tengo que estudiar un poco más.
No tengo que estudiar.

ámbito 2
¡Que tengas suerte!

1 QUIÉN ES QUIÉN. Lee el texto e identifica a los personajes con su dibujo.

Mi nombre es Paz y soy periodista.

Tengo cuatro amigos: dos chicos y dos chicas. Marisa (la actriz) y yo tenemos el pelo largo; la del pelo corto es profesora y se llama Connie. Carlos es abogado y es el más simpático de los cinco; él y José Manuel siempre llevan traje. José Manuel es economista. Marisa nunca se pone al lado de José Manuel porque se llevan como el perro y el gato. Yo soy la más alta de las chicas.

2 Ahora, completa estas descripciones.

- La del vestido es…
- La más baja es…
- El del traje verde es…
- La que tiene el pelo rubio es…
- La de los pantalones azules es…
- El de las gafas es…

3 Fíjate en el dibujo y marca verdadero o falso.

1. Hay alguien que está bailando
2. No hay ningún animal
3. Nadie habla por el móvil
4. Hay algunos vasos en el suelo
5. No hay nada de basura en el suelo
6. Ninguno de los chicos lleva gafas
7. Algunas personas están fumando
8. No hay ninguna señal

4 Describe lo que ves en el dibujo. Elige tres personajes y descríbelos a tu compañero. ¿De quién se trata?

5 QUÉ ES QUÉ. Define estos objetos como en los ejemplos.

- Es de madera
- Es largo
- Sirve para escribir

- Es de piel
- Es práctico
- Sirve para llevar cosas

Son de ....
Son ....
Sirven para ....

Es de ....
Es ....
Sirve para ....

Es de ....
Es ....
Sirve para ....

Es de ....
Es ....
Sirve para ....

Son de ....
Son ....
Sirven para ....

6 Completa este dominó profesional con los objetos del ejercicio anterior. Debes intentar que cada uno esté relacionado con las dos profesiones.

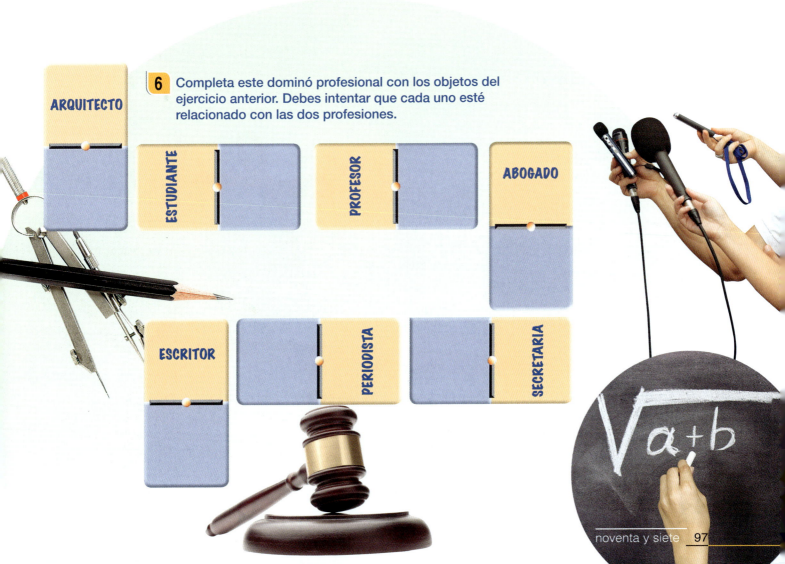

ámbito 2 ¡Que tengas suerte!

Buenos deseos

7 ¿Sabes qué se suele decir en una boda? ¿Y en un cumpleaños?
Escucha el diálogo y escribe las expresiones adecuadas a cada situación.

boda	cumpleaños	desear suerte

8 Lee estos buenos deseos. ¿Para qué sirven?

1. *Queremos que compartáis nuestra felicidad en un día tan señalado*
2. Esperamos que seas feliz en tu día.
3. Deseo que el nuevo año llegue cargado de salud y amor
4. ¡Que el niño venga bien!
5. Esperamos que nos acompañéis en la inauguración de nuestra nueva casa

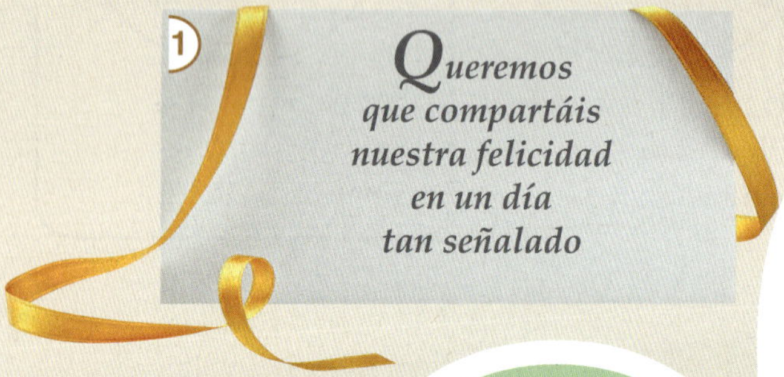

1. Esta tarjeta sirve para _____
2. Este mensaje sirve para _____
3. _____
4. _____
5. _____

9 Escribe todos los verbos de los mensajes anteriores que están en presente de subjuntivo. ¿Cuál es el infinitivo?

- compartáis → COMPARTIR
- _____
- _____
- _____
- _____

10 Completa el cuadro siguiente con el presente de subjuntivo.

	felicitar	leer	vivir	levantarse	comprar
yo					
tú					
él/ella/usted					
nosotros/-as					
vosotros/-as					
ellos/ellas/ustedes					

11 Relaciona los siguientes deseos con los dibujos.

1. ¡Que se diviertan!
2. ¡Que seáis muy felices!
3. ¡Que apruebes!
4. ¡Que sea un niño feliz!
5. ¡Que tengas buen viaje!

12 Ahora elige uno de estos mensajes para cada una de las viñetas del ejercicio anterior.

¡Espero que seáis muy felices en el día de vuestra boda!

¡Deseo que hagas bien el examen y puedas terminar con buenas notas el curso!

¡Deseo que el niño tenga una vida muy feliz!

¡Espero que disfrutes de las vacaciones!

♪♪ ¡Quiero que lo paséis muy bien en el concierto!

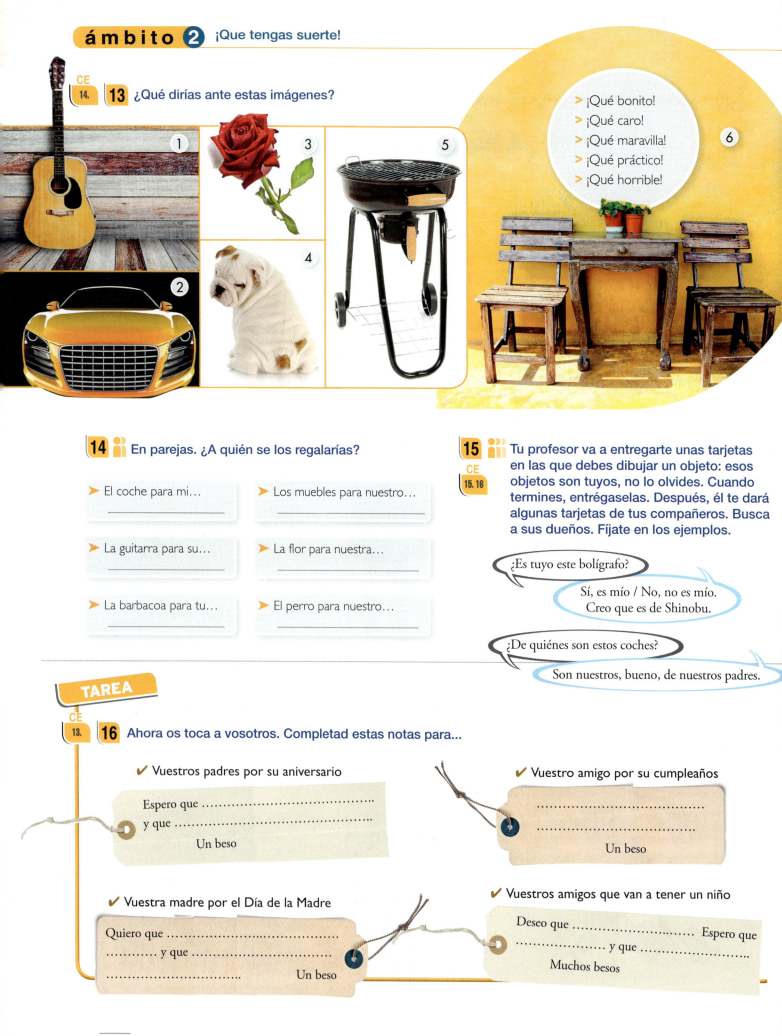

ASÍ COMO SUENA

17 Escucha y clasifica las palabras según el número de sílabas.

2 SÍLABAS	3 SÍLABAS	4 SÍLABAS

18 Marca las palabras que se escuchan.

1. tomate – tómate
2. límite – limité
3. arbitró – árbitro
4. chofer – chófer
5. ole – olé
6. angulo – ángulo
7. sello – selló
8. esta – está
9. liquido – líquido
10. cazo – cazó

esquema gramatical

PRESENTE DE SUBJUNTIVO

Verbos regulares

	AM-AR	BEB-ER	SUB-IR
yo	am-**e**	beb-**a**	sub-**a**
tú	am-**es**	beb-**as**	sub-**as**
él/ella/usted	am-**e**	beb-**a**	sub-**a**
nosotros/-as	am-**emos**	beb-**amos**	sub-**amos**
vosotros/-as	am-**éis**	beb-**áis**	sub-**áis**
ellos/ellas/ustedes	am-**en**	beb-**an**	sub-**an**

Algunos verbos irregulares

	SER	TENER	PONER
	sea	tenga	ponga
	seas	tengas	pongas
	sea	tenga	ponga
	seamos	tengamos	pongamos
	seáis	tengáis	pongáis
	sean	tengan	pongan

INDEFINIDOS

ADJETIVOS	PRONOMBRES
ningún	ninguno
ninguna	ninguna
No hay **ningún** médico.	¿Hay algún vaso? **No**, no hay **ninguno**.
algún	alguno
alguna	alguna
algunos	algunos
algunas	algunas
En la cocina hay **algún** plato.	¿Tienes revistas? **Sí**, aquí hay **algunas**.

POSESIVOS: FORMAS TÓNICAS

MASCULINO		FEMENINO	
singular	plural	singular	plural
mío	míos	mía	mías
tuyo	tuyos	tuya	tuyas
suyo	suyos	suya	suyas
nuestro	nuestros	nuestra	nuestras
vuestro	vuestros	vuestra	vuestras
suyo	suyos	suya	suyas

Las formas tónicas se colocan detrás de un sustantivo, verbo o artículo.

Es un buen **amigo mío**.
Este bolígrafo **es tuyo**.
> Tu marido es médico, ¿verdad?
< Sí, y **el tuyo** también, ¿no?

Concuerdan en género y número con el objeto poseído y en persona con el poseedor.

IDENTIFICAR

✔ *El / la de* + artículo + nombre (+ adj.)
   El de las gafas. El de la chaqueta roja.

✔ *El / la de* + adverbio de lugar
   El de allí. La de enfrente.

✔ *El / la que* + verbo
   La que lleva un jersey amarillo.

✔ *El más, el menos* + adjetivo
   El más alto. El menos caro.

✔ *El mejor, el peor, el mayor, el menor*

✔ *El más, el menos* + adj. + de + (art.) sust. / adv.
   El más alto de la clase.

✔ *El mejor, el peor, el mayor de* + (art.) sust. / adv.
   El mejor de la tienda.

✔ *Ser de* + materia
   Es de madera. Es de plástico.

✔ *Ser* + (adv.) adjetivo
   Es rojo. Es muy alto.

Maneras de VIVIR

¡Viva la diferencia!

Cuando viajamos, comprobamos que la forma de vida de otros lugares es distinta a la nuestra. No solo hay diversidad en las comidas, sino también en las pequeñas costumbres cotidianas.

1 En parejas, indicad tres costumbres de los españoles que os hayan llamado la atención.

1. _____
2. _____
3. _____

En parejas...

2 Ahora, indicad tres costumbres o actividades de vuestro país que sorprenden a los visitantes. Buscad imágenes y haced la presentación a toda la clase.

3 Leed el catálogo de preferencias de los españoles y sus costumbres.

1. Les gustan mucho las fiestas populares.
2. Les gusta hacer vida en la calle.
3. Les gusta salir de noche.
4. Les encanta la vida familiar.
5. Les gusta ir de tapas.
6. Les gusta tomar el aperitivo.
7. Les gusta saludar con dos besos.
8. Les encanta la dieta mediterránea.
9. A los españoles les gusta pasear y hacer deporte al aire libre.
10. Les encanta hacer sobremesa.

4 ¿Creéis que refleja la forma de ser de los españoles? Indicad dos de las actividades o costumbres que más os hayan sorprendido. Exponed a vuestros compañeros por qué os sorprenden.

5 En un mundo ideal, ¿cuáles serían las tres costumbres más importantes de una sociedad?

1.
2.
3.

¿Sabías que...?

En España, cuando alguien estornuda, se dice «Jesús». ¿Sabes por qué?

Recapitulación

1 Vamos a organizar una fiesta. Para ello, tendréis que trabajar en grupos de 3 o 4 y seguir el siguiente esquema de trabajo.

1.1 Decidid el motivo de la fiesta (de cumpleaños, de Navidad, de despedida de soltero, de fin de curso...) y el momento del día (aperitivo, comida, merienda, cena) para su celebración.

1.2 Redactad la tarjeta de invitación.

1.3 Idead el menú.
   ✔ 1.er plato   ✔ 2.º plato   ✔ postre   ✔ bebidas

1.4 Haced la lista de la compra.

carnicería	pescadería	frutería	panadería	varios	repostería

2 La fiesta fue un éxito, pero te acostaste tarde y ahora estás cansado. ¿Conoces algún truco o remedio para acabar con el cansancio? ¿Y para alguna de estas situaciones?

Ej.: Me duele la cabeza. Estoy agotado. Voy a dormir un rato.

- Resfriado
- Insomnio
- Dolor de cabeza
- Nerviosismo

3 Pepa y Lola son hermanas y lo comparten todo. Pepa va esta noche a una fiesta de despedida de soltera y Lola se va durante el fin de semana a la playa. Ayúdalas a repartir la ropa, el calzado y los complementos.

PEPA se va a poner...

LOLA se va a llevar...

4-5-6

4 ¿Tienes buena memoria? Vamos a comprobarlo.

PARTES DEL CUERPO

PRENDA

FRUTA

COMIDA

MEDIO DE TRANSPORTE

ACTIVIDAD DE OCIO

5 ¿Qué prefieres? Elige una opción. Después, compara los resultados con tu compañero.

- vacaciones en la playa / vacaciones en la montaña
- viajar en avión / viajar en tren
- salir por el día / salir por la noche
- un restaurante de lujo / un restaurante tradicional
- carne / pescado
- películas de aventuras / películas de amor
- música pop / música rock
- discoteca / café-tertulia

6 Anota en tu diario las cosas que no debes olvidar si estás en España.

✔ En las bodas ✔ En las despedidas
✔ En los cumpleaños ✔ En las fiestas

1	Se puede	No se puede

2	Hay que	Tengo que

7 «¡Veo, veo!» Piensa en un objeto y descríbelo según el modelo. Tus compañeros tienen que adivinar de qué se trata.

- Es de plástico.
- Es cuadrado o rectangular.
- Está encima de las mesas.
- Sirve para hablar con alguien que está lejos.

7 ¿Cuidamos el medio ambiente?

ámbito 1 ¿Qué has hecho hoy?

- Hablar de lo hecho recientemente
- Hablar de experiencias personales
- Valorar una actividad pasada

ámbito 2 ¿Y tú qué opinas?

- Pedir opinión
- Dar una opinión
- Expresar acuerdo o desacuerdo con algo
- Argumentar a favor o en contra de una idea
- Situar en el espacio

ámbito 1
¿Qué has hecho hoy?

1 Algunos amigos te cuentan lo que han hecho estas vacaciones. Relaciona los enunciados con las imágenes.

A. Hemos visitado los glaciares de la Patagonia.
B. He visitado las ruinas mayas de Yucatán.
C. He navegado por el río Guadalquivir.
D. He estado en la selva del Amazonas.
E. El volcán Teneguía ha entrado en erupción.
F. He recorrido en camello el desierto de Jordania.
G. Hemos estado de vacaciones en Cuzco.

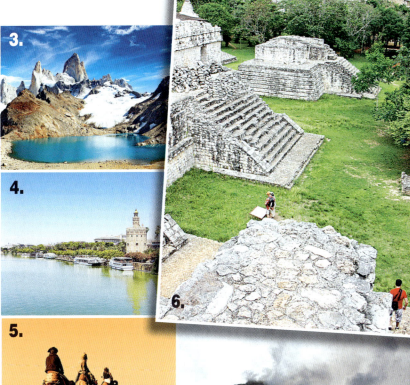

2 En las oraciones anteriores, aparece un nuevo tiempo del pasado, el pretérito perfecto. Escribe al lado del infinitivo la forma correspondiente.

- estar _____
- subir _____
- viajar _____
- ir _____
- recorrer _____
- bañarse _____
- volar _____
- entrar _____
- pescar _____
- pasear _____

2.1 Agrupa las formas verbales por su terminación.

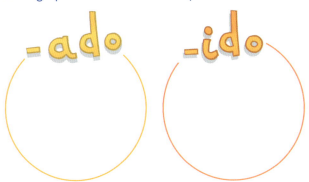

3 Escucha atentamente la siguiente conversación y subraya los pretéritos perfectos que hay en ella.

Thérèse: ¡Hola, Mark!

Mark: ¡Hola, Thérèse! ¿Qué tal?

Thérèse: ¿Dónde has estado estos días? No te he visto en clase.

Mark: Esta semana he viajado a las islas Canarias, en concreto a Tenerife. He ido a ver el Teide, la montaña más alta de España, que es un volcán precioso, y el valle de La Orotava, que tiene una vegetación exuberante.

Thérèse: ¡Ah! ¡Qué bien! ¿Y te han gustado? Yo no he estado allí nunca.

Mark: Sí, mucho. Ha sido un viaje muy interesante, y me lo he pasado muy bien, aunque he tenido que viajar solo porque nadie ha podido acompañarme.

Thérèse: Vaya, ¡qué pena! Tienes que contármelo todo en otro momento, ¿de acuerdo? Ahora tengo un poco de prisa. Hasta pronto.

Mark: Hasta pronto. Adiós, Thérèse.

ámbito 1 ¿Qué has hecho hoy?

3.1. Ahora responde a estas preguntas:

1. ¿Dónde ha estado Mark?
   Ha estado en...
2. ¿Qué ha visto?
3. ¿Con quién ha viajado?
4. ¿Cuándo ha sido el viaje?
5. ¿Cómo se lo ha pasado?
6. ¿Therèse ha estado en esa isla?

3.2 En el texto aparece un participio irregular. ¿Sabes cuál es?

4 Estos son algunos participios irregulares. Relaciónalos con los infinitivos correspondientes.

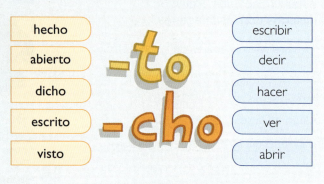

4.1 ¿Cómo serán los participios de estos verbos?

¿Qué has hecho?

5 Marcos es representante de Greenpeace España y Luisa pertenece a Médicos Sin Fronteras. No se conocen, pero ambos van a salir de viaje hoy. Ordena los dibujos y construye las oraciones que corresponden a cada viñeta.

▶ Despertarse a las 8:30 / despertarse a las 7:00

▶ Vestirse con ropa de safari / vestirse con traje

▶ Hacer rápidamente la mochila / preparar cuidadosamente la maleta

▶ Hacer una llamada / comprar el periódico

▶ Preparar el desayuno / desayunar en el aeropuerto

▶ Llegar al aeropuerto a las 10:30 / llegar al aeropuerto a las 9:30

▶ Tomar el avión a las 11:15 / tomar el avión a las 11:15

6 Comenta con tu compañero qué has hecho esta mañana antes de venir a clase. Tenéis que encontrar cinco cosas iguales y cinco distintas.

Ej.: Hoy me he levantado temprano y mi compañero también.
Hoy he desayunado cereales y mi compañero un zumo de naranja.

IGUALES	DIFERENTES

7 Estas personas nos dicen lo que han hecho recientemente. ¿Sabes cuál es su profesión?

1 Esta mañana he tenido un consejo de ministros y he recibido a los embajadores de México, Perú y Ecuador. Me han entrevistado en televisión y he comido con un grupo de alcaldes. Ha sido una mañana muy aburrida.

2 Este mes he tenido veinte conciertos y he viajado por cuatro países. He perdido la voz en dos ocasiones y he recibido a doscientas fans. Ha sido un mes estupendo.

3 En estos últimos meses he escrito mi nueva novela. He vivido en Londres y he dado algunas conferencias en Nueva York y Calcuta. Han sido unos meses agotadores.

4 Esta mañana me he levantado temprano, he desayunado y me he ido a entrenar. He hecho muchos ejercicios y me he caído, pero no me he hecho daño. Después he jugado un rato con mi hijo. Ha sido una mañana divertida.

7.1 Ahora, relaciónala con estas fotografías.

RICKY MARTIN   MUÑOZ MOLINA
CRISTIANO RONALDO   MICHELLE BACHELET

7.2 Ahora piensa en otro personaje y escribe lo que ha hecho esa persona últimamente. Tus compañeros tendrán que adivinar de qué profesión se trata y valorar su actividad.

Para opinar sobre una actividad reciente decimos:

Ha sido...
- ✓ estupendo
- ✓ maravilloso
- ✓ agotador
- ✓ divertido
- ✓ aburrido
- ✓ horrible
- ✓ interesante
- ✓ un rollo...

ámbito 1 ¿Qué has hecho hoy?

8 Cuéntale a tu compañero qué cosas interesantes has hecho últimamente.

Ej.: Hoy he conocido a un amigo de Pedro Almodóvar y este fin de semana he visitado el Museo de Arte Contemporáneo.

hoy   este fin de semana   *este año*

este curso   esta mañana   **hace un rato**

8.1 Ahora vas a preguntar a tus compañeros qué han hecho en las últimas vacaciones. Escribe cinco preguntas para comenzar.

- ¿Dónde _____?
- ¿Cuál _____?
- ¿Con quién _____?
- ¿Cuándo _____?
- ¿Qué _____?

9 ¿Sois aventureros? Pregunta a tus compañeros si han hecho alguna vez estas cosas y completa el cuadro.

	tú	tus compañeros
Montar a caballo		
Montar en globo		
Dormir a la intemperie		
Tener entre las manos una serpiente		
Estar en la selva		
Meterse en una cueva		
Salvar algún animal en peligro		
Cruzar un río a nado		
Viajar por un desierto		
Tomar alguna comida exótica		
Colaborar en acciones humanitarias		
Subir una montaña muy alta		
Tirarse en paracaídas		

> ¿Has estado en América **alguna vez**?
> Sí, he estado allí **una vez**.
>   ✓ dos veces
>   ✓ muchas veces
>   ✓ algunas veces
>   ✓ varias veces
> No, **no** he estado allí **nunca**.
>   ✓ **Nunca** he estado **allí**
>   ✓ **No** he estado **jamás**
>   ✓ **Jamás** he estado

10 Alicia y José son estudiantes de Medicina y se han presentado como voluntarios a Médicos Sin Fronteras para ayudar en las últimas inundaciones. Escucha el diálogo y léelo con atención.

Alicia: ¡Hola, buenas tardes!

Secretaria: ¡Buenas tardes! ¿Venís a ayudar?

Alicia: Sí. Somos estudiantes de Medicina.

Secretaria: ¿Habéis cooperado ya con Médicos Sin Fronteras?

Alicia: Sí. Yo he cooperado una vez en África. José no lo ha hecho todavía, pero tiene experiencia.

Secretaria: Contadme, entonces, lo que habéis hecho.

Alicia: Como le he comentado, he estado en África y ya he trabajado con Médicos Sin Fronteras.

José: Bueno, yo no he trabajado aún con Médicos Sin Fronteras, pero sí he trabajado con la Cruz Roja durante varios años.

Secretaria: ¿Qué habéis hecho exactamente?

Alicia: He curado heridas, he cuidado enfermos y también he ayudado en operaciones quirúrgicas.

José: Yo todavía no he ayudado en operaciones quirúrgicas, pero sí he cuidado enfermos y he trabajado en una ambulancia con equipos médicos de urgencia.

Secretaria: Estupendo. Nos venís muy bien. ¿Habéis estado en América alguna vez?

Alicia: No. Yo no he estado nunca.

José: Yo sí, pero he estado de vacaciones. He viajado por Argentina y Chile.

Responde.

1. ¿Qué han hecho ya Alicia y José? _____
2. ¿Dónde han trabajado? _____
3. ¿Qué no han hecho todavía? _____
4. ¿Cuál de ellos ha viajado ya a América? _____

11 Estos son los trámites que tienen que hacer Alicia y José. Escucha atentamente. ¿Cuáles han hecho ya?

Alicia
✓ Tengo que rellenar los impresos azul y blanco. Y
✓ Tengo que hacer una fotocopia del pasaporte. N
✓ Tengo que vacunarme y pasar una revisión médica. N

José
- Tengo que rellenar los impresos azul y blanco. N
- Tengo que hacer una fotocopia del pasaporte. Y
- Tengo que vacunarme y pasar la revisión médica. N

Alicia ya _____,
pero todavía no _____

José ya _____,
pero todavía no _____

ámbito 1 ¿Qué has hecho hoy?

12 Fíjate en las agendas de Alicia y José. En ellas han apuntado los preparativos de su viaje.

12.1 Escribe qué han hecho ya y qué no han hecho todavía.

Alicia
- comprar una mochila ✔
- revisar las notas de su anterior viaje
- pedirle el saco de dormir a Pepe
- comprar calcetines y unas botas ✔
- comprar chocolate
- preparar la ropa ✔
- buscar el chubasquero ✔

José
- comprar una nueva cámara de fotos
- comprar un cuaderno para tomar notas ✔
- sacar del armario el saco de dormir ✔
- reparar las botas de montaña y comprar calcetines
- comprar chocolate y las pastillas para la alergia ✔

Alicia
Ya: _____
Aún no: _____

José
Ya: _____
Todavía no: _____

13 Escribe cosas que has hecho, o no, en tu vida.

✔ Todavía no he…
✔ Nunca he…
✔ No he estado jamás…
✔ Jamás he…
✔ No he… todavía, pero quiero…
✔ A veces he…
✔ Alguna vez he…
✔ Ya he…
✔ Varias veces he…

14 Lee este texto y subraya las palabras que no conozcas.

LA TECNOLOGÍA Y SUS CONSECUENCIAS

Los avances tecnológicos hacen la vida humana mucho más fácil. Las enfermedades, que antes eran mortales, hoy pueden curarse mediante nuevas vacunas.

Los medios de transporte han avanzado muchísimo. Los aviones, los coches, los trenes de alta velocidad facilitan el traslado de personas en un tiempo breve.

Además, los medios de comunicación permiten transmitir información a cualquier lugar del planeta al instante.

El teléfono móvil, el correo electrónico, las redes sociales, Internet, etc. han cambiado el concepto del mundo, que ha quedado convertido en una gran aldea global. Sin embargo, a veces, nos preguntamos si todos estos avances, que facilitan la vida de la humanidad, son absolutamente necesarios y positivos para nosotros.

La contaminación, los desastres ecológicos, el peligro de extinción de muchas especies animales y vegetales, etc. muestran un planeta enfermo y maltratado por los hombres.

14.1 Define las siguientes palabras.

   especie animal   planeta   aldea

14.2 Escribe una oración con cada una de estas palabras.

14.3 ¿Cuáles son para ti las ventajas de los avances tecnológicos? ¿Y los inconvenientes?

 CD2 11

15 Escucha a estas personas y di si están o no de acuerdo con los avances tecnológicos. ¿Por qué?

7

TAREA

16 Escribe un pequeño texto sobre lo que se ha conseguido y lo que no se ha conseguido en los últimos veinte años. Te damos algunas palabras clave.

guerra correo electrónico
petróleo **hambre**
red social
trenes de alta velocidad
VIAJES ESPACIALES
smartphone

17 ¿Qué haces cada día para mejorar la vida en la Tierra?

Ej.: Reciclo siempre los periódicos, el plástico y el vidrio.

NO HAGAS FUEGO

ASÍ COMO SUENA

CD2 12

18 Subraya las palabras que escuchas.

- reciclar / revisar
- comunicación / contaminación
- papel / babel
- perra / guerra
- planeta / plaqueta
- económico / ecológico
- polución / promoción
- vestidos / vertidos

CE 15.16.

19 Ahora marca la sílaba tónica en cada par de palabras y completa el cuadro.

RECUERDA

1. Las **palabras agudas** tienen el acento en la _____ sílaba.

2. Las **palabras llanas** tienen el acento en la _____ sílaba.

3. Las **palabras esdrújulas** tienen el acento en la _____ sílaba.

esquema gramatical

PRETÉRITO PERFECTO

yo	he	
tú	has	
él	ha	hablado
nosotros	hemos	comido
vosotros	habéis	partido
ellos	han	

Uso: Es el pasado del presente. Expresa una acción pasada que el hablante siente cercana al momento presente.

	ACCIÓN REALIZADA	ACCIÓN NO REALIZADA
¿Has hecho **ya** los trámites?	Sí, **ya los** he hecho.	No, **todavía / aún no los** he hecho.
¿Has cuidado **ya** a un herido?	Sí, **ya lo** he cuidado.	No, **todavía / aún no lo** he cuidado.
¿Has curado **ya** una herida?	Sí, **ya la** he curado.	No, **todavía / aún no la** he curado.
¿Has visto **ya** las fotos?	Sí, **ya las** he visto.	No, **todavía / aún no las** he visto.

ciento trece **113**

ámbito 2
¿Y tú qué opinas?

1 Escribe en los óvalos nombres de accidentes geográficos. ¿Qué deportes pueden practicarse en esos lugares?

natación

RÍO

2 Escucha atentamente esta conversación entre Juan y su madre. Luego escribe las palabras que faltan.

Madre: Hola, hijo. ¿Cómo estás?

Juan: ¡Hola, mamá! ¿_____?

Madre: ¿Cómo ha sido tu fin de semana? Te he llamado varias veces y no te he encontrado en casa.

Juan: Sí. Este fin de semana_____ de excursión con unos amigos.

Madre: ¿Y adónde habéis ido?

Juan: _____ ido a _____. Hemos hecho _____ y largas _____. Ha sido agotador, pero muy agradable. Hemos dormido en _____ y nos hemos divertido mucho.

Madre: ¿Cómo ha estado el tiempo? ¿Ha hecho mucho frío?

Juan: ¡Qué va! El tiempo _____ estupendo. _____ sol y el aire _____ limpio. Allí no hay _____ como en la ciudad.

Madre: Vaya, me alegro. Mira, te llamo para cenar el jueves con los tíos. ¿Te apetece?

Juan: ¿El jueves? Tengo ya un compromiso. _____ Lo siento.

Madre: De acuerdo. No importa. Hasta otro rato.

Juan: _____

3 Escribe el deporte correspondiente.

1. Lo practicamos en las montañas nevadas. _____
2. Lo practicamos en el mar o en la piscina. _____
3. Lo practicamos en las pistas de los estadios. _____
4. Lo practicamos con un caballo. _____
5. Lo practicamos con una pelota y somos 22 jugadores. _____
6. Lo practicamos con una bicicleta. _____

3.1 ¿Sabes cómo se llaman las personas que practican estos deportes?

1. _____   3. _____   5. _____
2. _____   4. _____   6. _____

114 ciento catorce

4 ¡QUÉ BUENO ES AYUDAR A LOS DEMÁS! **Lee atentamente el texto y contesta verdadero (V) o falso (F).**

Pablo, Carlos y José Antonio son tres amigos que viven juntos.

Estudian en distintas facultades, pero los tres tienen las mismas aficiones. A los tres les encanta el fútbol y practicar cualquier deporte al aire libre. También les interesa todo lo que sucede en el mundo. Ahora están en casa. Han cenado ya y ven la televisión. El telediario da noticias sobre inundaciones, guerras, sequías y catástrofes naturales. Los tres están en silencio porque piensan que tienen que hacer algo para ayudar, pero no saben qué hacer. Deciden aprovechar el verano en ayudas humanitarias.

Al día siguiente, se levantan temprano y van juntos a una oficina del Ayuntamiento. Allí conocen todas las posibilidades que ofrecen las distintas asociaciones de ayuda humanitaria.

Leticia, la secretaria, les deja algunos folletos que hablan de las ONG españolas. **Las posibilidades son las siguientes:**

– Enseñar a leer y escribir en lugares donde es muy difícil ir a la escuela.
– Acompañar al equipo de Médicos Sin Fronteras.
– Ayudar a la construcción de aldeas en África.
– Prestar ayuda humanitaria tras inundaciones, terremotos, huracanes...
– Enseñar en zonas rurales a implantar sistemas de regadío.
– Impartir cursos de sanidad, higiene, control de la natalidad y planificación familiar en distintos lugares del Tercer Mundo.

1. Pablo, Carlos y José Antonio dedican su tiempo a ayudas humanitarias. ☐
2. A estos tres amigos les gusta hacer deporte. ☐
3. A los tres solo les gusta irse de vacaciones a la playa. ☐
4. A veces ven la televisión juntos y les encantan los programas de noticias. ☐
5. José Antonio no estudia en la facultad. ☐
6. Las ONG solo tienen equipos médicos. ☐
7. Las ONG ayudan a la gente en zonas agrícolas. ☐
8. Pablo, Carlos y José Antonio son estudiantes universitarios. ☐

5 ¿Sabes hacer cosas que pueden ser útiles en una ONG? ¿Estás dispuesto a irte al extranjero en tus vacaciones para hacerlo?

6 Según tu opinión, ¿cuáles son los motivos para estar en una ONG? ¿Crees que podemos hacer más cosas o que hacemos las suficientes? Marca lo que haces.

▶ Pago una cuota cada año para diversas ONG.
▶ Doy dinero cuando lo piden en televisión para alguna catástrofe concreta.
▶ Trabajo como voluntario en alguna ONG.
▶ Compro productos de comercio justo.
▶ Participo en manifestaciones de protesta por la situación.
▶ Voto al partido político que más se compromete con las ayudas humanitarias.
▶ Ayudo a las personas que lo necesitan en mi país.
▶ Aprovecho mi tiempo libre para viajar al extranjero en programas de ayuda humanitaria.

ámbito 2 ¿Y tú qué opinas?

7 PARA GUSTOS LOS COLORES. Estas son algunas de las organizaciones que trabajan para los demás. Según tu opinión, ordénalas por orden de importancia.

- ◯ Médicos Sin Fronteras
- ◯ Arquitectos Sin Fronteras
- ◯ Veterinarios Sin Fronteras
- ◯ Farmacéuticos Sin Fronteras
- ◯ UNICEF
- ◯ Oxfam Internacional
- ◯ Payasos Sin Fronteras
- ◯ Reporteros Sin Fronteras
- ◯ Cáritas
- ◯ Cruz Roja
- ◯ Abogados Sin Fronteras
- ◯ Greenpeace

8 Comenta con tu compañero si todos los esfuerzos tienen que dedicarse solo a las personas, o si es válido también dedicar tiempo al cuidado de animales en vías de extinción o a reforestar las zonas del planeta que estamos destruyendo.

CD2 14

9 Escucha atentamente y responde.

1. ¿De qué hablan Marta y Enrique?
2. ¿Cree Enrique que es posible vivir en la Luna?
3. Y Marta, ¿qué opina?

10 Relaciona cada frase con la persona que crees que la ha dicho. Expresa tu opinión acerca de sus comentarios.

1. Yo creo que hay vida en otros planetas y pronto habrá contactos con la Tierra.
2. Pues yo pienso que la única vida humana es la que hay en la Tierra.
3. Yo opino que es posible otro tipo de vida diferente de la nuestra.
4. A mí me parece que pensar en otra vida distinta de la humana es una locura.
5. En mi opinión, ¿por qué vamos a ser los únicos en este sistema solar?
6. Para mí, los lunáticos son solo personas que están un poco locas.

116 ciento dieciséis

7

11 LA CONQUISTA DEL ESPACIO. Eva y Alejandro no están de acuerdo. Lee y completa lo que opina cada uno.

Eva

_____ (parecer) que vivir en otro planeta puede ser maravilloso. _____ (creer) que eso puede ser muy bueno para la humanidad y puede solucionar muchos problemas de polución y medio ambiente. Hay demasiadas personas en la Tierra y _____ (opinar) que repartir la población es una solución. _____ (pensar) que viajar a Marte o a Neptuno es lo mismo que han hecho los hombres en otros momentos. En épocas pasadas, los seres humanos han ocupado toda la tierra conocida y han viajado para explorar lo desconocido. También en el siglo XXI pueden hacer esto mismo, ¿no?

Alejandro

_____ (creer) que eso es una locura. _____ (no estar de acuerdo), porque vivir en otro planeta separa a la humanidad. Además, _____ (no tener razón) porque eso obliga a construir grandes naves espaciales que cuestan mucho dinero. _____ (no estar de acuerdo) con que eso sea una buena solución para los problemas de la Tierra. _____ (tener razón) en algunas cosas, pero debemos buscar otras soluciones distintas y más baratas.

12 En parejas, dad razones a favor y en contra de la conquista del espacio.

Ej.: Yo creo que no hay que gastar tanto dinero en esto, porque hay cosas más importantes.

12.1 En grupos, pregunta a tus compañeros qué opinan ellos acerca de la conquista del espacio.

ASÍ COMO SUENA

13 Escucha y repite.

- árbol
- Álvaro
- loro
- soltar
- cárcel
- avaro
- calor
- carnaval
- triste
- color
- cortar
- sombrero

14 Escucha y señala las palabras que oyes.

1. muera / muela
2. roza / loza
3. pera / pela
4. suero / suelo
5. caro / calo
6. poro / polo
7. pira / pila
8. cuero / cuelo

15 Completa las palabras que vas a escuchar.

1. ca...o
2. ...omedario
3. co...el
4. a...er
5. ...amático
6. ve...e
7. mo...er
8. coba...e
9. a...ede

ámbito 2 — ¿Y tú qué opinas?

16 Mira esta fotografía de La Habana. Describe dónde están…

el coche rojo

el hombre de la gorra roja

la papelera blanca

coche azul

el toldo azul

las dos cajas de cartón

17 Fíjate en este texto. Un dibujante gracioso ha cambiado las preposiciones por iconos. ¿Qué preposiciones faltan?

Tom está 🖫 clase ▢ español porque quiere viajar 〰 toda América el próximo verano.

Este año solo ha ido una semana ✗ Río de Janeiro ♌ practicar portugués, y le ha encantado el continente americano.

Tom sale de casa todos los días ♎ las 9 ✗ punto. Va ♑ clase ⚥ autobús, que lo deja & la calle Claudio Coello. Desde allí se dirige ● su escuela caminando. Cruza ○ el paso de peatones porque es muy disciplinado y nunca atraviesa la calle ⌘ la mitad. Se queda ✗ la escuela ▢ las 12 y media. 🗁 ese momento piensa si vuelve ♌ casa ■ almorzar o se marcha 🛍

parque de El Retiro ← correr un rato o ↪ practicar deporte.

Permanece un poco de tiempo 🔔 la acera sin decidirse ✗ una cosa u otra. Al final, anda un poco ☎ la calle Serrano y se dirige ☽ el parque de El Retiro. ✉ donde está ahora ♑ el parque solo hay un kilómetro y decide que puede ya empezar 📖 correr.

Cuando llega a El Retiro, se encuentra con una manifestación, y la policía no lo deja entrar 👁 las tres. Entonces decide tomar el autobús, 📄 regresar ✋ casa. Está contento porque ha hecho ya algo ☺ ejercicio. Mientras está ✗ el autobús recibe una llamada 〰 su novia. Lo llama ← la oficina ✗ invitarlo ◇ almorzar.

18 Entre estos dos dibujos hay siete diferencias. Descubre cuáles son.

Ej.: El chico joven está delante del socorrista y después está al lado del socorrista.

  19 Escucha atentamente y marca en cada apartado lo que corresponde.

	delante de	detrás de	encima de	debajo de	enfrente de	al lado de	cerca de	lejos de
casa								
Juan								
gato								
escuela								
estación								
Teresa								
María								
Correos								
Pepe								
diccionario								
coche								

ámbito 2 ¿Y tú qué opinas?

Mensajes y recados

20 Escucha estos mensajes. ¿En qué orden aparecen?

Hemos venido a arreglar la calefacción, pero no la hemos encontrado en casa. Por favor, llámenos para ver cuándo podemos volver.

He arreglado tu ordenador. Ya no tienes que llamar al servicio técnico. Por favor, llámame para quedar luego.

Santi, te he dejado un bocadillo y un zumo en la cocina. Tómatelo antes de hacer los deberes. Yo hoy regresaré tarde.

Cariño, te he dejado una nota en la cocina. Tómate el bocadillo y el zumo. Aprovecha el tiempo, que mañana tienes el examen.

21 Fíjate en el mensaje de este correo electrónico y contesta después a las preguntas.

Querida María:

Ya estoy en España. Por fin te puedo contar mis planes y mis experiencias. Este fin de semana vamos a recorrer algunas ciudades de Castilla, que son preciosas. La comida es muy buena y siempre te sirven mucha cantidad. Creo que voy a engordar algunos kilos. La gente es muy amable y acogedora. Ya me he recuperado del viaje; ahora es el momento de disfrutar.

Espero verte pronto.

Besos

Katherine

1. ¿Quién escribe el correo?

2. ¿Cómo saluda? ¿Y cómo se despide?

3. ¿Cuál es el motivo del correo?

TAREA

22 Ahora vas a escribir un mensaje a tu compañero. Elige el modelo que quieras. Estas son las palabras que tienes que usar:

excursión *merienda*
mochila BRÚJULA **gorra** plano

esquema gramatical

Para dar una opinión
Yo creo que...
Yo pienso que...
A mí me parece que...
Yo opino que...
En mi opinión, ... / Para mí, ...

Para pedir opinión
¿Tú qué crees?
¿Tú qué piensas?
¿A ti qué te parece?
¿Tú qué opinas?

Para añadir argumentos
Eso es verdad, pero también...
Tienes razón, pero...
Es cierto, incluso...

Para expresar acuerdo o desacuerdo
(No) tienes razón porque...
Yo (no) estoy de acuerdo
 ⇨ con lo que has dicho.
 ⇨ contigo.
 ⇨ con eso.
 ⇨ con tu opinión.

PREPOSICIONES DE LUGAR

EN. Sirve para localizar en el espacio.
 Honduras está en Centroamérica.
POR. Indica un movimiento en el espacio.
 He viajado por todo México.
PARA. Indica un movimiento en el espacio, el destino.
 Voy para España.
A. Indica dirección a un lugar.
 Voy en coche a Sevilla.
HACIA. Indica la dirección.
 Voy hacia El Retiro.
DE / DESDE. Indica el punto de partida en el espacio.
 He salido de Córdoba a las siete.
HASTA. Indica el punto final en el espacio.
 He ido hasta El Retiro. / Desde aquí vamos en coche.
DESDE ... HASTA / DE ... A. Indica el principio y el fin de un espacio.
 De Madrid a Cáceres hay trescientos kilómetros.

Maneras de VIVIR

Por y para un mundo mejor

1 ¿Qué os sugieren estas imágenes?

2 En parejas, leed el siguiente texto y responded a las preguntas.

> **El planeta Tierra está «enfermo».** No lo cuidamos bien. La primera vez que todos los gobiernos del mundo se reúnen para hablar de medio ambiente es en 1992 en Río de Janeiro. Desde entonces, todos los pueblos hablan de calentamiento del planeta, deforestación, lluvia ácida, desertización, ecosistema… Ante esta situación alarmante, los gobiernos aumentan la protección de las zonas naturales.
>
> **En España, hay quince parques naturales:** cuatro en las islas Canarias, uno en las islas Baleares y los diez restantes en la península. Son reservas para conservar el hábitat natural de la fauna y la flora.

- ¿Por qué se dice que está «enfermo» el planeta Tierra?
- ¿En tu país el Gobierno se preocupa por el medio ambiente?
- ¿Existen estudios oficiales que permitan mejorar el medio ambiente?

3 Las reservas naturales y los parques nacionales, ¿son el único medio para salvar nuestro planeta? ¿Reconoces estos lugares? ¿Sabes dónde están? Te ayudamos con algunos nombres.

Doñana

Monfragüe

Ordesa y Monte Perdido

Amazonia

La Cabrera

Huelva
Huesca
La Gomera
Baleares
Asturias y Santander
Cáceres

Argentina
Chile
Perú
Brasil

Huascarán

Rapa Nui

Picos de Europa

Garajonay

Perito Moreno

4 En parejas, preparad un PowerPoint con las acciones o medidas que pueden mejorar la vida de la Tierra. Presentadlo a vuestros compañeros.

¿Sabías que...?

El parque nacional más grande del mundo está en Groenlandia. ¿Sabes cómo es?

8 Hablemos del pasado

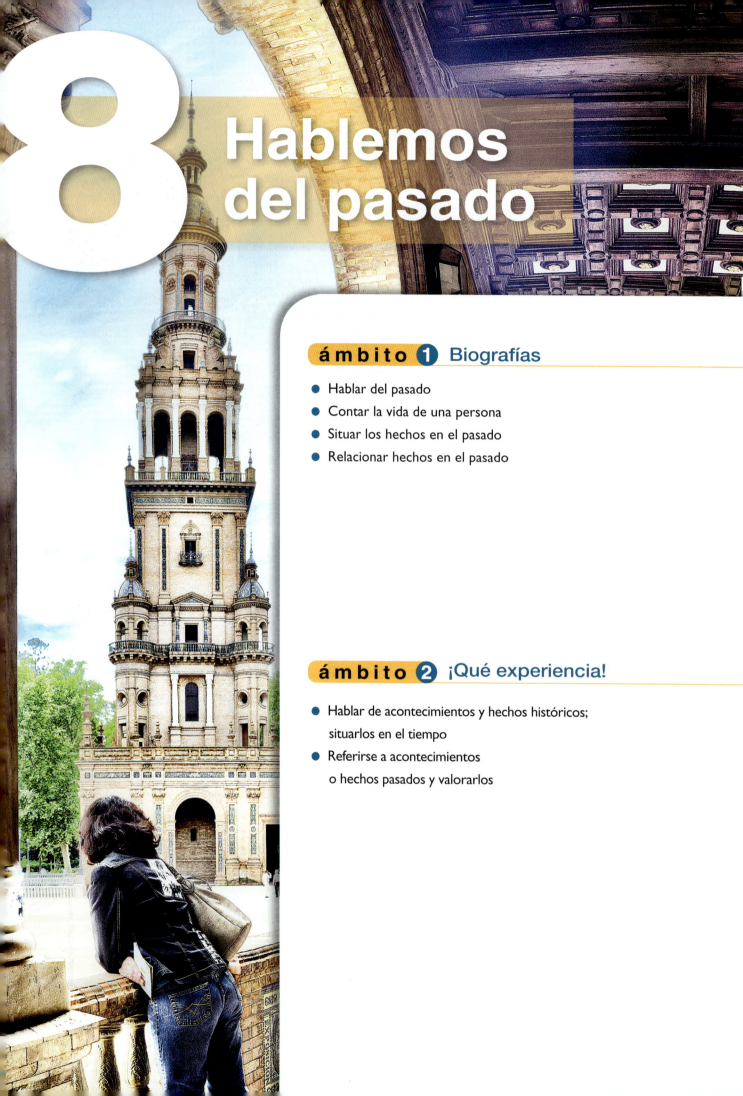

ámbito 1 Biografías

- Hablar del pasado
- Contar la vida de una persona
- Situar los hechos en el pasado
- Relacionar hechos en el pasado

ámbito 2 ¡Qué experiencia!

- Hablar de acontecimientos y hechos históricos; situarlos en el tiempo
- Referirse a acontecimientos o hechos pasados y valorarlos

ámbito 1
Biografías

1 **QUIÉN ES QUIÉN.** Escucha y relaciona. Después, ordena los datos de la biografía de cada personaje.

1. Nació en 1942.
2. Nació en España.
3. Nació en Lima.
4. Escribió *Yerma*.
5. Vivió en Ginebra.
6. Nació en Buenos Aires.
7. Murió en 1986.
8. Estudió Derecho.
9. Escribió teatro y poesía.
10. En 2010 recibió el Premio Nacional de Literatura de Chile.
11. Escribió *Ficciones*.
12. Murió en 1936.
13. Escribió *La casa de los espíritus*.

J. L. Borges
Isabel Allende
F. García Lorca

2 Comprueba con tu compañero el ejercicio anterior.

CE 1.3.

3 Completa los verbos. Fíjate bien: tienes todas la formas conjugadas.

PASADO

GANAR
- YO → GAN-**É**
- TÚ → GAN-
- ÉL, ELLA, USTED → GAN-
- NOSOTROS/-AS → GAN-**AMOS**
- VOSOTROS/-AS → GAN-**ASTEIS**
- ELLOS, ELLAS, USTEDES → GANAN

NACER
- YO → NAC-
- TÚ → NAC-**ISTE**
- ÉL, ELLA, USTED → NAC-
- NOSOTROS/-AS → NAC-**IMOS**
- VOSOTROS/-AS → NAC-
- ELLOS, ELLAS, USTEDES → NACEN

VIVIR
- YO → VIV-
- TÚ → VIV-**ISTE**
- ÉL, ELLA, USTED → VIV-
- NOSOTROS/-AS → VIV-
- VOSOTROS/-AS → VIV-
- ELLOS, ELLAS, USTEDES → VIV-**IERON**

MORIR
- YO → MOR-**Í**
- TÚ → MOR-
- ÉL, ELLA, USTED → MUR-**IÓ**
- NOSOTROS/-AS → MOR-
- VOSOTROS/-AS → MOR-
- ELLOS, ELLAS, USTEDES → MUR-

VER
- YO → V-**I**
- TÚ → V-**ISTE**
- ÉL, ELLA, USTED → V-
- NOSOTROS/-AS → V-**IMOS**
- VOSOTROS/-AS → V-**ISTEIS**
- ELLOS, ELLAS, USTEDES → V-

TRABAJAR
- YO → TRABAJ-
- TÚ → TRABAJ-
- ÉL, ELLA, USTED → TRABAJ-**Ó**
- NOSOTROS/-AS → TRABAJ-**AMOS**
- VOSOTROS/-AS → TRABAJ-
- ELLOS, ELLAS, USTEDES → TRABAJ-

ámbito 1 — Biografías

4 Sustituye los dibujos por los verbos que faltan y coloca los signos de puntuación.

5 Ahora, escucha y comprueba el ejercicio anterior.

6 Escribe todas las expresiones temporales que aparecen en el texto junto al indefinido.

+ indefinido

7 Relaciona las columnas y construye oraciones siguiendo el ejemplo.
Ej.: *En 2014 Alejandro González Iñárritu rodó Birdman.*

Quino — *Dibujar* — Libro: *Las tres bodas de Manolita*, 2014

Alejandro Glez. Iñárritu — *Componer* — Película: *Birdman*, 2014

Almudena Grandes — *Rodar* — Cómic: *Mafalda*, 1967

Shakira — *Escribir* — Canción: *Gitana*, 2010

8 Observa estos dibujos de la vida de Dalí y construye oraciones como las del ejemplo.

Cuando terminó de estudiar, viajó a París.
Al terminar de estudiar, se fue a París.

8.1 Y tú, ¿qué hiciste?

Yo, cuando terminé la escuela primaria...

Al acabar el bachillerato...

Cuando...

Al...

ASÍ COMO SUENA

9 **SÍLABAS FUERTES Y DÉBILES.** Escucha y clasifica las palabras en agudas y llanas. Ten en cuenta la sílaba tónica.

10 Ahora, escucha y completa con las consonantes que faltan.

1. ...ico
2. a...o
3. ni...o
4. mu...a...o
5. ara...a
6. cu...ara
7. sue...o
8. no...e
9. ca...a
10. co...e

11 Observa los dibujos. Construye oraciones según el ejemplo y relaciónalas con el tiempo actual.

Nació en Madrid en 1988.
Vivió allí hasta que se mudó a Barcelona en 2004.
Hace X años que vive *en Barcelona.*

ciento veintisiete **127**

ámbito 1 Biografías

Antes y después

12 En parejas. Ordenad las viñetas y contad la vida de Susana.

13 Clasifica los siguientes verbos.

viajar, recibir, tener, ir, venir, decir, ganar, estar, terminar, conocer, hacer, producir, morir, ser

regulares	irregulares

14 Fíjate en estas noticias que Elena, fan de David Bisbal, comparte en su muro. Ayúdala a relacionar estos acontecimientos entre sí a partir de la fecha del 8 de febrero de 2001.

✔ La semana pasada
✔ Ayer
✔ Anteayer
✔ Hace…

8 de febrero de 2001 👍 1.234
Ha nacido un nuevo cantante

19 de diciembre de 2013 👍 8.603
«Siempre cuidaré a mis fans»

20 de agosto de 2002 👍 2.755
Presentación de su primer disco: *Corazón latino*

Año 2014 👍 3776
Premio Disco de Platino…

9 de diciembre de 2012 👍 2.755
Llegada de David Bisbal a Perú

31 de octubre de 2003 👍 3.765
Su primera gira americana

Notas
Hoy es 8 de marzo de 2015; estos son los datos que he recogido:

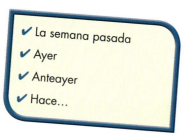

TAREA

15 Ahora vais a ser periodistas y vais a realizar una entrevista para conocer los datos más relevantes de vuestro compañero. Completad, con las formas verbales adecuadas, la siguiente tabla.

Tu compañero

¿Cuándo (nacer) ....?

¿Dónde (nacer) ....? ¿Cuándo (empezar) .... a estudiar?

¿Cuándo (entrar) .... en la universidad?

¿Cuándo (conocer) .... a tu mejor amiga?

¿Cuál (ser) .... tu primer trabajo?

¿En qué año (enamorarse) .... por primera vez?

¿Cuándo (hacer) .... tu primer viaje?

¿Cuál (ser) .... el día más importante de tu vida?

¿Cuándo (irse) .... a vivir solo?

15.1 Con los datos obtenidos, redactad un breve relato de su vida.

esquema gramatical

PRETÉRITO INDEFINIDO
Verbos regulares

	BAIL-AR	BEB-ER	SAL-IR
yo	bail-**é**	beb-**í**	sal-**í**
tú	bail-**aste**	beb-**iste**	sal-**iste**
él/ella/usted	bail-**ó**	beb-**ió**	sal-**ió**
nosotros/-as	bail-**amos**	beb-**imos**	sal-**imos**
vosotros/-as	bail-**asteis**	beb-**isteis**	sal-**isteis**
ellos/ellas/ustedes	bail-**aron**	beb-**ieron**	sal-**ieron**

Verbos irregulares

	I		TERMINACIONES	IR / SER
hacer	hic- / hiz-		-e	fui
venir	vin-		-iste	fuiste
			-o	fue
	U		-imos	fuimos
estar	estuv-		-isteis	fuisteis
tener	tuv-		-ieron	fueron

EXPRESAR TIEMPO

1. Marcadores temporales de pretérito indefinido

- ✔ Ayer
- ✔ Ese año, aquel día
- ✔ El año pasado
- ✔ La semana pasada
- ✔ El verano pasado
- ✔ En 1992
- ✔ En agosto
- ✔ En Navidad
- ✔ El 30 de julio

2. Construcciones temporales

▶ *Al* + infinitivo
Al volver a su país, se casó con Pilar.

▶ *Cuando* + indefinido
Cuando cumplió 22 años, se trasladó a Roma.

▶ *Hace* + cantidad de tiempo + *que* + indefinido
Hace cinco años que se separó.

▶ *Hace* + cantidad de tiempo + *que* + presente
Hace cinco meses que vivo en Segovia.

ámbito 2
¡Qué experiencia!

1 Escucha atentamente y escribe la fecha debajo de las fotografías.

1. _____

2. _____   3. _____   4. _____   5. _____

2 Completa la tabla con los datos anteriores.

	Acontecimiento	¿En qué país fue?	¿Qué día fue?	¿En qué año fue?
1				
2				
3				
4				
5				

3 Ahora, escribe oraciones con los datos del ejercicio anterior.

Ej.: La caída del Muro de Berlín fue el 9 de noviembre de 1989.
La caída del Muro de Berlín tuvo lugar en 1989.
Fue en Alemania.

4 Ordena cronológicamente los acontecimientos del ejercicio 1.

Primero fue _____; luego tuvo lugar _____,
después pasó _____, más tarde _____
y, por último, _____.

5 Ahora, escribe por orden cronológico los acontecimientos más importantes de tu país. Utiliza la estructura del ejercicio anterior.

6 Escucha cómo valoran estas personas esos acontecimientos. Escribe su opinión y clasifícalos en positivos o negativos.

positivos

negativos

✔ ¡Estupendo!
✔ ¡Genial!
✔ ¡Horrible!
La charla fue **interesantísima**.
La charla fue **estupenda**.

7 Fíjate en el ejemplo y completa.

Muy bueno: *buen-ísimo.*
Muy malo: _____   Muy interesante: _____
Muy divertido: _____   Muy aburrido: _____

ámbito 2 ¡Qué experiencia!

8 En grupos de tres, jugad con un dado y unas fichas. Tenéis que valorar la última vez que habéis realizado las acciones que indique vuestra casilla.

9 Ahora, pregunta a tu compañero por sus experiencias buenas y malas.

buenas

malas

10 Escribe el infinitivo de los siguientes verbos.

1. trajo
2. durmieron
3. construyó
4. huyeron
5. soñasteis
6. leyó
7. disteis
8. conduje
9. cayeron
10. serviste

132 ciento treinta y dos

8

  11 Escucha a estos personajes y escribe qué cosas hicieron y cuándo.

¿Qué hicieron?	¿Cuándo?
1	
2	
3	
4	
5	

12 Clasifica los marcadores temporales del ejercicio anterior.

pretérito perfecto
▶ _____
▶ _____
▶ _____
▶ _____

pretérito indefinido
▶ _____
▶ _____
▶ _____
▶ _____

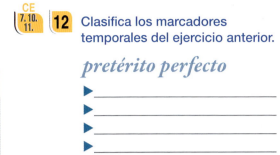

13 ¿Alguna vez has hecho alguna de estas cosas? ¿Cuándo? Compara tus respuestas con las de tu compañero.

  14 BUSCA EL INTRUSO. En las siguientes series hay una palabra que no pertenece al grupo. Señálala.

1. Tren, coche, avión, autobús, terminal.
2. Revisor, conductor, alas, azafata, piloto.
3. Arcén, autopista, muelle, aparcamiento, pistas de aterrizaje.
4. Pilotar, arrancar, navegar, conducir, revisar.

ciento treinta y tres **133**

ámbito 2 ¡Qué experiencia!

15 Ayuda a María a redactar su diario. Presta atención a la puntuación.

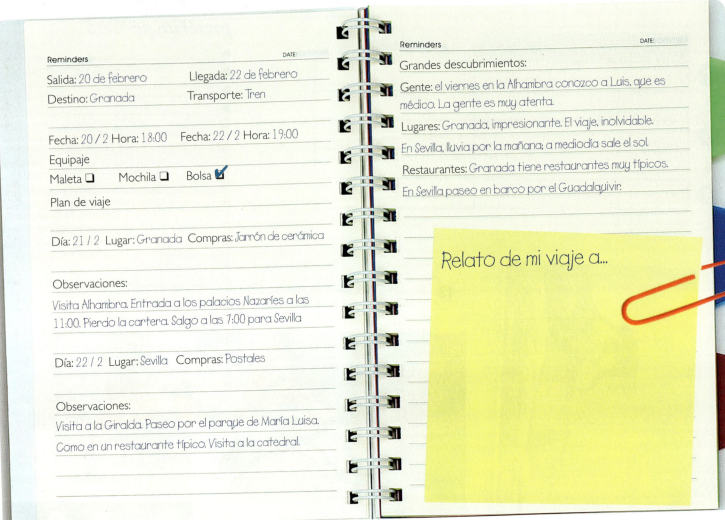

Reminders   DATE:

Salida: 20 de febrero   Llegada: 22 de febrero
Destino: Granada   Transporte: Tren

Fecha: 20/2 Hora: 18:00 Fecha: 22/2 Hora: 19:00
Equipaje
Maleta ☐   Mochila ☐   Bolsa ✓
Plan de viaje

Día: 21/2 Lugar: Granada Compras: Jarrón de cerámica

Observaciones:
Visita Alhambra. Entrada a los palacios Nazaríes a las 11:00. Pierdo la cartera. Salgo a las 7:00 para Sevilla

Día: 22/2 Lugar: Sevilla Compras: Postales

Observaciones:
Visita a la Giralda. Paseo por el parque de María Luisa. Como en un restaurante típico. Visita a la catedral.

Reminders   DATE:

Grandes descubrimientos:
Gente: el viernes en la Alhambra conozco a Luis, que es médico. La gente es muy atenta.
Lugares: Granada, impresionante. El viaje, inolvidable. En Sevilla, lluvia por la mañana; a mediodía sale el sol.
Restaurantes: Granada tiene restaurantes muy típicos.
En Sevilla paseo en barco por el Guadalquivir.

Relato de mi viaje a...

16 María ya se fue de viaje. Escucha y escribe sus opiniones. (CD2 27)

Me gustó la Alhambra

TAREA

17 Háblanos de tu último viaje. Escribe tus respuestas y luego pregunta a tu compañero sobre el suyo.

Tú	Tu compañero
¿Cuándo fuiste?	
¿Dónde?	
¿Con quién?	
¿Cuánto duró?	
¿Qué visitaste?	
¿Qué lugares te gustaron más?	
¿Dónde comiste?	
¿Conociste a alguien?	
¿Qué hiciste el primer día?	
¿En qué medio de transporte fuiste?	
¿Hiciste muchas fotos?	
¿Dónde dormiste?	
¿Qué hiciste la última noche?	

ASÍ COMO SUENA

18 Escucha y señala el orden en que se leen estas palabras.

- ☐ callo
- ☐ cayó
- ☐ valla
- ☐ vaya
- ☐ campaña
- ☐ chillar
- ☐ sueño
- ☐ cheque
- ☐ cuña
- ☐ chófer

esquema gramatical

LOCALIZACIÓN ESPACIAL Y TEMPORAL

- Para situar acontecimientos en el tiempo podemos usar *ser, tener lugar* y *ocurrir*.
  El comienzo de la Segunda Guerra Mundial fue en 1939.
  El primer caso de clonación tuvo lugar en 1996.

- Para situar acontecimientos en el espacio se utiliza *ser*.
  El concierto fue en el Pabellón de los Deportes.
  El accidente ha sido en las cercanías del aeropuerto.

- Para situar personas, animales, cosas y objetos en el espacio se utiliza *estar*.
  El Museo de Armas está en la calle Nebrija.
  El presidente estuvo en Colombia en viaje oficial.

ORGANIZADORES DEL RELATO

- ✔ primero
- ✔ luego, después, más tarde
- ✔ por último
- ✔ al final

¿Qué hiciste ayer?
__Primero__ comí con Luis y Ana, __luego__ hice algunas compras, __por último__, me fui al cine y __al final__ llegué a casa agotada.

VALORACIÓN DE ACONTECIMIENTOS

fantástico(a)	muy bueno(a) – buenísimo(a)	un poco aburrido(a)
fenomenal	muy divertido(a) – divertidísimo(a)	un poco largo(a)
genial	muy interesante – interesantísimo(a)	
un rollo	muy largo(a) – larguísimo(a)	
fatal	muy aburrido(a) – aburridísimo(a)	
horrible		

PRETÉRITO PERFECTO / PRETÉRITO INDEFINIDO

- Los dos tiempos sirven para contar sucesos pasados terminados.

- Se usa el pretérito perfecto cuando los sucesos pasados tienen relación con el presente del hablante (*hoy, esta semana, hace diez minutos,* etc.), y el indefinido cuando las acciones pasadas no tienen relación con el presente (*ayer, el año pasado, en 1990,* etc.).

  Ayer se acostó muy tarde y hoy no ha ido a clase de español.

Maneras de VIVIR

La mujer en la sociedad española

Gabriela Mistral

Escritora chilena. Considerada una de las más importantes poetisas hispanoamericanas. Sus primeros versos aparecieron recogidos con el título *Desolación*, en 1922. Recibió el Premio Nobel de Literatura en 1945. Murió en Nueva York en 1957.

Frida Kahlo

Pintora mexicana. Nació en 1907. Empezó a estudiar medicina, pero dejó sus estudios porque tuvo un grave accidente de tráfico en 1925. Fue una pintora admirada por Picasso y Breton, entre otros. Su pintura se caracterizó por elementos expresionistas y surrealistas. Los temas de su obra fueron populares, folclóricos y autobiográficos. Se casó dos veces con el pintor Diego de Rivera. Murió en México en 1954.

Rigoberta Menchú

Nació en Guatemala en 1959. Es una líder indígena defensora de los derechos humanos y embajadora de buena voluntad de la UNESCO. Desde joven participó en las luchas a favor de los derechos de los pueblos indígenas y los campesinos; por ello, fue perseguida y exiliada. Obtuvo el premio Nobel de la Paz en 1992 y el premio Príncipe de Asturias de Cooperación Internacional en 1998.

1 ¿Cómo veis la situación actual de la mujer en España? Escribid acerca del trabajo, el arte, la investigación…

2 En grupos, investigad en internet acerca del papel que ha desempeñado la mujer a lo largo de los dos últimos siglos.

3 En parejas, buscad información sobre diez mujeres famosas (en la vida política, cultural, deportiva, científica…) del ámbito hispánico. Presentad a la clase la lista. ¿En cuántas habéis coincidido?

3.1 Ahora, elige a dos de ellas e indica por qué te han parecido las mejores o las más interesantes.

4 Leed estas biografías y relacionadlas con las fotografías.

Evita Perón

Eva Duarte de Perón fue actriz y política argentina. Se casó con Juan Domingo Perón en 1945 y se convirtió en primera dama. Impulsó y logró la sanción en 1947 de la ley de sufragio femenino. Tras lograr la igualdad política entre los hombres y las mujeres, buscó luego la igualdad jurídica de los cónyuges y la patria potestad compartida. En 1949 fundó el Partido Peronista Femenino, el que presidió hasta su muerte. Adoptó una posición activa en las luchas por los derechos sociales y laborales y se constituyó en vínculo directo entre Perón y los sindicatos. Falleció en 1952, a la edad de 33 años.

Margarita Salas

Científica española. Nació en 1938 en Asturias y se dedicó a la bioquímica. Fue discípula de Severo Ochoa, Premio Novel de Medicina en 1959. En 2014 fue seleccionada por la revista *Quo*, en colaboración con el Consejo Superior de Investigaciones Científicas y el Consejo Superior de Deportes, para la primera «Selección Española de la Ciencia», compuesta por trece científicos españoles destacados a escala internacional. En 2007 se convirtió en la primera mujer española en ingresar en la Academia Nacional de Ciencias de Estados Unidos.

5 ¿Qué mujeres famosas conoces de tu país? ¿En qué ámbito han destacado?

¿Sabías que...?

En el ámbito hispánico existe el Premio Cervantes, máximo galardón para los escritores en lengua española. ¿Sabes cuántas mujeres han recibido este premio?

9 Recuerdos de la infancia

ámbito 1 Así éramos

- Describir lugares, personas y cosas del pasado
- Hablar de acciones habituales en el pasado
- Valorar el carácter de una persona en el pasado
- Hablar de deseos y gustos en el pasado
- Expresar cambios (físicos y de personalidad)
- Expresar cambios en los hábitos

ámbito 2 Todo cambia

- Narrar hechos del pasado y describir a sus protagonistas y los lugares en que sucedieron
- Hablar de hechos concretos y de acciones habituales en el pasado

ámbito 1
Así éramos

1 Julián nos cuenta lo que hacía de niño. Lee y subraya los verbos.

Cuando yo era pequeño tenía muchos juguetes.

Uno de los que más me gustaba era Pepe, un elefante de trapo. Pepe era de color rosa con lunares azules. Tenía unas orejas muy grandes que hacían ruido cuando se movían.

Recuerdo que también jugaba mucho con un coche de bomberos que parecía de verdad; llevaba una sirena roja que sonaba muy fuerte y una escalera muy larga. Pero, de todos los juguetes, recuerdo especialmente un parque zoológico, que todavía conservo, en el que había toda clase de animales: leones, tigres, jirafas, monos, osos…

Cada uno tenía su nombre y su personalidad, y, aunque a veces luchaban entre sí, se llevaban bien y eran buenos amigos. Yo pasaba horas y horas jugando con mi zoo y soñando aventuras increíbles.

Hoy ese sueño se ha hecho realidad: soy veterinario y trabajo en un parque natural rodeado de animales.

1.1. En el texto aparece un nuevo tiempo de pasado: el imperfecto. Escribe las formas y sus infinitivos.

era → SER   tenía → TENER

_____ → _____   _____ → _____
_____ → _____   _____ → _____
_____ → _____   _____ → _____

jugaba → JUGAR

_____ → _____
_____ → _____
_____ → _____

2 ¿Conoces los nombres de estos animales?

ciento treinta y nueve 139

ámbito 1   Así éramos

3 Julián era muy distinto de su amiga Esther. Observa los dibujos y completa.

✓ Cuando Julián era pequeño _____ .

Su padre _____ .

Su juguete favorito _____ .

✓ Cuando Esther era pequeña _____ .

Su madre _____ .

Su juguete favorito _____ .

4 Estos amigos nos describen sus casas de la infancia. Escucha y relaciona.

○ Enrique

○ José

○ Pilar

○ Elena

5 Así era la vida de Julián. Ordena el texto según los dibujos.

☐ A los doce años, tocaba el piano, jugaba al fútbol y veía mucho la televisión.

☐ De pequeño, dormía doce horas. Era gordito. Tenía poco pelo. Jugaba mucho con mi osito de peluche.

☐ Iba a la escuela del pueblo. Era una escuela alegre y pequeña. Siempre llevaba un uniforme azul, que no me gustaba, y todas las mañanas mi madre se enfadaba conmigo porque no quería ponérmelo.

☐ De joven, conducía el coche de mi padre y salía con mis amigos a pasear por el pueblo o íbamos al cine.

☐ Cuando tenía nueve años, normalmente leía cuentos y escribía en mi diario, y a menudo montaba en bicicleta.

5.1 Señala las expresiones que hay en el texto para hablar de acciones habituales. ¿Conoces otras? Habla con tu compañero y poned algunos ejemplos.

6 Y así era la vida de Esther. Observa su álbum de fotos y escribe las cosas que hacía.

Ej.: Cuando era pequeña, Esther hacía teatro en el colegio.

6.1 Pregunta a tu compañero qué hacía cuando era pequeño. Escribe las respuestas.

ámbito 1 — Así éramos

Los tiempos cambian

CD2 30

7 Mario es sociólogo y está haciendo un estudio comparativo sobre los hábitos de los niños de antes y los de ahora. Quiere saber cuántas horas dedicaban sus compañeros a ver la televisión cuando eran pequeños. Escucha y marca sus respuestas.

	todos los días, siempre	con frecuencia	a menudo	algunas veces	poco	casi nunca	nunca
Ana							
Blas							
Juan							
Carlos							
Diana							
Esteban							
Tere							
Francisco							
Gonzalo							
Inés							

CD2 30

7.1 Escucha nuevamente y contesta.

1. ¿Qué hacía Ana en su tiempo libre?
2. ¿Qué programas le gustaban a Blas?
3. ¿Por qué Carlos no veía la televisión?
4. ¿Cuándo veía Esteban la televisión?
5. ¿Para qué la veía Gonzalo?

7.2 Y tú, ¿con qué frecuencia hacías esto?
▶ hacer gimnasia
▶ levantarse tarde
▶ beber cerveza
▶ acostarse temprano
▶ leer novelas de amor
▶ estudiar
▶ pensar en el futuro
▶ salir por las noches

8 Observa el dibujo. ¿Sabes quién es cada uno? Piensa en un adjetivo para describirlos.

✔ Pedro siempre estaba dormido; por eso no hacía los deberes. _____
✔ A Juan no le gustaba compartir sus cosas. _____
✔ Marcos se pasaba el día escribiendo poemas de amor. _____
✔ Esther se subía en las sillas y saltaba de una a otra. _____
✔ Paula hablaba y hablaba sin parar. _____
✔ Elvira siempre nos saludaba con un beso. _____
✔ Paco escuchaba con atención a la maestra y no se movía de su sitio. _____
✔ Yo nunca encontraba mis cosas; nunca recordaba dónde las dejaba. _____

9 Forma parejas de contrarios con los siguientes adjetivos.

sincero *egoísta*
TÍMIDO desagradable
hablador *optimista*
pesimista ***trabajador***
generoso agradable
perezoso mentiroso

9.1 Ahora piensa en una persona (real o ficticia) y elige siete adjetivos para describirla. Explica a tu compañero por qué has escogido esos adjetivos.

10 En parejas. Fijaos en las fotografías y caracterizad a cada personaje con tres adjetivos.

Frodo, *El señor de los anillos*
✓ _____
✓ _____
✓ _____

Pablo Picasso
✓ _____
✓ _____
✓ _____

Vicente Ferrer (misionero)
✓ _____
✓ _____
✓ _____

La gente cambia

CD2 31

11 Rebeca y su abuelo hablan sobre cómo ha cambiado la vida. Escucha el diálogo y completa.

Rebeca: ¡Hola, abuelo!

Abuelo: ¡Hola, Rebeca! ¿Qué te pasa? No tienes buena cara. ¿Estás cansada?

Rebeca: Sí..., estoy cansadísima. _____ un examen de economía y no he dormido en toda la noche.

Abuelo: ¿Qué tal te _____?

Rebeca: Regular. Me han puesto uno de los temas que peor me sabía.

Abuelo: Bueno, no te preocupes. Seguro que apruebas. Ven, tómate un café calentito.

Rebeca: Abuelo, ¿cuando _____ joven estudiabas?

Abuelo: No, desgraciadamente no estudiaba. _____ en un pueblo muy pequeño y no _____ escuela. Para estudiar teníamos que ir a un pueblo cercano, pero tampoco teníamos coche, así que _____ a mi padre en el campo. _____ los animales y ordeñaba las vacas; luego, mi padre y yo _____ la leche en el pueblo.

Rebeca: Abuelo, entonces..., la vida ha cambiado mucho, ¿no?

Abuelo: Sí, sí, muchísimo. Los jóvenes ahora _____ todo lo que queréis. Antes no _____ ni la mitad de las cosas que tenéis ahora, pero éramos felices.

Rebeca: ¿Y cómo se _____ los jóvenes en el pueblo? ¿Había bares y discotecas?

Abuelo: No, no había nada, solo un bar. _____ a pasear, jugábamos a las cartas e _____ al baile cuando eran las fiestas.

11.1 Lee el diálogo y marca verdadero (V) o falso (F).

	V	F
1. El abuelo iba a la escuela de un pueblo cercano.		
2. Ayudaba a su padre en el campo.		
3. Antes los jóvenes se divertían como ahora.		
4. Antes no eran felices.		
5. En el pueblo no había ni un solo bar.		
6. Iban al baile todos los días.		
7. Les gustaba jugar a las cartas.		

ámbito 1 — Así éramos

TAREA

12 No solo cambian los tiempos, también cambian las personas. Fíjate en estas dos imágenes. Es la misma persona. ¿Cómo era antes y cómo es ahora en el físico, la ropa, el carácter, los gustos…? Indicadlo.

CE 13, 14.

ANTES / **AHORA**

- físico
- ropa
- carácter
- gustos
- hábitos

12.1 Ahora, escribid un texto redactando todos esos cambios.

Antes tenía el pelo rubio, ahora lo tiene oscuro…

13 Escribe cuatro cosas que hayan cambiado en tu vida, coméntalas con tu compañero y compara con el resto de la clase.

ANTES / **AHORA**

ASÍ COMO SUENA

14 En español, las palabras que tienen una sola sílaba no se acentúan, excepto en algunos casos, para evitar confusiones. Con ayuda del diccionario, explica la diferencia que hay entre estos pares de palabras.

- el: _____
- él: _____

- de: _____
- dé: _____

- se: _____
- sé: _____

- mi: _____
- mí: _____

- te: _____
- té: _____

- tu: _____
- tú: _____

- si: _____
- sí: _____

- que: _____
- qué: _____

15 Lee el texto y acentúa las palabras señaladas cuando sea necesario.

> **Mi** padre era un hombre **de** carácter fuerte. Siempre me decía:
>
> «María, hija, **tu** tienes **que** aprender a defenderte en la vida. **Si** no cambias, **te** van a hacer sufrir». **El** pensaba **que** yo era demasiado débil y **que**, por esa razón, los demás niños me quitaban los juguetes. Pero lo que **el** no sabía es que para **mi** era divertido compartir y regalar. Yo **se que mi** padre me lo decía por **mi** bien, pero a **mi** no me gustaba ser una niña antipática y egoísta, como **el** quería. Un día le pregunté: «¿**Que** tengo que hacer para defenderme? ¿Pegar a los niños? ¿Quitarles sus juguetes?». **El** me contestó que **si** y entonces yo dije: «Bueno, pues **si** es así, prefiero sufrir y darles mis juguetes; por lo menos, es divertido».

esquema gramatical

PRETÉRITO IMPERFECTO

Verbos regulares

	AM-AR	BEB-ER	ESCRIB-IR
yo	am-**aba**	beb-**ía**	escrib-**ía**
tú	am-**abas**	beb-**ías**	escrib-**ías**
él/ella/usted	am-**aba**	beb-**ía**	escrib-**ía**
nosotros/-as	am-**ábamos**	beb-**íamos**	escrib-**íamos**
vosotros/-as	am-**abais**	beb-**íais**	escrib-**íais**
ellos/ellas/ustedes	am-**aban**	beb-**ían**	escrib-**ían**

Verbos irregulares

	SER	IR	VER
yo	era	iba	veía
tú	eras	ibas	veías
él/ella/usted	era	ibas	veía
nosotros/-as	éramos	íbamos	veíamos
vosotros/-as	erais	ibais	veíais
ellos/ellas/ustedes	eran	iban	veían

Usos del pretérito imperfecto

1. **Hablar de costumbres y hábitos en el pasado:**
   Mi abuelo siempre nos compraba regalos.

2. **Describir personas, lugares y cosas dentro de un contexto de pasado:**
   Mi madre era una mujer muy guapa; tenía el pelo largo y castaño.

3. **Describir las situaciones o los contextos de las acciones:**
   Cuando tenía doce años, me enfadaba mucho con mi hermana.

ámbito 2
Todo cambia

CE 1.2. **1** Lee el correo que Julián escribe a un viejo amigo.

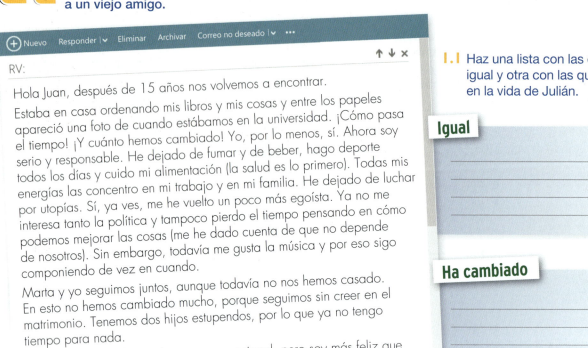

RV:

Hola Juan, después de 15 años nos volvemos a encontrar.

Estaba en casa ordenando mis libros y mis cosas y entre los papeles apareció una foto de cuando estábamos en la universidad. ¡Cómo pasa el tiempo! ¡Y cuánto hemos cambiado! Yo, por lo menos, sí. Ahora soy serio y responsable. He dejado de fumar y de beber, hago deporte todos los días y cuido mi alimentación (la salud es lo primero). Todas mis energías las concentro en mi trabajo y en mi familia. He dejado de luchar por utopías. Sí, ya ves, me he vuelto un poco más egoísta. Ya no me interesa tanto la política y tampoco pierdo el tiempo pensando en cómo podemos mejorar las cosas (me he dado cuenta de que no depende de nosotros). Sin embargo, todavía me gusta la música y por eso sigo componiendo de vez en cuando.

Marta y yo seguimos juntos, aunque todavía no nos hemos casado. En esto no hemos cambiado mucho, porque seguimos sin creer en el matrimonio. Tenemos dos hijos estupendos, por lo que ya no tengo tiempo para nada.

Ya ves, me he vuelto mediocre y convencional, pero soy más feliz que antes y estoy muy satisfecho con lo que tengo.

Un abrazo
Julián

1.1 Haz una lista con las cosas que siguen igual y otra con las que han cambiado en la vida de Julián.

Igual

Ha cambiado

1.2 Escribe las frases del texto que tengan las siguientes estructuras:

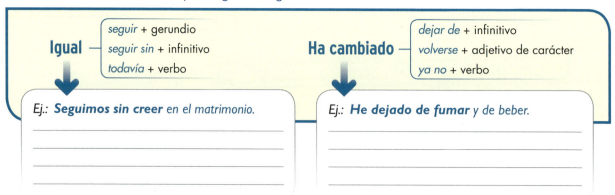

Igual
- *seguir* + gerundio
- *seguir sin* + infinitivo
- *todavía* + verbo

Ej.: **Seguimos sin creer** en el matrimonio.

Ha cambiado
- *dejar de* + infinitivo
- *volverse* + adjetivo de carácter
- *ya no* + verbo

Ej.: **He dejado de fumar** y de beber.

2 En parejas. Observad las imágenes y escribid qué ha cambiado.

CE 3, 4. **3** Escribe el nombre de estas acciones. Después, explica qué cosas han cambiado en tu vida y cuáles siguen igual.

Vidas e historias

4 Lee este texto, subraya los verbos y clasifícalos en su lugar correspondiente.

El martes por la noche llegamos a Santillana.

El pueblo parecía abandonado. No había nadie por las calles y las luces de las casas estaban apagadas. Hacía mucho frío. Encontramos el hotel rápidamente. En cuanto nos dieron las llaves, subimos a nuestras habitaciones. Estábamos cansados a causa del largo viaje; además, queríamos darnos un baño para relajarnos.

El recepcionista nos dijo que el desayuno siempre se servía a las 8:00. Las habitaciones eran algo pequeñas, pero estaban limpias y bien cuidadas. Tenían dos camas, una mesilla y un armario. Los balcones daban a la calle principal y estaban adornados con flores de muchos colores. En las habitaciones, hacía calor porque había una estufa, pero no en el pasillo, donde el frío helaba los huesos. El hotel era un poco caro para nosotros. Normalmente, dormíamos en pensiones y, a veces, alquilábamos habitaciones en casas particulares.

Nos quedamos en el hotel durante todo el mes. Por las mañanas, visitábamos pueblos vecinos en busca de posibles clientes. Por lo general, regresábamos al atardecer, pero en ocasiones, si el pueblo era grande, llegábamos por la noche. Los fines de semana descansábamos, paseábamos y nos preparábamos para los días siguientes.

> **Verbos que expresan acciones concretas**
>
> *Ej.:* llegamos

> **Verbos que describen personas, cosas o hechos**
>
> *Ej.:* parecía abandonado

CE 5. **5** Señala cuáles de estas expresiones se utilizan normalmente con imperfecto y cuáles con indefinido.

✔ Ayer: _____
✔ Todos los días: _____
✔ A menudo: _____
✔ El jueves: _____

✔ Hace dos días: _____
✔ Por las tardes: _____
✔ El año pasado: _____
✔ El sábado y el domingo: _____

✔ En 1998: _____
✔ Normalmente: _____
✔ A veces: _____
✔ Todos los veranos: _____

5.1 Completa estas oraciones con las expresiones anteriores.

1. _____ paseaba por el parque.
2. _____ nos bañamos en la piscina.
3. _____ viajaba al Caribe.
4. _____ nos bañábamos en el mar.
5. _____ fueron al cine.
6. _____ comprábamos caramelos.
7. _____ vendieron el coche.
8. _____ iban al teatro.
9. _____ bebía mucha leche.
10. _____ comí calamares.

ámbito 2 — Todo cambia

6 ¿Sabéis de quién se trata?

1
- Nació en Málaga.
- Pasó gran parte de su vida en Francia.
- Le gustaba pintar.
- Murió en Mougins en 1973.
- Fue el principal representante del cubismo.
- Era republicano.
- Pintó el *Guernica*.

2
- Nació en Génova.
- Le gustaba viajar.
- Era aventurero.
- Vino a España para cumplir un deseo.
- Se entrevistó con la reina Isabel la Católica.
- Hizo un gran viaje por el Atlántico.
- Mostró a Europa la existencia de América.

6.1 En pequeños grupos, escribid siete pistas sobre dos personajes reales o de ficción. Leedlas al resto de los compañeros, que deberán adivinarlos con el menor número de pistas posible.

7 Entrevista a tu compañero y escribe un pequeño informe sobre su vida.

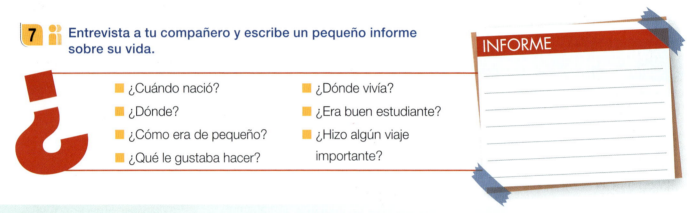

- ¿Cuándo nació?
- ¿Dónde?
- ¿Cómo era de pequeño?
- ¿Qué le gustaba hacer?
- ¿Dónde vivía?
- ¿Era buen estudiante?
- ¿Hizo algún viaje importante?

INFORME

Historias para no dormir

8 (CE 8. 9.) El detective Villarejo investiga un robo en la mansión de los marqueses de Alcántara. Mira los dibujos y contesta a sus preguntas.

1. ¿Lleva mucho tiempo trabajando para los marqueses?
2. ¿Cuándo compraron el reloj?
3. ¿Cuándo se dio usted cuenta de que ya no estaba en su sitio?
4. ¿Cuándo llamó a la policía?
5. ¿Cuánto tiempo estuvo aquí la policía?
6. ¿Cuándo se fue usted a su casa?

✓ **Tiempo exacto**
a + (art.) hora
en + año, mes
por + (art.) parte del día
ø + día de la semana

✓ **Inicio**
desde + (art.) hora, día, parte del día / mes, año

✓ **Punto límite**
hasta + (art.) hora, día, parte del día / mes, año

✓ **Recorrido en el tiempo**
desde … hasta
de … a

9 Mira los dibujos y escribe lo que le pasó a Marta el martes, día 13. Hay varias posibilidades.

10 ¿Y a ti? ¿Te ha ocurrido alguna vez algo extraño? Escucha y completa.

✔ Fue en _____.
  Yo era _____.

✔ Llegamos a la ciudad _____
  _____.

✔ Visitamos los lugares más importantes
  y _____.

✔ Era de noche. Hacía un calor espantoso
  y _____.

✔ Nada más oír el primer golpe abrí, pero
  _____.

✔ Cerré la puerta rápidamente. Ahora
  _____.

✔ Me metí en la cama y me tapé hasta la
  cabeza, aunque _____.

✔ A los diez minutos _____.

10.1 Escucha de nuevo y contesta a las preguntas.

1. ¿En qué ciudad sucedieron los hechos?
   _____
2. ¿Por qué Elvira no bajó a cenar?
   _____
3. ¿Qué oyó en el pasillo?
   _____
4. ¿Por qué no pudo llamar por teléfono?
   _____
5. ¿Cuántas veces llamaron a la puerta?
   _____

ámbito 2 — Todo cambia

11 En parejas. Leed la historia de Fernando y Marta contada desde dos puntos de vista. Pide a tu compañero la información que te falta.

Alumno A

Fernando y Marta se conocieron en 2007. Él trabajaba en un banco. Dos años después se casaron. Al principio vivían tranquilos y sin problemas. Marta no madrugaba porque sus clases empezaban a las 10:00. Cuando volvía de la facultad, preparaba la comida. Durante los fines de semana, Fernando se ocupaba de la cocina.

Marta acabó la carrera en 2012. Se trasladaron a vivir a San Sebastián. A Marta no le gustaba su nuevo hogar porque se sentía muy sola, no conocía a nadie y Fernando casi no tenía tiempo para estar con ella. Un día, Marta desapareció. Lo extraño fue que no se llevó nada, todas sus cosas estaban allí: su ropa, sus libros, sus fotos, su cartera con sus documentos.

Fernando tardó una semana en notar la ausencia de su mujer porque estaba demasiado ocupado. Cuando se dio cuenta de que ni la veía ni la oía, pensó simplemente que se había vuelto invisible. Y vivió feliz para siempre.

Pide a tu compañero la siguiente información:
- Ocupación de Marta.
- Lugar en el que vivían.
- Vida diaria de Fernando.
- Ocupación de Marta durante los fines de semana.
- Razón del cambio de residencia.
- Razón de la depresión de Marta.
- Fecha de la desaparición de Marta.
- Estado de la casa tras la desaparición.
- Lo que dice Fernando.

Alumno B

Fernando y Marta se conocieron en 2007. Ella estudiaba economía. Después de salir un tiempo juntos, se casaron. Vivían en un pequeño apartamento en el centro de la ciudad. Fernando se levantaba a las 7:00, desayunaba y se iba a su oficina. Durante los fines de semana, Marta descansaba un poco y preparaba los exámenes.

El año en el que Marta acabó la carrera, Fernando fue nombrado director de la zona norte, por lo que se fueron a vivir a otra ciudad. Marta estaba muy deprimida porque no encontraba trabajo. Durante las Navidades de 2013, Marta desapareció. Fernando, al principio, no se dio cuenta porque la casa seguía estando limpia y la comida preparada. Cuando notó que ni la veía ni la oía dijo: «Bueno, nadie es perfecto».

Pide a tu compañero la siguiente información:
- Trabajo de Fernando.
- Fecha de la boda.
- Comienzos de la vida en común.
- Vida diaria de Marta.
- Año del fin de los estudios de Marta.
- Ciudad del nuevo hogar.
- Razones por las que no le gustaba la nueva situación.
- Tiempo que tardó Fernando en darse cuenta de la ausencia de Marta.
- Lo que piensa Fernando.

12 Escribe de nuevo la historia con los datos obtenidos y compárala con la de tu compañero.

Palabreando

13 Palabras encadenadas. Poneos en círculo y formad cadenas de palabras. Hay que contestar rápidamente.

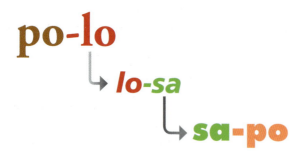

14 Formad grupos de tres o cuatro personas y seguid las instrucciones de vuestro profesor.

TAREA

15 El detective Villarejo sospecha que el mayordomo fue el autor del robo en la mansión de los marqueses. En parejas, reconstruid la historia con los datos que ha recogido.

- ✔ A las 8.
- ✔ Por la tarde.
- ✔ Desde las 11 hasta las 12.
- ✔ Primero, después, a continuación.
- ✔ Finalmente, por último.

esquema gramatical

Expresar la continuidad de una acción

- *Seguir* + gerundio (oración afirmativa)
  ¿Sigues practicando la natación?
- *Seguir sin* + infinitivo (oración negativa)
  Seguimos sin creer nada de lo que dices.
- *Todavía* + verbo conjugado
  ¿Todavía practicas la natación?

Expresar que una acción no continúa realizándose

- *Dejar de* + infinitivo
  Por fin he dejado de fumar.
- *Ya no* + verbo
  Elvira y Ramón ya no se hablan.

Expresar cambios de carácter

- *Volverse* + adjetivo de carácter
  Después de años de delincuencia se volvió honrado.

Contraste pretérito indefinido / pretérito imperfecto

INDEFINIDO

- Sirve para narrar hechos concretos del pasado.
  El año pasado conoció a una chica estupenda y se casó con ella.
- Suele ir acompañado de marcadores temporales del tipo: *ayer, la semana pasada, el mes / año pasado, en 1998...*

IMPERFECTO

- Sirve para describir:
  – personas, cosas, animales:
  Marta era algo antipática y un poco seria.
  – hechos habituales:
  Le gustaba pasear por el campo al atardecer.
  – situaciones y contextos:
  Cuando vivía en Madrid, trabajaba en una oficina.
- Suele ir acompañado de marcadores temporales del tipo: *normalmente, frecuentemente, a menudo, (casi) siempre, de vez en cuando, a veces...*

PREPOSICIONES PARA EXPRESAR TIEMPO

✔ **Tiempo exacto**
  a + la(s) hora *Empecé a trabajar a las 7.*
  en + año, mes *Nació en 1975.*
  por + (art.) momento del día *Volví a casa por la tarde.*
  ø + artículo + día de la semana *Corría los lunes.*

✔ **Inicio**
  desde + (art.) hora, día, parte del día / mes, año...
  Estudio español desde agosto.

✔ **Punto límite**
  hasta + (art.) hora, día, parte del día / mes, año...
  Te esperé en el bar hasta las 10.

✔ **Recorrido en el tiempo**
  desde ... hasta
  Vivió en Caracas desde 1923 hasta 1934.
  de ... a
  Trabajaba en el hospital como voluntario de 8 a 12.

Maneras de VIVIR

Los gestos, las miradas y las palabras

> *En todas las culturas, existe una serie de gestos que nos ayudan a comunicarnos con mayor expresividad y de manera más rápida.*

Algunos de estos gestos tienen un carácter prácticamente universal, pero otros son propios de una u otra cultura. Dentro del ámbito hispánico, la lista de gestos es larguísima; no solo se utiliza una gran cantidad de ellos, sino también en numerosas ocasiones. Con los gestos podemos elogiar, insultar, mostrar acuerdo o desacuerdo, ordenar, amenazar, etc. A veces, estos gestos se utilizan junto con la expresión oral para reforzar su significado, pero otras la sustituyen y son, por tanto, el único elemento de que disponemos para entender el mensaje.

Es importante conocer el significado y el valor de estos elementos, pues forman parte de la cultura y de la lengua. Su desconocimiento puede ocasionar malentendidos graves y situaciones embarazosas, especialmente en aquellos casos en que el gesto tiene significados diferentes según las lenguas; en alguna de ellas posee un valor negativo.

▶ En parejas...

4 Buscad el significado de algunos gestos muy comunes o que os hayan sorprendido en vuestra estancia en el extranjero. ¿No existen en vuestro país? ¿Qué hacéis para indicar lo mismo?

5 Preparad una representación para toda la clase con los gestos que más os hayan llamado la atención.

1 Observa y explica el significado de estas imágenes gestuales.

2 ¿Sabes cómo se expresan mediante gestos estas ideas? ¿Es igual en tu lengua?

3 Explica algo a tus compañeros mediante gestos; ellos deben adivinar de qué se trata.

6 Buscad cinco títulos de películas y cinco de novelas españolas, que puedan ser representadas por gestos. Presentadlas a vuestros compañeros para que traten de adivinarlas.

¿Sabías que...?

Según Paul Ekman, el mayor experto en comunicación no verbal, hay siete gestos faciales universales, que sirven para expresar siete sentimientos. ¿Sabes cuáles son?

ciento cincuenta y tres 153

Recapitulación

1 Fíjate en este folleto e imagina que estás realizando ese viaje. Hoy es el cuarto día: escribe lo que has hecho y lo que no has hecho todavía.

Recorrido por los Andes

1.er día: España – La Paz
Vuelo a La Paz. Noche a bordo.

2.º día: La Paz
Llegada a la capital de Bolivia. Día libre.

3.er día: La Paz – Cuzco
Traslado al aeropuerto y vuelo con destino a Cuzco, capital arqueológica de América del Sur. Por la tarde, visita de la ciudad (la catedral, plaza de Armas, plaza del Regocijo, convento de Sto. Domingo) y ruinas incas cercanas (Fuerte de Sacsayhuaman, Tambomachay y Puca Pucará).

4.º día: Cuzco – Pisac – Urubamba
Visita al mercado indígena de Pisac. Continuación del viaje a Ollantaytambo para visitar la fortaleza inca. Llegada y alojamiento en Urubamba.

5.º día: Urubamba – Machu Picchu – Cuzco
Salida hacia Machu Picchu, emplazamiento arqueológico inca ubicado en la cima de una montaña. Destacan en esta ciudad los trabajos en piedra, los acueductos, las terrazas de cultivo y las plataformas ceremoniales.

6.º y 7.º día: Cuzco – Huatajata
Viaje en avión hasta La Paz. Desde aquí, salida por carretera hasta Huatajata, población situada a orillas del lago Titicaca. Allí visitaremos el Eco Pueblo Andino, que incluye un pueblo de artesanos, una villa de pescadores, un ejemplo del Salar de Uyuni y las islas flotantes de los Urus-Chipaya. Cena en el restaurante del lago mientras se contempla la espectacular puesta de sol sobre el lago. Al día siguiente, tras el desayuno, crucero por el lago Titicaca y visita a la isla del Sol y la isla de la Luna, donde se encuentra el templo de las Vírgenes del Sol de Iñak Uyu.

8.º día: Huatajata – Tiwanaku – La Paz.
Salida por carretera hacia La Paz, pasando por las ruinas de Tiwanaku.

9.º día: Recorrido por La Paz. Tras el almuerzo, salida hacia España.

2 Entre vosotros hay cuatro visitantes de otro planeta que intentan parecerse a los humanos, pero han hecho hoy algunas cosas que no son normales. Describe estas acciones utilizando los siguientes verbos.

- levantarse
- ducharse
- lavarse los dientes
- desayunar
- ir a trabajar
- comer
- volver a casa
- ir al cine
- tomar una copa
- ponerse el pijama
- acostarse

3 ¿Qué sabes de la vida de Goya? Aquí tienes su biografía. Escríbela nuevamente en pasado.

1746: Nace en Fuendetodos, Zaragoza.
1760: Inicia sus estudios de pintura en el taller de José Luzán.
1770: Viaja a Italia para continuar su formación.
1772: Tras una enfermedad se queda sordo.
1773: Se casa con Josefa Bayeu.
1776: Comienza su trabajo en los cartones de la Real Fábrica de Tapices.
1780: Ingresa en la Real Academia de Bellas Artes.
1784: Nace Javier, su único hijo legítimo.
1785: Es nombrado pintor del rey de España.
1797: Se traslada a Sanlúcar de Barrameda, donde pasa una temporada con la duquesa de Alba, de quien dicen que es amante. La pinta vestida y desnuda.
1805: Conoce a Leocadia Zorrilla de Weiss, su nueva amante.
1814: *La Maja vestida* y *La Maja desnuda*, en poder de Godoy, son incautados por la Inquisición, que lo llama a declarar porque considera estas obras obscenas.
1824: Huye de España; pasa una corta temporada en Burdeos.
1828: Muere en Burdeos el día 16 de abril.

4 Escribe un correo electrónico a un amigo contándole tu último viaje. ¿Dónde fuiste? ¿Qué viste? ¿Qué es lo que más te gustó? ¿Cómo fuiste? ¿Cuántos días estuviste? ¿Qué personas importantes destacan en la historia o la cultura de esta ciudad? ¿Ocurrió algún hecho histórico importante en ese país?

5 Escribe los sustantivos correspondientes a estos verbos. Consulta tu diccionario.

- ✔ nacer
- ✔ crecer
- ✔ enfermar
- ✔ morir
- ✔ viajar
- ✔ vivir
- ✔ estudiar
- ✔ trabajar
- ✔ actuar
- ✔ conocer
- ✔ triunfar
- ✔ fracasar

6 Valora estos hechos y razona tu opinión

- La llegada del hombre a la Luna.
- El descubrimiento del ADN.
- Los últimos juegos olímpicos.
- La prohibición de fumar en todos los lugares públicos.
- Tu último viaje.
- El último libro que has leído.
- Tu última fiesta.
- Tus primeras vacaciones sin familia.
- La última película que has visto.

7 Elegid algunas opciones y construid una historia. Después, redactadla para el periódico local.

LUGAR	PERSONAJES	HECHOS
Hospital	Familia Pérez	Pelea
Comisaría	Catalina, modelo	Accidente de tráfico
Bar de copas	Hombre sospechoso	Descubrimiento de un narcotraficante
Patio de vecinos	Juan y Enrique, estudiantes	Robo
	Sonia, taxista	Aparición de una maleta con 1 millón de dólares
	Andrés, camarero	Ataque de celos
	Marta, enfermera	Incendio
	María, bombera	

ciento cincuenta y cinco 155

10 Y mañana, ¿qué?

ámbito 1 — Mañana será otro día

- Hablar del futuro
- Expresar condiciones
- Expresar y pedir opinión
- Expresar y preguntar por el acuerdo o el desacuerdo
- Corroborar o negar una afirmación ajena
- Preguntar por el grado de seguridad
- Expresar duda e inseguridad

ámbito 2 — Esto se acaba

- Reflexionar sobre las estrategias de aprendizaje
- Opinar sobre el proceso de aprendizaje y el desarrollo del curso
- Valorar la experiencia académica y personal

ámbito 1
Mañana será otro día

1 El siglo XXI avanza. Lee con atención el texto.

SE HA ABIERTO UNA NUEVA ETAPA CON EL SIGLO XXI EN LA HISTORIA DE LA HUMANIDAD, UNA ETAPA QUE ESTARÁ MARCADA POR EL DESARROLLO TECNOLÓGICO Y CIENTÍFICO.

En opinión de los expertos, a lo largo del siglo XXI el ser humano conquistará el espacio; creará nuevas redes de comunicación más rápidas; descubrirá el origen de muchas enfermedades hasta el momento mortales y desarrollará fármacos para su curación; vivirá más años; inventará instrumentos y aparatos que harán nuestra vida más cómoda; en definitiva, disfrutará más de su tiempo libre.

Sin embargo, según estos mismos expertos, durante el siglo XXI aumentarán las desigualdades entre países ricos y pobres; las guerras, el hambre y las sequías acabarán con una parte muy importante de la población mundial; degradaremos más el medio ambiente y agotaremos los recursos naturales que todavía quedan. Con el siglo XXI se han abierto nuevas puertas a la esperanza, pero también es fuente de incertidumbre y de temor. Deberemos, por tanto, estar alerta y actuar con sensatez.

Futuro simple

- ✔ conquistar
- ✔ vivir
- ✔ volver

-é
-ás
-á
-emos
-éis
-án

1.1. Fíjate en cómo se forma el futuro simple regular y completa las fichas.

crear

descubrir

deber

agotar

inventar

1.2 También hay futuros irregulares. Fíjate en ellos, escribe su infinitivo y clasifícalos en la tabla.

- haré → *hacer*
- cabré → _____
- pondré → _____
- podré → _____
- querré → _____
- saldré → _____
- habré → _____
- diré → _____
- sabré → _____
- valdré → _____
- vendré → _____
- tendré → _____

-dré	-ré	otros

ámbito 1 Mañana será otro día

2 ¿A qué área pertenecen estos verbos? Después, escribe el sustantivo correspondiente.

inventar, investigar, conservar, crear, secar, agotar, desarrollar, destruir, descubrir, reciclar

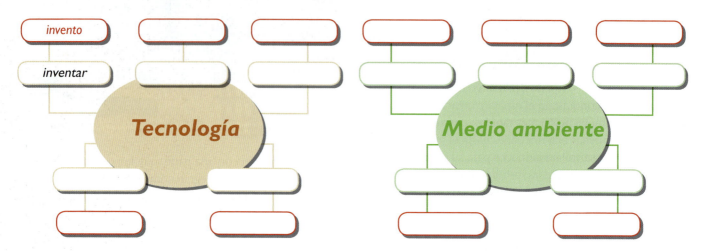

3 Habla con tu compañero sobre qué cosas se pueden reciclar y de qué forma. Contádselo al resto de la clase.

3.1 Ahora, pensad qué cosas en el futuro se pueden:

investigar
desarrollar **descubrir**
crear inventar

4 No hay duda de que en el futuro tendremos que cuidar más el medio ambiente. ¿Qué medidas creéis que se pueden tomar para conservarlo mejor?

1. *Dar cursos en los colegios sobre la importancia de reciclar.*
2.
3.
4.
5.

4.1. Transformad las oraciones anteriores en otras con futuros.

Para conservar mejor el medio ambiente, hemos decidido que…

1. *daremos cursos…*
2.
3.
4.
5.

5 Vuelve a leer el texto del ejercicio 1 y clasifica las predicciones de los expertos.

Positivas
_____
_____
_____
_____

Negativas
_____
_____
_____
_____
_____

5.1 En grupos, elegid tres hechos positivos y tres negativos y analizad las consecuencias que pueden traer.

1. *Conoceremos los misterios del universo.*
2. *Visitaremos otros planetas.*
3. *Sabremos si hay o no vida inteligente fuera de la Tierra.*

Tu futuro

6 Y tú, ¿cómo crees que serán en el futuro…

- la vivienda
- los alimentos
- la educación
- la familia
- los coches
- la música
- el cine

ámbito 1 — Mañana será otro día

7 Los siguientes dibujos reflejan distintas visiones del futuro. Descríbelas y di a qué personaje corresponde cada una.

8 Pedro, Alicia y Paco quieren conocer su futuro. Por ello, han visitado a una adivina. Escucha lo que nos cuentan y completa el cuadro.

	amor	trabajo	dinero	salud
Pedro				
Alicia				
Paco				

9 ¿Estás preparado para el futuro? Explica qué harás en los siguientes casos.

- ✔ Si suspendes los exámenes.
- ✔ Si te pagan muy poco en tu trabajo.
- ✔ Si te quedas sin trabajo.
- ✔ Si te deja tu novio(a).
- ✔ Si te toca la lotería.
- ✔ Si pierdes todo tu dinero en la Bolsa.
- ✔ Si te nombran presidente de tu club (deportivo, cultural...).
- ✔ Si te acusan de robar.

10 Ahora, escucha y relaciona. Después, forma oraciones condicionales similares a las que has escuchado.

1. encontrar un buen trabajo — vivir una historia de amor increíble
2. comprar un coche — vender mi coche
3. ir a Estambul — buscar un trabajo
4. conocer a la mujer de mi vida — no querer volver
5. vivir una historia de amor increíble → comprar un coche
6. no querer volver — ir de vacaciones a Estambul
7. quedarme a vivir allí — quedarme a vivir en Estambul
8. vender mi coche — alquilar un apartamento
9. alquilar un apartamento — comprarme otro coche
10. encontrar un trabajo — conocer a la mujer de mi vida

*Si **encuentro** un buen trabajo, me **compraré** un coche.*

11 Lee este decálogo y escribe uno similar con tus razones.

NUEVE RAZONES PARA VIVIR EL SIGLO XXI CON OPTIMISMO Y UNA PARA HACERLO CON PESIMISMO

1 J. K. Rowling continuará escribiendo historias apasionantes.
2 Las Spice Girls recapacitarán y no se reunirán de nuevo.
3 Las compañías de telefonía móvil dejarán de molestarnos con sus campañas.
4 David Bisbal se animará y sacará otro disco que nos encantará.
5 Mireia Belmonte seguirá superándose en cada competición.
6 El español será el idioma más hablado del mundo.
7 Mark Zuckerberg, el creador de Facebook, se retirará y dejará que los demás también nos ganemos la vida.
8 Almodóvar ganará otro Oscar.
9 Mi madre me seguirá llamando los viernes para que nos veamos durante el fin de semana.
10 La sequía acabará desertizando el planeta.

11.1 Habla con tus compañeros y compara tus razones con las suyas. ¿Tenéis alguna en común? ¿Cuáles?

ámbito 1 — Mañana será otro día

Tal vez sí, tal vez no

12 Carlos no sabe qué hará el próximo fin de semana. Observa su agenda y el folleto, y forma frases con lo que hará y con lo que tal vez haga.

- ✓ Hacer la compra.
- ✓ Si tengo tiempo, llamar a Luisa para quedar.
- ✓ RECUERDA: El viernes se estrena la última película de Spielberg.
- ✓ Mi madre vuelve el domingo de su viaje.
- ✓ Terminar el proyecto ???

CAMPUS UNIVERSITARIO - ACTIVIDADES

VIERNES
- Exposición de fotografía: «Perspectivas», Alejandro Pérez. Facultad de Filosofía.
- «El cine del nuevo siglo», Alejandro Amenábar. Salón de Actos. 17:00.
- Fiesta hawaiana. Bar de copas Fiesta. A partir de las 22:00.

SÁBADO
- Partido de fútbol: Sociedad Deportiva Universitaria vs. Asociación de Vecinos. Campo de fútbol municipal. 12:00.
- Teatro Universitario «La Galera», *Pic-nic*, de Fernando Arrabal. 20:00. Al término, mesa redonda sobre la figura de este dramaturgo.
- Bar de copas Música, actuación en directo. 22:00.

DOMINGO
- Inauguración de la exposición de pintura «Nuevos Talentos» a cargo del concejal de Cultura. 11:00.
- Sala de proyecciones: *Viridiana*, de Luis Buñuel. 12:30.
- Recogida de libros, ropa y otros enseres para ser entregados a la ONG Igualdad de Oportunidades. Comenzará a las 10:00. Colabora y ayuda.

✓ **Cosas que hará**
- ....
- ....
- ....

✓ **Cosas que tal vez haga**
- ....
- ....
- ....

13 Vamos a jugar. Se trata de formar frases de duda con el dibujo de la casilla en la que caigas. Sigue las instrucciones del profesor.

Si voy al Caribe *Si voy al desierto* *Si recibo una herencia*

SALIDA

LLEGADA

TIRA OTRA VEZ

162 ciento sesenta y dos

10

TAREA

14 Fíjate en las imágenes. ¿Qué crees que pasa? Formula hipótesis.

a

b

esquema gramatical

FUTURO SIMPLE
Verbos regulares

	COMPRAR	VENDER	VIVIR
yo	cantar-**é**	vender-**é**	vivir-**é**
tú	cantar-**ás**	vender-**ás**	vivir-**ás**
él	cantar-**á**	vender-**á**	vivir-**á**
nosotros	cantar-**emos**	vender-**emos**	vivir-**emos**
vosotros	cantar-**éis**	vender-**éis**	vivir-**éis**
ellos	cantar-**án**	vender-**án**	vivir-**án**

Verbos irregulares

- **poner:** pondré, pondrás, pondrá, pondremos, pondréis, pondrán
  salir: saldré, saldrás, saldrá, saldremos, saldréis, saldrán
  valer: valdré, valdrás, valdrá, valdremos, valdréis, valdrán
  venir: vendré, vendrás, vendrá, vendremos, vendréis, vendrán
  tener: tendré, tendrás, tendrá, tendremos, tendréis, tendrán

- **caber:** cabré, cabrás, cabrá, cabremos, cabréis, cabrán
  poder: podré, podrás, podrá, podremos, podréis, podrán
  querer: querré, querrás, querrá, querremos, querréis, querrán
  haber: habré, habrás, habrá, habremos, habréis, habrán
  saber: sabré, sabrás, sabrá, sabremos, sabréis, sabrán

- **hacer:** haré, harás, hará, haremos, haréis, harán
  decir: diré, dirás, dirá, diremos, diréis, dirán

Usos del futuro

■ **Predicciones**
- Sobre circunstancias ajenas:
  Durante el fin de semana, hará sol y subirán las temperaturas.
  El precio de la gasolina bajará la semana que viene.
- Sobre nosotros mismos:
  Encontrarás un buen trabajo y tendrás mucho éxito.

■ **Hablar de una acción futura con idea de inseguridad y de lejanía**
  —*¿Cuándo terminarás el trabajo?*
  —*No sé, pero creo que podré terminarlo mañana.*

Expresar duda y probabilidad

✔ *Quizás / tal vez* + presente de indicativo o subjuntivo: duda y probabilidad en el presente y en el futuro.
Quizás conquistemos el espacio.

✔ *A lo mejor* + presente / futuro de indicativo: duda y probabilidad en el presente / futuro.
A lo mejor se curará el cáncer.

Expresar condiciones

✔ *Si* + presente + futuro: condición para que se cumpla una acción en el futuro.
Si tengo dinero, viajaré por todo el mundo.

✔ *Si* + presente + imperativo: consejo, recomendación, orden, para el futuro.
Si tienes dinero, viaja por todo el mundo.

ámbito 2
Esto se acaba

¿Fácil o difícil?

1 Y tú, ¿qué opinas?
- Me ha parecido fácil, porque...
- Difícil, porque...
- Muy difícil, porque...

2 ¿Qué es lo que más te ha ayudado a aprender español? Todos estos aspectos son importantes para conocer una lengua. Ordénalos según la importancia que les atribuyas.

- Asistir a clase todos los días y poner mucha atención.
- Participar en clase.
- Hacer todos los deberes y estudiar mucho en casa.
- Practicar en cualquier ocasión con nativos.
- Leer, ver la televisión y escuchar música en español.
- Aprender la gramática y el vocabulario.

CD2 35

3 Escucha y señala qué ha sido lo más difícil del curso de español para estos estudiantes.

	1	2	3	4	5
La gramática					
La pronunciación					
La conversación					
El vocabulario					

3.1 Ahora tú. Numera del 1 al 4 por orden de dificultad. ¿Algún compañero coincide contigo?

4 Aprender gramática te parece:

- necesario / innecesario
- práctico / inútil
- divertido / aburrido
- interesante / sin interés

4.1 ¿Cómo te gusta aprender gramática?

→ Participando en la explicación, porque ____

→ Con reglas, porque ____

→ Haciendo ejercicios, porque ____

→ Jugando, porque ____

5 **PALABRAS, PALABRAS.** Cuando estudiamos una lengua, al principio, es necesario aprender largas listas de palabras. ¿Recuerdas el significado de estas?

- estómago
- banco
- cocina
- peine
- bombero
- cuñado
- excursión
- resfriado
- odiar
- nevar
- plaza
- elefante
- invento

5.1. ¿Cómo consigues recordarlas? Numera del 1 al 6 estos métodos según la frecuencia con que los utilices.

✔ Las escribo en mi diccionario particular, junto con un ejemplo. ☐
✔ Las escribo y las repito muchas veces. ☐
✔ Las agrupo y las asocio por familias o por temas. ☐
✔ Las asocio a las palabras correspondientes en mi lengua. ☐
✔ Las relaciono con otras a las que se parecen. ☐
✔ Las relaciono con alguna idea o imagen concreta. ☐

ámbito 2 — Esto se acaba

6 Cuando no conocemos el significado de una palabra, podemos deducirlo de diferentes formas.

Por el contexto

Ayer leí en el qwerty una noticia estupenda: en el futuro, los estudiantes universitarios podrán elegir a los ñlkjh que les darán las clases.

Ayer fue el día de los enamorados.

Sí, es verdad. ¿Qué te mnbvc tu novia?

Un ramo de nbvcc.

Por la situación

¿Te apetece más kdhjem?

¿Qué crees que ha preguntado?

Me he dejado el reloj en casa. ¿iuencuidoiunbv?

¿Qué crees que ha preguntado?

Por la forma

Responder | Eliminar | Archivar | Correo no deseado |

RV:

Agregar a contactos 11:59

Hola, Pedro:

Esta mañana he recibido una carta certificada de Luis. Me la ha entregado el cartero en persona. Por fin, viene la semana que viene. Deberíamos recibirle con una fiesta sorpresa y hacerle un buen regalo. ¿Qué te parece una cartera?

1. ¿Qué significan *cartero* y *cartera*?

Pepito era un niño enfermizo y debilucho. Todas las semanas iba, al menos una vez, a la enfermería de la escuela. Su padre trabajaba de portero en un edificio de lujo del centro de Caracas. A Pepito le gustaba estar con su padre en la portería, ver entrar y salir a la gente y hablar un rato con ella.

2. ¿Con qué palabras relacionas *enfermizo* y *enfermería*? ¿Y *portero* y *portería*?

3. ¿Con qué palabra relacionas *debilucho*?

6.1. ¿Qué haces tú cuando no sabes el significado de una palabra?

✔ Se lo pregunto a la persona con quien hablo.
✔ Lo busco en el diccionario inmediatamente.
✔ Me callo, no digo ni hago nada.
✔ Lo deduzco por el contexto o la situación.

6.2. Como ya tienes experiencia en aprender una lengua extranjera, danos tú ahora algunos consejos.

Para aprender nuevas palabras hay que...

1. _____
2. _____
3. _____
4. _____

7 HABLANDO SE ENTIENDE LA GENTE. Lee estos comentarios y señala con cuál estás de acuerdo.

Para hablar una lengua hay que conocer su gramática. Hablar una lengua no es entenderse más o menos (para esto, no necesitamos hablar: es suficiente con los gestos). Por eso es tan importante su estudio como su práctica.

Lo más importante para aprender una lengua es practicar; es más importante que estudiar su gramática.

7.1 ¿Eres de los que practican o de los que estudian? Veámoslo.

1. Cuando el profesor pregunta en clase, eres de los primeros en contestar.
2. Solo hablas cuando te preguntan: te da vergüenza.
3. Quieres hablar más, pero no te atreves porque crees que te vas a equivocar.
4. Te preocupa mucho cometer errores.
5. Antes de hablar piensas mucho cómo se dice e intentas aplicar la gramática.
6. Aprovechas cualquier ocasión para hablar, aunque no conozcas a la gente.
7. Intentas hablar siempre en español con tus compañeros, incluso con los de tu misma lengua.
8. Buscas siempre amigos que hablen en español.
9. Prefieres pasar tu tiempo libre con personas de tu misma nacionalidad.
10. No te importa equivocarte: pueden entenderte, que es lo importante.
11. Te gusta que te corrijan, incluso en público.
12. Te molesta que te interrumpan para corregirte.
13. Siempre te parece que los demás hablan mejor que tú.

Puntuación

Anota cinco puntos por cada respuesta que coincida con las siguientes:

Afirmativas: 1, 6, 7, 8, 10, 11

Negativas: 2, 3, 4, 5, 9, 12, 13

Resultados

De 0 a 30 puntos

Tienes que poner más empeño; practicar es fundamental. ¿Para qué quieres aprender una lengua si no quieres hablarla? Anímate, lánzate y no te preocupes tanto por la corrección. Eres demasiado perfeccionista. Equivocarse es natural en el aprendizaje. El error sirve para darse cuenta de nuestros «puntos débiles» e indicarnos que debemos estudiar más. Piensa que todos tus compañeros también se equivocan; si no se equivocaran, estarían en el nivel superior o serían ellos los profesores.

De 31 a 65 puntos

¡Bien! Sigue así, y en poco tiempo podrás hacer frente a cualquier situación. Sabes lo que quieres y qué es lo mejor para conseguirlo. No obstante, no olvides que tienes que esforzarte por corregir tus errores, pues aprender significa ir mejorando. No dejes de practicar, pero estudia, asiste a las clases y escucha lo que el profesor te enseñe. La combinación de la práctica y la teoría es el camino más rápido y eficaz para un buen aprendizaje.

ámbito 2 — Esto se acaba

Evalúo mi curso

8 En grupos de cuatro, hablad sobre las características que ha de tener un curso ideal de español. A continuación, haremos una puesta en común.

- Los estudiantes
- La clase
- El profesor
- La escuela

9 Lee las opiniones de este grupo de estudiantes sobre su curso de español.

> Creo que ha sido un curso bueno, he aprendido mucho y ya puedo hablar con españoles.

> Yo también puedo ya hablar algo, pero creo que he practicado poco.

> Yo el año pasado estudié español, pero aprendí menos porque no tenía amigos con quienes hablar. Este año he conocido a muchos españoles y he practicado mucho.

> Yo no he aprendido mucho, porque todo esto ya lo sabía, pero lo he pasado muy bien.

9.1 ¿Tú qué piensas de este curso? Contesta el test y comenta tus respuestas con tus compañeros. ¡Con sinceridad! Nos ayudará a mejorar.

	nada / mal	poco / regular	normal / bien	mucho / muy bien	OBSERVACIONES
1. ¿Qué te parece la clase?					
2. ¿Qué piensas de la actitud de tus compañeros en clase?					
3. ¿Qué opinas de la preparación del profesor(a)?					
4. ¿Cómo es la actitud del profesor(a) hacia los alumnos?					
5. ¿El profesor(a) te ha ayudado mucho?					
6. ¿Qué te ha parecido este libro?					
7. ¿Crees que los ejercicios para casa han sido suficientes?					
8. ¿Crees que las actividades para practicar han sido interesantes?					
9. ¿Qué piensas de los ejercicios?					
10. ¿Cuánto crees que has aprendido?					

10 Lee las opiniones de algunos estudiantes.

> Yo creo que estudiar español ha sido muy divertido. La gramática, a veces, ha sido difícil porque los verbos tienen muchas irregularidades (el inglés no tiene tantas). Pero no me ha parecido difícil porque el profesor explica muy bien y hemos hablado mucho. Ha sido práctico y divertido.

> Para mí el español es una lengua fácil, sobre todo la pronunciación. Bueno, yo soy italiana y para mí el mayor problema son los pasados, que se usan de forma diferente. El curso ha sido divertido, aunque a veces me aburría haciendo algunos ejercicios. Además, las clases empiezan demasiado temprano para mí, y algunos días me dormía.

> Yo creo que la gramática es muy complicada; no hay muchas reglas y hay muchas excepciones. Me parece difícil aprender una lengua que tiene más excepciones que reglas.

> Hay demasiados tiempos pasados y no se sabe bien cuándo hay que utilizar cada uno. Este curso ha sido muy útil y ya puedo hablar un poco, pero tengo que estudiar mucho más; hay muchas cosas que aprender.

10.1 ¿Con cuál de ellas te identificas? ¿Por qué?

10.2 Comenta tus opiniones con tus compañeros y, entre todos, elaborad un pequeño informe sobre el curso.

INFORME
Curso _____
Año _____
Nivel _____
Profesor/a _____

ASPECTOS POSITIVOS

ASPECTOS NEGATIVOS

LO MEJOR | LO PEOR

11 En grupos de tres o cuatro, pensad en las cosas más divertidas que han ocurrido durante el curso. Después, comentadlas con los demás grupos.

TAREA

12 ¿Ya sabes lo que vas a hacer después de este curso? Escribe lo que crees que harás en cada uno de estos momentos.

- ✔ El próximo fin de semana _____
- ✔ El próximo mes _____
- ✔ Después de las vacaciones, _____
- ✔ El año que viene _____
- ✔ Al finalizar mis estudios, _____

Maneras de VIVIR

¡Hoy las ciencias adelantan **que es una barbaridad!**

1 En parejas, haced una lista de todos los inventos importantes que recordéis.

2 ¿Cuál es el invento técnico, médico o científico sin el que la humanidad no podría vivir? ¿Por qué?

3 Preparad una presentación para toda la clase en la que expliquéis razonadamente cuáles son los dos inventos más interesantes para vosotros.

①
②

En parejas...

4 ¿Conocéis los inventos más importantes que ha producido vuestro país? ¿Cuáles son?

4.1 ¿Y del mundo hispánico? Buscad la información en internet.

5 Leed este texto y contestad las preguntas.

> **El progreso científico** ha sido altamente beneficioso para la humanidad. La esperanza de vida ha aumentado de manera considerable y se han descubierto tratamientos para muchas enfermedades. La producción agrícola se ha incrementado en muchos lugares del mundo para atender las crecientes necesidades de la población.
>
> Gracias al progreso tecnológico y a la explotación de nuevas fuentes de energía, la humanidad ha podido liberarse de los trabajos penosos. Las tecnologías basadas en nuevos métodos de comunicación, tratamiento de la información e informática también han generado grandes oportunidades para el estudio científico, la empresa y para la sociedad en general.
>
> Las ciencias se han constituido en una herramienta poderosa para la adquisición de conocimiento para la humanidad. Sin la aplicación de la ciencia y de la tecnología seguiríamos atascados en el pasado.
>
> Hoy más que nunca, la ciencia y sus aplicaciones son indispensables para el desarrollo. Es necesario fomentar y difundir la alfabetización científica en todas las culturas y en todos los sectores de la sociedad.

1. ¿Crees que el trabajo en el campo es ahora más sencillo que antes? ¿Por qué? ¿Qué elementos han contribuido a ello?
2. ¿En qué medida crees que ha influido la nueva red de intercomunicaciones en la ciencia?

6 En grupos, preparad un reportaje para un diario digital que muestre cómo era la vida en 1492, en 1850, en 1950 y ahora.

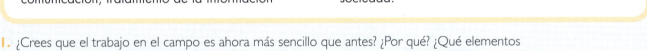

¿Sabías que...?

Galileo inventó el termómetro. ¿Sabes qué otro aparato diseñó para observar el cielo?

transcripciones

LECCIÓN 1 ¿Quiénes somos?

ámbito 1 ¿Cómo te llamas?

Ejercicio 1.1
Bruce: Hola, ¿cómo te llamas?
Paco: Me llamo Paco, ¿y tú?
Bruce: Bruce.
Paco: ¿De dónde eres?
Bruce: Soy inglés, de Londres, ¿y tú?
Paco: Yo soy español, de Sevilla. ¿Cómo te apellidas?
Bruce: Johnston, ¿y tú?
Paco: Rodríguez.

Ejercicio 5
Alemania, Brasil, Ceuta, Dinamarca, Egipto, Francia, Grecia, Honduras, India, Jamaica, Kenia, Lituania, Marruecos, Noruega, España, Oslo, Portugal, Quito, Roma, Sudán, Turquía, Uruguay, Venezuela, Taiwán, Luxemburgo, Yemen, Zambia.

Ejercicio 5.1
a, b, c, d, e, f, g, h, i, j, k, l, m, n, ñ, o, p, q, r, s, t, u, v, w, x, y, z

Ejercicio 9
cero, uno, dos, tres, cuatro, cinco, seis, siete, ocho, nueve, diez, once, doce, trece, catorce, quince, dieciséis, diecisiete, dieciocho, diecinueve, veinte

Ejercicio 10
cero, uno, dos, tres, cuatro, cinco, seis, siete, ocho, nueve, diez, once, doce, trece, catorce, quince, dieciséis, diecisiete, dieciocho, diecinueve, veinte

Ejercicio 12
veintiuno, veintidós, veintitrés, veinticuatro, veinticinco, veintiséis, veintisiete, veintiocho, veintinueve, treinta, treinta y uno, treinta y dos, treinta y cuatro, treinta y cinco, cuarenta, cuarenta y uno, cuarenta y dos, cincuenta, cincuenta y uno, cincuenta y dos, sesenta, setenta, ochenta, noventa, noventa y uno, noventa y nueve, cien

Ejercicio 15
A: ¿Cómo se dice *teacher* en español?
B: Profesor.
A: Más despacio, ¿puedes repetir, por favor?
B: Profesor.
A: No entiendo. ¿Cómo se escribe? ¿Puedes deletrear?
B: Pe-erre-o-efe-e-ese-o-erre.
A: ¿Es así?
B: Sí.

A: ¿Qué significa *escuchar*?
B: Prestar atención.

Ejercicio 16
A: ¿Cómo se dice *table* en español?
B: Mesa.
A: Más despacio, por favor. ¿Puedes repetir?
B: Mesa.

ámbito 2 ¿Cómo estás?

Ejercicio 1
Niclas: ¡Hola! Me llamo Niclas.
Jenny: ¿Qué tal, Niclas?

Manolo: Mira, Ana, estos son mis profesores, María y Luis.
Ana: Encantada.

Laura: ¡Hola, Pepe! Buenas noches. Pasa, pasa.
Pepe: ¡Hola, Laura! Buenas noches.

Paco: ¡Hola, Paula! Mira, este es Giovanni, un amigo italiano.
Paula: ¡Hola!, ¿qué tal?
Giovanni: Bien, gracias, ¿y tú?
Paula: Muy bien.

Ejercicio 5
Pedro: Adiós, Giovanni, hasta mañana.
Giovanni: Adiós, Pedro, encantado.

Laura: Adiós, María, hasta luego.
María: Hasta luego, Laura, buenas noches.

Ejercicio 9
1.
A: ¡Hola! ¿Cómo estás?
B: Muy bien, ¿y tú?
A: Bien, gracias.
2.
A: Ana, te presento a Enrique.
B: ¡Hola, Enrique! ¿Qué tal?
3.
A: Este es el señor González.
B: ¿Qué tal está, señor González?
C: Bien, gracias.
4.
A: Buenos días, Rebeca, ¿qué tal estás?
B: Muy bien, gracias.
5.
A: ¿Es usted el señor Rodríguez?
B: Sí, soy yo.
A: Me llamo Claudia y soy la secretaria del director comercial.
B: Encantado.

Ejercicio 11.2
Carmen: Paco, escríbeme pronto, por favor.
Paco: Sí, pero... ¿dónde vives? No sé tu dirección.
Carmen: Escribe: Calle Juanelos, n.° 33, 1.ª letra C. Barcelona.
Paco: Calle Juanelos, n.° 33, 1.°, letra C. Barcelona.
Carmen: Sí.
Paco: ¿Cuál es el código postal?
Carmen: ¡Ah! Sí, es el 08801. Oye, Paco, ¿cuál es tu dirección?
Paco: Escribe: plaza de los Santos Niños, n.° 19, 3.er piso, letra A. Alcalá de Henares, Madrid.
Carmen: Plaza de los Santos Niños, n.° 19, 3.° piso, letra A. Alcalá de Henares, Madrid.
Paco: Sí. Carmen, tu teléfono es el 93 0883456, ¿no?
Carmen: Sí, ¿y el tuyo?
Paco: El 91 0807645. ¡Oye, Carmen! ¿Cuál es tu apellido?
Carmen: García, ¿y el tuyo?
Paco: Rodríguez.

Ejercicio 13
1.
A: ¿Diga?
B: ¿Está Carolina?
A: Sí, soy yo.
2.
A: Seguros Vabién. ¿Dígame?
B: ¿Me pone con la extensión 234, por favor?
A: Sí, un momento.
3.
A: ¿Diga?
B: ¿Está Claudia?
A: Sí, pero no puede ponerse. ¿Quién es?
B: Soy Eduardo.
A: ¡Hola, Eduardo! Mira, Claudia está en la ducha...
4.
A: ¿Dígame?
B: ¿La señora García, por favor?
A: No, no está en este momento. ¿De parte de quién?
B: Soy Pilar Núñez.
A: ¿Quiere dejarle algún recado?
B: No, luego la llamo.
5.
A: ¿Diga?
B: ¿Está Mar?
A: Sí, ¿de parte de quién?

Ejercicio 15
1. Tengo diecinueve años.
2. ¿A qué te dedicas?
3. Mi número de teléfono es el 90358672.

4. Soy médico y tengo 38 años.
5. ¿De dónde eres?
6. ¿Cuántas lenguas hablas?
7. Se llama Arturo y es estudiante.
8. Este es el nuevo director.
9. ¿Cuál es el número de teléfono del taller?
10. ¿Cómo te apellidas?

Ejercicio 16

1. Me llamo Carlos, ¿y tú?
2. ¿Cómo se llama la nueva secretaria?
3. Este es Alfonso, el nuevo director.
4. ¡Hola, Carmen!, ¿qué tal?
5. Adiós, hasta pronto.

LECCIÓN 2 Mi mundo

ámbito 1 La casa

Ejercicio 4

Esta es mi casa. Es muy grande, tiene tres habitaciones, un salón, un cuarto de baño y una cocina. En mi habitación hay una cama, una mesa de estudio, un armario para mi ropa y dos estanterías con muchos libros. En el cuarto de baño hay una bañera, un lavabo y un retrete. Mi padre se pasa todo el día en el salón. Ahí hay dos sillones y un sofá. Hay una televisión y una alfombra muy grande: es el lugar preferido de mi gato. La cocina es el lugar más bonito, hay muchas cosas: un lavavajillas, un horno y un frigorífico. En los armarios hay vasos, platos, tazas, cazuelas, la jarra del agua, una cafetera, sartenes. En los cajones hay cuchillos, cucharas, tenedores y trapos de cocina.

ámbito 2 La clase

Ejercicio 5

Tengo una habitación grande y con mucha luz. Mi cama está enfrente de la puerta. Al lado de la cama hay una mesa muy desordenada. Encima de la mesa hay muchas cosas. Hay bolígrafos, un diccionario y un ordenador. Entre la ventana y la puerta hay un armario muy bonito con muchos cajones. Dentro del armario están mis libros. Debajo de la ventana hay un sillón muy cómodo para leer. Detrás del sillón hay una lámpara.

Ejercicio 6

Juan: Mamá, ¿dónde está mi mochila?
Madre: Tu mochila está allí, al lado de la ventana.
Juan: ¿Y dónde están mis bolígrafos?
Madre: Ahí, debajo de la mesa.
Juan: ¿Y mi diccionario de inglés?
Madre: Está encima de la cama.
Juan: ¿Hay un cuaderno de matemáticas al lado de mi carpeta?
Madre: No, hay un libro de literatura.
Juan: ¿Y dónde está mi cuaderno de matemáticas?
Madre: No lo sé, aquí en tu habitación no está.

Ejercicio 11

casa, comedor, cocina, que, aquí, cama, cigarro, zoo, queso, cuaderno, cuchara, parque, zapato, zumo, centro, cine, cenicero, sacapuntas, quiniela, cero, coche

Ejercicio 12

goma, cajón, guapa, guitarra, gato, gente, jefe, guerra, jirafa, joven, juego, gitano

Ejercicio 13.1

higos, jarra, guepardo, jirafa, tijeras, guantes

LECCIÓN 3 Mi vida

ámbito 1 Un día normal

Ejercicio 4

Pablo: Hola, Marta, ¿qué tal?
Marta: Hola, primo, muy bien, ¿y tú qué tal estás?
Pablo: Muy bien. ¿Qué haces por aquí? ¿Trabajas aquí cerca?
Marta: No, aquí trabaja Javier, él es mecánico. Yo trabajo en el hospital de ahí enfrente. ¿Y tú qué haces por aquí?
Pablo: Hoy no tengo clase, el profesor está enfermo, voy a ver a Laura, mi novia.
Marta: ¿Dónde trabaja?
Pablo: Laura es camarera y trabaja en la hamburguesería de ahí, cerca del mercado.
Marta: ¡Ah! Dale un beso de mi parte. Bueno, tengo algo de prisa. Da recuerdos a tus padres.
Pablo: De tu parte. Da recuerdos tú también a tus padres y hermanos.

Ejercicio 6

me siento, prefiero, me acuesto, miento, sueño, vuelo, empiezo, duermo, me visto, pido

Ejercicio 9

Paco: Esta es mi madre, es profesora. Y este es mi padre. Trabaja en una compañía aérea. Es piloto.
Gema: ¿Quién es esta?
Paco: Esta es mi hermana Marta.
Gema: ¿A qué se dedica?
Paco: Es médica.
Gema: ¿Está casada?
Paco: No. Está soltera, pero tiene novio. Es este. Se llama Pedro y es abogado.
Gema: ¿Y estos quiénes son?
Paco: Son mis abuelos.
Gema: ¿Trabajan o están jubilados?
Paco: Están jubilados.
Gema: ¿Cuántos años tienen?
Paco: Mi abuelo setenta años y mi abuela, setenta y dos. Mira, esta es mi prima.
Gema: ¿Y este quién es?
Paco: Es mi tío Juan, el hermano de mi madre. Está divorciado. El niño es mi primo Juan Carlos. ¡Ah! Y este es mi perro. Se llama Budy.

Ejercicio 11

1.
Yo normalmente me levanto a las siete y media. Siempre desayuno lo mismo, café con leche y dos tostadas. A menudo compro el periódico deportivo. Me gustan todos los deportes pero nunca practico ninguno en serio. A veces juego con mi hijo al fútbol porque a él le divierte mucho.

2.
Soy una gran deportista en mi tiempo libre. Nunca me siento a ver la televisión, siempre estoy haciendo deporte. A menudo corro por el parque de El Retiro, es muy sano. Normalmente practico la natación en la piscina municipal. ¡Me encanta! A veces, también juego al fútbol con mis amigos, aunque prefiero los deportes individuales.

ámbito 2 Un día de fiesta

Ejercicio 6

Pilar: ¡Hola, Ana! ¿Qué tal?
Ana: ¡Hola, Pilar! Bien. Busco un vestido para Nochevieja.
Pilar: ¡Ah! ¿Qué haces en Nochevieja?
Ana: Este año voy a hacer lo mismo que todos los años. Siempre hago lo mismo.
Pilar: Yo también.
Ana: Ceno con mi familia y normalmente mi madre y yo hacemos la cena.
Pilar: ¿Qué soléis cenar?
Ana: Depende, a veces cenamos marisco y, otros años, cenamos carne.
Pilar: Nosotros nunca cenamos carne; no nos gusta mucho.
Ana: Y ya sabes, después de cenar, tomamos las uvas.
Pilar: ¿En casa?
Ana: Bueno, generalmente sí.
Pilar: Yo nunca las tomo en casa, siempre en la Puerta del Sol con mis amigos.
Ana: ¡Qué divertido! Yo, después de las uvas, normalmente me voy a una gran fiesta hasta el amanecer. Es lo más divertido.
Pilar: Yo nunca voy a fiestas, a veces estoy en la calle y otras veces estoy en los bares; no me gustan las fiestas donde hay tanta gente.

transcripciones

Ejercicio 11.1
regla, israelí, perro, alrededor, Enrique

Ejercicio 11.2
toro, faro, marmota, pera

Ejercicio 12
Enrique, ratón, enredar, caro, perro, loro, enriquecer, israelí, carro, puro, cigarro, toro

Ejercicio 13
El cielo está enladrillado,
quién lo desenladrillará.
El desenladrillador
que lo desenladrille
buen desenladrillador será.

Había un perro
debajo de un carro.
Vino otro perro
y le arrancó el rabo.
Pobrecito perro,
cómo corría
al ver que su rabo no lo tenía.

Ejercicio 15
campo, cambio, canto, tango, tronco, atender, también, tampoco, ensuciar, enfriar

Maneras de vivir

Ejercicio 1

A (hablante argentino): ¿Qué haces en España en Nochebuena?

B (hablante español): Aquí nos reunimos toda la familia para cenar, después cantamos villancicos y tomamos dulces típicos: polvorones, turrón, mazapán...

C (hablante venezolano): En Venezuela comemos hallacas, que es una comida que se hace con tortas de maíz rellenas de carne y hojas. ¿Tienen en Argentina alguna comida típica?

A: No, allá no tenemos comida típica ni cantamos villancicos. Allá es verano y comemos normalmente jamón con melón y cochino. Lo más típico es el *panetone,* que comemos antes de darnos los regalos.

B: ¿Qué es el *panetone*?

A: Es un pan dulce.

C: Nosotros damos los regalos en Nochebuena.

B: Pues en España casi todo el mundo recibe los regalos el seis de enero.

LECCIÓN 4 Lo normal

ámbito 1 Tareas

Ejercicio 2.1
César y Ana son muy ordenados y tienen un horario con la frecuencia con la que han de hacer las tareas de la casa. Así, César limpia los cristales una vez al mes, barre el suelo dos veces a la semana, pone la lavadora y hace la compra una vez a la semana, normalmente las dos cosas los sábados por la mañana. Hace su cama y la de Ana todas las mañanas una vez al día, claro. César lava los platos después de desayunar y después de cenar, es decir, dos veces al día, y Ana los lava una vez al día después de comer. César no hace la comida porque no sabe, y Ana hace la comida una vez cada tres días. Ana los sábados tiende la ropa (cuatro veces al mes), y tres veces al mes plancha. Friega el suelo las mismas veces que César lo barre, y limpia el polvo muchas veces al día, tiene alergia.

Ejercicio 4
1.
A: Cristina, pon la mesa; vamos a comer ya.
B: Papá, no puedo en este momento.
A: Cristina, vamos a comer ahora mismo; pon la mesa.
2.
A: José, ¿puedes tender la ropa?
B: Sí, ahora mismo.
3.
A: Mamá, ¿puedes comprarme chocolate?
B: No, no puedes comer tanto dulce, hija.
4.
A: Raúl, ¡no hay vasos limpios!
B: ¡Ah! Después pongo el lavavajillas.
A: No, ponlo ahora.

Ejercicio 5
1.
Isabel: Hola, ¿está Antonio?
Antonio: Sí, soy yo.
Isabel: Hola, Antonio, soy Isabel. Tengo el coche en el taller y no puedo ir a la fiesta de Carmen. ¿Puedes recogerme en mi casa?
Antonio: Claro, ¿a qué hora?
Isabel: A las siete.
2.
Rodrigo: ¿Laura?
Laura: ¿Qué?
Rodrigo: Ponte los zapatos y baja la basura.
Laura: ¡Jo! No me apetece.
Rodrigo: Vamos, baja la basura.
3.
A: Tengo mucha prisa y no puedo hacer la comida, ¿puedes hacer algo para comer?
B: Sí, no te preocupes; yo lo hago.
4.
Esther: Hola, Lola. Te llamo porque mañana me voy de vacaciones.
Lola: Hum.
Esther: Sabes que tengo un perro, ¿no?
Lola: Sí, Tarzán. ¡Es una monada! ¡Me encantan los perros!
Esther: Pues voy a estar fuera una semana y no sé dónde dejarlo. ¿Puedes quedarte tú con él?
Lola: Me encantaría pero esta semana yo también me voy de vacaciones.
Esther: No te preocupes, se lo voy a decir a Juan.

Ejercicio 7
cien, ciento uno, ciento dos, ciento tres, ciento cuatro, ciento cinco, doscientos, doscientos uno, doscientos veintidós, doscientos noventa y nueve, trescientos, cuatrocientos, cuatrocientos cincuenta, quinientos, seiscientos, setecientos, ochocientos, novecientos, mil, mil uno, mil cien, mil doscientos, mil doscientos cincuenta, mil quinientos sesenta, dos mil, tres mil, cuatro mil

Ejercicio 9
A: Hola, buenos días. ¿Qué le pongo?
B: Quiero una docena de huevos.
A: Tenga. ¿Algo más?
B: Sí, una botella de vino blanco.
A: ¿Algo más?
B: Una barra de pan y un paquete de harina.
A: Tenga, ¿algo más?
B: Sí, un kilo de naranjas y doscientos cincuenta gramos de jamón.
A: Tenga, ¿quiere algo más?
B: Nada más, gracias. ¿Cuánto es?
A: Son 16,25.
B: ¡Qué caro!, ¿no?
A: Mire, el jamón es 5,90 euros, las naranjas son 1,95, la harina cuesta 1,20, el vino 4,50, los huevos son 2,10 y la barra de pan, 60 céntimos. Total: 16,25 euros.

Ejercicio 14
Esther: Mira, Silvia, estos pantalones azules me gustan mucho.
Silvia: A mí me gustan más aquellos rojos, son más modernos.
Esther: ¡Ah! Sí, y esa camisa que está enfrente de los pantalones me encanta.
Silvia: A mí no; odio el color marrón.
Esther: No, esa no, la camisa blanca que está debajo de la falda verde.
Silvia: ¡Ah! Sí, esa sí me gusta.
Esther: Creo que hoy me lo compro todo. Me encantan todos los vestidos.
Silvia: A mí también, pero prefiero los pantalones, son más cómodos.

Ejercicio 16
1.
A: No me gustan nada los pantalones vaqueros.
B: A mí tampoco. Son tan incómodos…
2.
A: Me gusta la ropa de verano porque no pesa nada.
B: A mí no. Es de unos colores muy fuertes.

174 ciento setenta y cuatro

3.
A: Me encanta el gazpacho. Es una comida muy fresquita.
B: A mí también.

Ejercicio 17
1.
A: Buenos días, ¿qué desea?
B: Quería unos pantalones vaqueros azules.
A: ¿Qué talla tiene?
B: La 40.
A: Aquí tiene, ¿le gustan estos?
B: No, son un poco estrechos. ¿Los tiene más anchos?
A: Sí, tenemos estos modelos.
B: ¿Puedo probarme estos?
A: Sí, claro, por supuesto.
(…)
¿Qué tal? ¿Cómo le quedan?
B: Muy bien, me quedan muy bien. ¿Cuánto cuestan?
A: 58,90 euros.
B: De acuerdo, me los llevo.

2.
A: Buenas tardes, ¿qué desea?
B: Quería unos zapatos de tacón.
A: ¿De qué color los quiere?
B: Negros, por favor.
A: ¿Qué número tiene?
B: El 37.
A: Tenemos todos estos modelos.
B: Estos son demasiado altos. ¿Los tiene con menos tacón?
A: ¿Qué tal estos?
B: Sí, estos me gustan. ¿Puedo probármelos?
A: Por supuesto.
(…)
¿Le gustan?
B: Sí, son muy bonitos. ¿Cuánto cuestan?
A: 75,13 euros.
B: Son carísimos. ¿Tiene otros más baratos?
A: Sí, pero son de peor calidad.
B: Bueno, vale. Me los llevo.

ámbito 2 ¿Qué me pasa doctor?

Ejercicio 2
Diálogo 1.
A: ¿Qué te pasa?
B: Me duele muchísimo la espalda.

Diálogo 2.
A: ¿Qué tal estás?
B: Fatal. No puedo andar. Me duelen mucho los pies.

Diálogo 3.
A: ¿Cómo estás?
B: Regular. Tengo dolor de muelas.

Diálogo 4.
A: ¿Te encuentras mal?
B: Sí. Me duele el estómago.

Ejercicio 4
1.
A: Hola, María. ¿Qué tal estás?
B: Hoy estoy un poco triste.
A: ¿Por qué? ¿Qué te ha pasado?
B: Mi madre está enferma.
A: Vaya, lo siento.

2.
C: ¿Qué tal, Miguel? ¿Cómo estás?
D: Bueno, con mucho trabajo. Últimamente estoy doce horas al día en la oficina, y estoy muy cansado.

3.
E: ¿Qué tal en tu pueblo?
F: Ya sabes, es muy pequeño, no tiene muchas diversiones. Estoy muy aburrido.

4.
G: ¿Qué te pasa? ¿Estás cansado?
H: No, estoy preocupado.
G: ¿Por qué?
H: Tengo problemas en el trabajo.

Ejercicio 9.1
A: Consulta del doctor Bosque, dígame.
B: Hola, buenos días, quería pedir hora para esta tarde.
A: Un momento, por favor, ¿a qué hora le viene bien?
B: Pues a primera hora de la tarde, sobre las cuatro, más o menos.
A: ¿A las cuatro y media?
B: Muy bien, a esa hora me viene bien.
A: Bueno, entonces, hoy a las cuatro y media, ¿de acuerdo?
B: De acuerdo. Gracias, hasta la tarde.
A: Adiós.

Ejercicio 10
1.
A: Hola, buenas tardes.
B: Buenas tardes. Pase y siéntese.
A: Gracias.
B: Dígame, ¿qué le pasa?
A: Tengo una tos muy fuerte, especialmente por las noches y, además, casi no puedo respirar.
B: ¿Le duele la garganta?
A: Sí.
B: ¿Y la cabeza?
A: También.
B: ¿Tiene fiebre?
A: Sí, y también me duelen los brazos y las piernas. Bueno… todo el cuerpo.
B: Lo que usted tiene es gripe. Tómese este jarabe para la tos y póngase estas inyecciones.
A: Muy bien.
B: Por supuesto, no fume. Acuéstese y descanse. No vaya a la oficina, quédese en casa tres días como mínimo. No coja frío. Si la garganta le duele mucho, beba zumo de limón con miel. Si después de tres días no se encuentra mejor, vuelva a mi consulta.

A: Gracias, doctor.
B: De nada. Y cuídese.

2.
C: ¡Qué dolor de cabeza!
D: Pues si te duele la cabeza, tómate una aspirina. Mira, aquí tienes una.
C: No, gracias. No me gusta tomar medicinas. No sé qué me pasa, me encuentro mal. Aquí hace frío, ¿no?
D: No. A ver… ¡Huy! ¡Tienes fiebre! Creo que tienes gripe.
C: ¿En serio?
D: Sí. Si te encuentras mal, vete a casa y descansa, y mañana no vayas a la oficina.
C: Sí, buena idea.
D: Y si tienes tos, tómate un buen jarabe.
C: ¿Otra medicina? No, no.
D: Pues bebe zumo de limón con miel. Es un remedio natural. Y no fumes. Y lo más importante: no cojas frío.
C: Ya.

Ejercicio 14
sábado, médico, libro, árbol, edad, sofá

Ejercicio 14.2
periódico, gramática, miércoles, médico, silla, azúcar, lápiz, mesa, camión, salón, turrón, adiós, avión

LECCIÓN 5 Nos divertiremos

ámbito 1 ¡Nos vamos de vacaciones!

Ejercicio 1
Juan: ¿Dónde vamos esta Semana Santa?
Carmen: A mí me gustaría ir a la playa.
Juan: Yo prefiero ir a Sevilla.
Carmen: ¡Ah! Muy buena idea.
Juan: ¿Vamos en avión, en tren o en coche?
Carmen: Yo prefiero en avión; es más rápido.
Juan: Sí, pero el tren es casi igual de rápido y más cómodo.
Carmen: Vale. ¿Dónde vamos a dormir?
Juan: No sé. ¿Qué prefieres, hotel, campin o albergue?
Carmen: Prefiero el hotel, pero el albergue es más barato.
Juan: Bien, yo llamo al albergue para saber cuánto cuesta y dónde está.
Carmen: Vale, yo consulto los horarios de los trenes y los precios de los billetes por internet.

Ejercicio 8
1.
Mi país está en Sudamérica. Limita al norte con Colombia y Ecuador, al sur con Chile, al este con Brasil y Bolivia y al oeste con el

transcripciones

océano Pacífico. Tiene unas ruinas muy famosas por su esplendor y su historia. En mi país está el lago más alto del mundo, el Titicaca.

2.
Mi país es muy grande y alargado. Es muy montañoso. Los Andes ocupan la mayor parte del suelo. Tiene dos cosas importantes: las montañas y su larga costa del Pacífico. Son miles las islas que hay; por eso la pesca es una actividad importante para la economía de mi país. Por ser muy grande tiene tres climas: en el norte hace calor, el centro es templado y en el sur hace frío. Es gracioso el nombre de la moneda que tenemos. Se llama peso.

3.
Yo soy de Buenos Aires. Mi país es uno de los países más grandes de Hispanoamérica. Tenemos la montaña más alta de América, el Aconcagua, y la costa más larga. Hay muchos lagos y muchos ríos en mi país. Un lugar muy bonito para visitar son las cataratas del Iguazú. La comida típica son las carnes a la brasa.

Ejercicio 10

1.
A: Albergue Sevilla, buenos días. ¿Dígame?
B: Buenos días, quiero una habitación.
A: ¿Es para un grupo?
B: No, es para dos personas. Quiero una habitación doble.
A: Lo siento, en este albergue la habitación más pequeña es para seis personas.
B: ¡Qué pena! Muchas gracias, adiós.
A: Adiós.

2.
A: Hotel Husa, buenos días.
B: Buenos días.
A: ¿Qué desea?
B: Quiero una habitación para el día cinco de agosto.
A: ¿Doble o individual?
B: Doble.
A: ¿Con pensión completa?
B: No, con media pensión.
A: No, no es posible, solamente tenemos pensión completa.
B: ¿Y cuánto cuesta?
A: 180 euros.
B: ¡Uf! Es muy caro. Lo siento, no la reservo.
A: Muy bien, hasta luego.

3.
A: Hotel Miramar, buenos días.
B: Buenos días.
A: ¿Qué desea?
B: Quiero reservar una habitación para el día cinco de agosto.
A: Para el cinco de agosto, un momento. Sí, tenemos habitaciones libres. ¿Doble o individual?
B: Doble, con media pensión.

A: De acuerdo.
B: ¿Cuánto cuesta?
A: 150 euros, con desayuno y cena.
B: Vale, la quiero reservar.
A: ¿Cuál es su nombre?
B: Carmen García Pérez.
A: Muy bien, la esperamos el cinco de agosto.

Ejercicio 13

1.
A: Oye, perdona, ¿dónde hay una farmacia por aquí?
B: Sigue todo recto y gira la primera a la izquierda. Allí, en la esquina, hay una farmacia.
A: Gracias.

2.
A: Oiga, perdone, ¿dónde está la oficina de Correos?
B: Muy cerca de aquí. La segunda calle a la derecha.
A: Gracias.

3.
A: Perdona, ¿hay un supermercado por aquí?
B: Sí, hay uno al final de esta calle.
A: ¿Está muy lejos?
B: No, a unos cinco minutos de aquí.
A: Gracias.

4.
A: Por favor, ¿la calle Corrientes?
B: Tome la primera calle a la izquierda y luego gire a la derecha.
A: ¿Está cerca de aquí?
B: Sí, sí.
A: Gracias.

ámbito 2 — Me gustan la música, el cine...

Ejercicio 4

Laura: Juan, ¿qué te gusta hacer el fin de semana?
Juan: A mí me gusta ir al cine, nadar y estar con mis amigos. ¿Y a ti?
Laura: A mí me gustan los deportes.
Juan: ¿Qué deportes te gustan?
Laura: Me gustan el baloncesto y el tenis. Alberto, ¿qué te gusta hacer el fin de semana?
Alberto: A mí me gusta pasear por el campo y no me gusta ver la televisión.

Ejercicio 5

1.
Reportera: Hola, buenas tardes. Trabajo en Radio Sol. ¿Qué te gusta hacer en tu tiempo libre?
Entrevistado: A mí me encanta salir con mis amigos y me gustan mucho los deportes.
R: ¡Ah! ¿Te gusta el fútbol?
E: No, odio el fútbol. Me gusta jugar al tenis, pero odio el fútbol.
R: Me imagino que te gusta ir de compras, como a todo el mundo.
E: ¡Oh! No, no me gusta nada ir de compras, pero sí me gusta pasear por la ciudad.

2.
Reportera: Hola, buenas tardes. Trabajo en Radio Sol. ¿Qué te gusta hacer en tu tiempo libre?
Entrevistado: Me gusta mucho escuchar música y me encanta leer.
R: ¿Te gustan las novelas de amor?
E: No me gustan nada los libros de amor y odio los libros de aventuras. Me gustan los libros de Agatha Christie, las novelas policiacas.

Ejercicio 10.1

Laura: Hola, buenas noches.
Camarero: Buenas noches. ¿Qué van a tomar?
Laura: Para mí, de primero pisto manchego.
John: Para mí, sopa de marisco.
Camarero: ¿Y de segundo?
Laura: Yo, ternera de Ávila.
John: Para mí, merluza a la vizcaína.
Camarero: ¿Y para beber?
Laura: Una botella de vino y otra de agua, por favor.
Camarero: Ahora mismo.

Camarero: ¿Quieren algo de postre?
Laura: Sí, arroz con leche.
John: Y helado de fresa.

John: Camarero, ¿nos trae la cuenta, por favor?

Ejercicio 11

1.
Pues a mí la comida china, la verdad, no me gusta mucho. En cambio, la italiana sí que me gusta, y además dicen que es muy sana, pero cuando salgo, normalmente voy a un restaurante mexicano. Sí, a un mexicano o, mejor, a un indio, porque me encanta la comida muy picante; por eso, mi restaurante favorito es un indio que hay cerca de mi casa.

2.
Bueno, para mí no hay duda: cuando salgo a cenar, siempre prefiero ir a un restaurante italiano porque me encanta la pasta de todas las maneras posibles.

3.
Pues a mí lo que más me gusta es la cocina oriental, porque los ingredientes son muy diferentes a los nuestros, y a mí me gusta mucho probar cosas nuevas. Cuando quedo con mis amigos para cenar, prefiero ir a un chino, por ejemplo, y nunca pido los mismos platos.

4.
Me encantan los nachos con guacamole, los chiles muy picantes... Yo siempre los pido... En mi restaurante mexicano preferido, claro, porque no los hay en todas partes...

Ejercicio 15

1. lama, lapa, tapa
2. dedo, dado, dudo
3. dos, tres, sol

4. cuelo, copo, dúo
5. cacho, cupe, cubo
6. zumo, sumo, tubo
7. taba, tema, baba
8. bebe, teme, Pepe
9. domo, tomo, pomo
10. mesa, pala, tacha
11. polo, loro, poro
12. mama, mamá, mano

LECCIÓN 6 ¿Puedo?

ámbito 1 Hay que estudiar

Ejercicio 4

1.
A: ¿Puedes dejarme el jersey negro?
B: Lo siento, está sucio.
2.
A: ¿Puedes pasarme la sal?
B: Sí, enseguida te la paso.
3.
A: Disculpe. ¿Se puede pasar?
B: Entre, entre.
4.
A: ¿Puedes traerme un vaso de agua?
B: De acuerdo, ahora mismo te lo traigo.
5.
A: ¿Puedes dejarme tus llaves?
B: No, no las tengo.

Ejercicio 7

1. arquitecto   6. periodista
2. ingeniero   7. profesor
3. economista   8. dentista
4. piloto   9. político
5. bombero   10. actor

Ejercicio 8

1. actor
2. político
3. economista
4. dentista
5. profesor
6. periodista
7. bombero
8. piloto
9. ingeniero
10. arquitecto

ámbito 2 ¡Que tengas suerte!

Ejercicio 7

A: ¿Qué haces?
B: Estoy escribiendo una tarjeta para Elena, pero no se me ocurre nada.
A: ¿Es su cumpleaños? Si es su cumpleaños… «felicidades», «feliz cumpleaños»…
B: No, no…, es su boda.
A: Entonces, «enhorabuena» o «felicidades».
B: «Enhorabuena»…; me gusta «enhorabuena».
A: También puedes poner «buena suerte» o «que tengas buena suerte", pero estas expresiones son más adecuadas para otras ocasiones.
B: No, prefiero «enhorabuena».
A: ¿Se va de viaje?
B: Sí, ¿por qué?
A: Escríbele «enhorabuena» y «buen viaje», «que tengas un buen viaje».
B: No…, voy a poner «enhorabuena».

Ejercicio 17

fontanero, revisor, político, cocinero, cantante, piloto, pintor, actor, barman, zapatero, músico

Ejercicio 18

tómate, límite, árbitro, chófer, ole, ángulo, sello, está, liquido, cazo

LECCIÓN 7 ¿Cuidamos el medio ambiente?

ámbito 1 ¿Qué has hecho hoy?

Ejercicio 3

Thérèse: ¡Hola, Mark!
Mark: ¡Hola, Thérèse! ¿Qué tal?
Thérèse: ¿Dónde has estado estos días? No te he visto en clase.
Mark: Esta semana he viajado a las islas Canarias, en concreto a Tenerife. He ido a ver el Teide, la montaña más alta de España, que es un volcán precioso, y el valle de La Orotava, que tiene una vegetación exuberante.
Thérèse: ¡Ah! ¡Qué bien! ¿Y te han gustado? Yo no he estado allí nunca.
Mark: Sí, mucho. Ha sido un viaje muy interesante, y me lo he pasado muy bien, aunque he tenido que viajar solo porque nadie ha podido acompañarme.
Thérèse: Vaya, ¡qué pena! Tienes que contármelo todo en otro momento, ¿de acuerdo? Ahora tengo un poco de prisa. Hasta pronto.
Mark: Hasta pronto. Adiós, Thérèse.

Ejercicio 7

1.
Esta mañana he tenido un consejo de ministros y he recibido a los embajadores de México, Perú y Ecuador. Me han entrevistado en televisión y he comido con un grupo de alcaldes. Ha sido una mañana muy aburrida.
2.
Este mes he tenido veinte conciertos y he viajado por cuatro países. He perdido la voz en dos ocasiones y he recibido a doscientas fans. Ha sido un mes estupendo.
3.
En estos últimos meses he escrito mi nueva novela. He vivido en Londres y he dado algunas conferencias en Nueva York y Calcuta. Han sido unos meses agotadores.
4.
Esta mañana me he levantado temprano, he desayunado y me he ido a entrenar. He hecho muchos ejercicios y me he caído, pero no me he hecho daño. Después he jugado un rato con mi hijo. Ha sido una mañana divertida.

Ejercicio 10

Alicia: ¡Hola, buenas tardes!
Secretaria: ¡Buenas tardes! ¿Venís a ayudar?
Alicia: Sí. Somos estudiantes de Medicina.
Secretaria: ¿Habéis cooperado ya con Médicos Sin Fronteras?
Alicia: Sí. Yo he cooperado una vez en África. José no lo ha hecho todavía, pero tiene experiencia.
Secretaria: Contadme, entonces, lo que habéis hecho.
Alicia: Como le he comentado, he estado en África y ya he trabajado con Médicos Sin Fronteras.
José: Bueno, yo no he trabajado aún con Médicos Sin Fronteras, pero sí he trabajado con la Cruz Roja durante varios años.
Secretaria: ¿Qué habéis hecho exactamente?
Alicia: He curado heridas, he cuidado enfermos y también he ayudado en operaciones quirúrgicas.
José: Yo todavía no he ayudado en operaciones quirúrgicas, pero sí he cuidado enfermos y he trabajado en una ambulancia con equipos médicos de urgencia.
Secretaria: Estupendo. Nos venís muy bien. ¿Habéis estado en América alguna vez?
Alicia: No. Yo no he estado nunca.
José: Yo sí, pero he estado de vacaciones. He viajado por Argentina y Chile.

Ejercicio 11

Alicia: ¡Huy! Es muy fácil. Solo tenemos que hacer cuatro cosas. A ver... No tengo todavía la fotocopia del pasaporte, pero sí he rellenado ya los impresos azul y blanco. No he ido todavía al médico.
José: Pues yo tengo ya la fotocopia del pasaporte, pero no he rellenado todavía los impresos azul y blanco. Yo tampoco he ido al médico. ¿De qué tengo que vacunarme? ¿Vamos juntos, Alicia?

ciento setenta y siete **177**

transcripciones

Alicia: Bueno, si quieres... Podemos ir mañana, ¿de acuerdo?
José: Sí, de acuerdo. Pues entonces, hasta mañana.
Alicia: Hasta mañana.
Secretaria: Adiós, hasta mañana.

Ejercicio 15

1.
Pues yo lo tengo muy claro. La vida en el planeta se acabará pronto porque estamos maltratando la Tierra. Los avances tecnológicos no sirven cuando los ecosistemas desaparecen. Hemos hecho muchos progresos importantes, pero esto ha significado el deterioro de la superficie terrestre. Tenemos que decidir si preferimos el desarrollo tecnológico a la conservación de nuestro planeta.

2.
Pienso que no podemos frenar la carrera tecnológica porque deterioremos los ecosistemas. Al fin y al cabo, no es una cosa importante y ya sabíamos que iba a ocurrir. Además, creo que los avances tecnológicos han hecho progresar la calidad de vida de las personas. Los avances de la humanidad, tan importantes, no pueden parar por nada. Pensad qué preferís: los ecosistemas o la vacuna contra el cáncer, contra el sida o la llegada del hombre a Marte.

3.
Los ecosistemas no importan nada. El hombre es lo que cuenta. Tenemos que seguir trabajando para obtener conocimientos y descubrir nuevas vías de desarrollo que faciliten la vida de los hombres. No importa que mueran animales o plantas si el hombre consigue una vida más cómoda y feliz.

4.
La destrucción del planeta es la destrucción de la humanidad. En todo el planeta hay equilibrio. Cuando falta una parte de ese equilibrio, todo cae y se rompe. La vida, entonces, pierde sentido. El hombre es insensible cuando no se preocupa de los seres vivos que lo rodean.

Ejercicio 18

reciclar, contaminación, papel, guerra, planeta, ecológico, polución, vertidos

ámbito 2 ¿Y tú qué opinas?

Ejercicio 2

Madre: Hola, hijo. ¿Cómo estás?
Juan: ¡Hola, mamá! ¿Qué tal?
Madre: ¿Cómo ha sido tu fin de semana? Te he llamado varias veces y no te he encontrado en casa.
Juan: Sí. Este fin de semana he estado de excursión con unos amigos.
Madre: ¿Y adónde habéis ido?
Juan: Hemos ido a la sierra. Hemos hecho montañismo y largas caminatas. Ha sido agotador, pero muy agradable. Hemos dormido en un refugio y nos hemos divertido mucho.
Madre: ¿Cómo ha estado el tiempo? ¿Ha hecho mucho frío?
Juan: ¡Qué va! El tiempo ha estado estupendo. Ha hecho sol y el aire ha estado limpio. Allí no hay contaminación como en la ciudad.
Madre: Vaya, me alegro. Mira, te llamo para cenar el jueves con los tíos. ¿Te apetece?
Juan: ¿El jueves? Tengo ya un compromiso. No puede ser. Lo siento.
Madre: De acuerdo. No importa. Hasta otro rato.
Juan: Adiós, mamá.

Ejercicio 9

Enrique: ¡Hola, Marta! ¿Qué tal?
Marta: ¡Hola, Enrique!
Enrique: ¿Qué lees?
Marta: Un libro interesantísimo. Habla de la vida en la Luna.
Enrique: ¡Qué tontería! Yo creo que nunca viviremos en la Luna. Podemos viajar hasta ella y estar allí unas horas, pero vivir, vivir... ¡Imposible!
Marta: Eso mismo opinaron las personas que leyeron a Julio Verne en el siglo XIX. Pensaban que no se podía ir a la Luna, ni viajar por debajo del mar, ni nada de eso. Yo opino que sí es posible.
Enrique: Bueno, eso es verdad. Pero vivir en la Luna me parece alucinante, ¿no crees?
Marta: Sí, a mí también, pero quizá algún día... Piensa que estamos destruyendo el planeta, no cuidamos los ecosistemas y no le prestamos atención al medio ambiente. A lo mejor necesitamos un lugar como la Luna para poder vivir, porque la Tierra no nos ofrece un lugar acogedor. ¿No has visto las películas de ciencia-ficción?

Ejercicio 13

árbol	avaro	cortar
cárcel	color	soltar
triste	loro	carnaval
Álvaro	calor	sombrero

Ejercicio 14

muela, roza, pera, suero, calo, poro, pila, cuelo

Ejercicio 15

cardo, dromedario, cordel, arder, dramático, verde, morder, cobarde, adrede

Ejercicio 19

1. El árbol está delante de la casa.
2. Juan está detrás de los cristales.
3. El gato no puede esconderse encima de la mesa.
4. Como mi escuela no está lejos de casa, voy andando todos los días.
5. Durante algún tiempo hemos vivido enfrente de la estación.
6. He visto las fotos de la excursión y Teresa no está detrás de Pedro.
7. María no ha querido sentarse al lado tuyo en el concierto.
8. Como Correos está cerca de casa, yo envío el paquete para Sevilla.
9. Pepe tiene el número 23 y Antonio el 21; no está delante de él, como dices.
10. La carta está encima del diccionario.
11. Hemos aparcado el coche al lado mismo del parque de El Retiro.

Ejercicio 20

1.
He arreglado tu ordenador. Ya no tienes que llamar al servicio técnico. Por favor, llámame para quedar luego.

2.
Cariño, te he dejado una nota en la cocina. Tómate el bocadillo y el zumo. Aprovecha el tiempo, que mañana tienes el examen.

3.
Hemos venido a arreglar la calefacción, pero no la hemos encontrado en casa. Por favor, llámenos para ver cuándo podemos volver.

4.
Santi, te he dejado un bocadillo y un zumo en la cocina. Tómatelo antes de hacer los deberes. Yo hoy regresaré tarde.

LECCIÓN 8 Hablemos del pasado

ámbito 1 Biografías

Ejercicio 1

1.
José Luis Borges nació en Buenos Aires. Vivió en Ginebra. Escribió *Ficciones*. Murió en 1986.
2.
Isabel Allende nació en 1942. Nació en Lima. Escribió *La casa de los espíritus*. En 2010 recibió el Premio Nacional de Literatura de Chile.
3.
Federico García Lorca nació en España. Estudió Derecho. Escribió teatro y poesía. Escribió *Yerma*. Murió en 1936.

Ejercicio 5

Salvador Dalí nació el 11 de mayo de 1904. Estudió educación secundaria en el instituto de Figueras. A los trece años pintó su primer cuadro. En 1923 viajó a Madrid para estudiar en la Academia de Bellas Artes de San Fernando. Ese año conoció a Luis Buñuel y a Federico García Lorca. En la primavera de 1927 viajó a París y se enamoró de Gala. Aquel año diseñó con Luis Buñuel los escenarios de Un perro andaluz. Al terminar los estudios, pintó para exponer en Nueva York, Chicago, etc. En 1955 se casó con Gala y vivieron en Cadaqués. En 1982 murió Gala y Dalí enfermó. El 23 de enero de 1989 murió en Figueras.

Ejercicio 9
muere, publicó, llamo, caminó, describió, nace, escuchó, escribió, pinta, sale

Ejercicio 10
chico, año, niño, muchacho, araña, cuchara, sueño, noche, caña, coche

ámbito 2 ¡Qué experiencia!

Ejercicio 1
A: ¿Qué estás haciendo?
B: Un trabajo sobre los acontecimientos más importantes del siglo XX.
A: ¿Cuáles has elegido?
B: De momento, solo tengo tres: el nacimiento de la Organización de Naciones Unidas, el 24 de octubre de 1945; la creación de la Comunidad Económica Europea, el 25 de marzo de 1957; la llegada del hombre a la Luna…
A: … fue el día 20 de julio de 1969. Oye, también puedes poner la caída del Muro de Berlín, el 9 de noviembre de 1989.
B: Vale, ¿alguna más? Necesito una más.
A: Pues…, la llegada al poder de Nelson Mandela, el 10 de mayo de 1994…
B: ¡Perfecto! Ya lo tengo todo.

Ejercicio 6
A: Buenos días, estamos haciendo una encuesta acerca de los acontecimientos más importantes del siglo XX. ¿Cómo valoraría usted la creación de la ONU?
B: Para mí fue un acontecimiento estupendo.
A: Señor, ¿qué opina usted de la llegada del hombre a la Luna?
C: Fue increíble.
A: Señora…, es su turno. ¿Cómo valoraría la creación de la Comunidad Económica Europea?
D: Fue desastrosa, no aportó nada nuevo; solo estaban los grandes. Ahora mi visión ha cambiado.
A: ¿Y ustedes? ¿Cómo valorarían la caída del Muro de Berlín?
E: Yo creo que para algunos alemanes fue una pérdida económica. Alemania perdió mucho desde el punto de vista económico.

A: Para terminar, ¿cómo valorarías la llegada de Nelson Mandela al poder?
F: Fue genial. Después de tantos años en la cárcel, me pareció maravilloso.

Ejercicio 11
1.
A: Carmen, estoy contentísima, mañana me voy a montar a caballo. ¿Has montado alguna vez a caballo?
B: El verano pasado en Almería monté a caballo. Fue sensacional.
2.
A: He suspendido el examen de conducir, estoy hecho polvo.
B: No te preocupes…
A: ¿Tú has suspendido algún examen?
B: ¡Hombre! Esta mañana he suspendido el examen de Matemáticas.
3.
A: Mira lo que me he encontrado en la calle.
B: ¡Qué bonito!
A: ¿Tú te has encontrado algo alguna vez?
B: Sí, hace unos años me encontré una pulsera de oro en el parque de El Retiro.
4.
A: Alfonso, ¿puedo hacerte una pregunta muy personal?
B: Depende.
A: ¿Has conocido a alguien maravilloso?
B: ¿Eso es una pregunta personal?… Sí, en agosto de 1992 conocí a mi novia. Ella es la persona más maravillosa del mundo.
5.
A: Lo sabía, lo sabía…
B: ¿Qué te pasa?
A: El niño perdió las maletas nada más llegar a Madrid, la semana pasada.
B: No te preocupes, yo las perdí el verano pasado y aparecieron a las dos semanas.

Ejercicio 16
A: ¡Hombre, María! ¿Cuándo has vuelto?
B: Esta mañana he vuelto de mi viaje a Granada.
A: ¿Y qué tal?, ¿te ha gustado?
B: Muchísimo… El viernes estuve en la Alhambra y me gustó mucho, también me gustaron los jardines, ¡qué bonitos!
A: ¿Y la gente?, ¿cómo es?
B: Me gustó mucho la gente, es simpática, cordial, agradable…
A: ¿Dónde te has alojado?
B: Estuve en dos hoteles fantásticos. La verdad es que me han encantado los hoteles.
A: ¿Fuiste en avión o en tren?
B: Fui en tren porque me agrada viajar viendo el paisaje. Es que siempre me han gustado los trenes. Bueno, el viaje en tren de esta mañana me ha gustado muchísimo… Me ha encantado el desayuno que nos han puesto.

A: Vamos… que tu viaje ha sido todo un éxito.
B: Indudablemente.

Ejercicio 18
1. callo
2. vaya
3. chillar
4. sueño
5. cayó
6. chófer
7. cuña
8. valla
9. campaña
10. cheque

LECCIÓN 9 Recuerdos de la infancia

ámbito 1 Así éramos

Ejercicio 4
Enrique: Mi casa era estupenda. Estaba a la entrada del pueblo. Era de color blanco, como todas las demás, y pequeña pero muy acogedora. Mi habitación estaba en la segunda planta y tenía un pequeño balcón. Detrás de mi casa estaba la iglesia y todas las mañanas oíamos sonar las campanas.

José: Yo vivía en un apartamento a las afueras de la ciudad. Era un edificio pequeño, de cuatro o cinco plantas, y no había muchos más en la zona. Estábamos un poco aislados del resto. No me gustaba vivir allí: era muy aburrido.

Pilar: Yo también vivía en un edificio parecido, pero el mío era muy grande y había muchos alrededor. Además, estaba en el centro. Nosotros vivíamos en la última planta y teníamos una terraza grande. Desde allí podíamos ver buena parte de la ciudad. Enfrente de mi bloque había un parque muy bonito en el que jugábamos por las tardes.

Elena: Mi casa también era agradable. Estaba en una urbanización muy bonita rodeada de flores y árboles. Mi habitación estaba en la buhardilla. En el salón había una chimenea que encendíamos en invierno. Me gustaba mucho sentarme junto al fuego. Teníamos un jardín con una pequeña piscina.

Ejercicio 7
Mario: Yo creo que los niños pasan demasiadas horas frente al televisor. A mí me parece que antes era diferente: dedicaban más tiempo a jugar con sus amigos…, a leer. ¿Vosotros veíais mucho la televisión?

Ana: Yo la veía pocas veces, porque por las tardes, después del colegio, iba a una escuela de música para aprender a tocar la guitarra.

Blas: A mí me gustaban mucho los dibujos animados y las películas del oeste, por eso aprovechaba cualquier ocasión para ver la tele. Mi madre se enfadaba mucho conmigo por esta razón.

transcripciones

Juan: Yo, casi nunca. No había buenos programas.

Carlos: Yo no tenía televisión, porque vivía con mis abuelos en un pueblo muy pequeño y para ellos era algo innecesario.

Diana: Pues yo la veía los sábados y los domingos después de comer, aunque no todos. El resto de la semana no tenía mucho tiempo libre, porque tenía que ayudar a mi madre con mis hermanos (soy la mayor de seis hermanos). Bueno, la verdad es que tampoco me gustaba mucho, me aburría.

Esteban: A mí también me aburría; yo prefería jugar en la calle con mis amigos. Solo la veía cuando estaba enfermo, y casi nunca lo estaba. Era un niño muy saludable.

Tere: A mí me encantaba; yo me pasaba el día entero frente al televisor.

Francisco: Yo la veía muchas veces, pero también tenía tiempo para jugar. ¡Ah, qué época tan bonita! Ahora, sin embargo, el tiempo pasa volando y no tengo tiempo libre para disfrutar.

Gonzalo: Cuando yo era niño vivía en Francia. Veía a menudo la televisión porque eso me ayudaba a aprender el idioma, pero la verdad es que no me gustaba. No entendía nada.

Inés: Yo, ni mucho ni poco. Veía algunos programas infantiles, algunas películas…, no sé. Pero, sin duda, veía la tele mucho menos que los niños de ahora.

Ejercicio 11

Rebeca: ¡Hola, abuelo!

Abuelo: ¡Hola, Rebeca! ¿Qué te pasa? No tienes buena cara. ¿Estás cansada?

Rebeca: Sí…, estoy cansadísima. He tenido un examen de Economía y no he dormido en toda la noche.

Abuelo: ¿Qué tal te ha salido?

Rebeca: Regular. Me han puesto uno de los temas que peor me sabía.

Abuelo: Bueno, no te preocupes. Seguro que apruebas. Ven, tómate un café calentito.

Rebeca: Abuelo, ¿cuando eras joven estudiabas?

Abuelo: No, desgraciadamente no estudiaba. Vivíamos en un pueblo muy pequeño y no había escuela. Para estudiar teníamos que ir a un pueblo cercano, pero tampoco teníamos coche, así que ayudaba a mi padre en el campo. Cuidaba los animales y ordeñaba las vacas; luego mi padre y yo vendíamos la leche en el pueblo.

Rebeca: Abuelo, entonces…, la vida ha cambiado mucho, ¿no?

Abuelo: Sí, sí, muchísimo. Los jóvenes ahora tenéis todo lo que queréis. Antes no teníamos ni la mitad de las cosas que tenéis ahora, pero éramos felices.

Rebeca: ¿Y cómo se divertían los jóvenes en el pueblo? ¿Había bares y discotecas?

Abuelo: No, no había nada, solo un bar. Salíamos a pasear, jugábamos a las cartas e íbamos al baile cuando eran las fiestas.

ámbito 2 Todo cambia

Ejercicio 10

Esta es una historia real, verídica, que me sucedió durante unas vacaciones en Granada, en un pequeño y misterioso hotel. Fue en 1995. Yo era guía turística y estaba recorriendo Andalucía con un grupo de franceses. Llegamos a la ciudad por la mañana. Visitamos los lugares más importantes y a las 21:00 nos fuimos al hotel. Yo no bajé a cenar porque estaba cansada. Me quedé viendo la televisión y descansando. Decidí darme una ducha antes de acostarme. Mientras me duchaba, oí que llamaban a la puerta. Salí de la ducha rápidamente, me puse el albornoz y abrí. No había nadie. Entonces pensé: «Claro, he tardado demasiado en abrir y se han ido». Era de noche. Hacía un calor espantoso y el aire acondicionado no funcionaba, por eso abrí todas las ventanas. Cuando terminé de ducharme me puse el pijama y empecé a leer. Nuevamente llamaron a la puerta. Esta vez abrí con gran rapidez, pero tampoco vi a nadie. Estaba algo asustada y un poco nerviosa. Me quedé quieta tras la puerta, esperando a que volvieran a llamar. Y llamaron. Nada más oír el primer golpe abrí, pero no había nadie. Increíble. No sabía qué hacer. De repente, oí que alguien gritaba: «¿Quiénes sois? ¿Qué queréis? Dejadme en paz». Cerré la puerta rápidamente. Ahora estaba muerta de miedo. De nuevo llamaron; esta vez no abrí (el miedo no me dejaba moverme). Me dirigí hacia el teléfono con la intención de avisar al recepcionista, pero cuando llegué al lugar donde estaba el teléfono se apagaron las luces, dejó de funcionar la televisión ¡y el teléfono! Estaba incomunicada. «¿Qué puedo hacer?», me pregunté una y otra vez. Me metí en la cama y me tapé hasta la cabeza, aunque hacía más de 40°. A los diez minutos volvió la luz, pero yo no salí de la cama hasta la mañana siguiente. Durante el desayuno pregunté al grupo si le pasó algo extraño la noche anterior, si se quedaron sin luz. Me respondieron que no. La carne se me puso de gallina.

LECCIÓN 10 Y mañana, ¿qué?

ámbito 1 Mañana será otro día

Ejercicio 8

Pedro: Bueno, doña Rosita, ¿qué ve usted en mi futuro?

Doña Rosita: Veo muchas cosas… y muy interesantes. Encontrarás un trabajo estupendo en una gran empresa; te gustará trabajar allí, conocerás mucha gente, podrás viajar; y además tendrás un sueldo muy bueno, porque te veo en una casa grande y con un coche estupendo.

Pedro: Parece un gran futuro. ¡Qué bien! ¿Y de salud? ¿Y en el amor? ¿Encontraré a la mujer de mi vida?

Doña Rosita: De salud bien. El estómago te traerá algunos problemas, pero los superarás. En cuanto al amor, las cosas no parecen tan buenas, aunque veo muchas mujeres. Veo que te casarás tres veces y te separarás también tres veces.

Alicia: Y a mí, doña Rosita, ¿qué me puede contar?

Doña Rosita: Vamos a ver. Tú sí encontrarás al hombre de tu vida y estarás con él siempre; veo, además, niños (tendréis varios hijos). Te veo feliz, aunque tu situación económica no será demasiado buena. Te será difícil encontrar un buen trabajo y no podrás vivir con lujos, pero bueno, sabrás enfrentarte a las dificultades y a los problemas. Además, vivirás mucho tiempo y gozarás de una salud magnífica.

Paco: ¿Qué me deparará a mí el futuro, doña Rosita?

Doña Rosita: Por lo que veo aquí, no trabajarás; sin embargo, vivirás sin dificultades, viajarás, comprarás una casa estupenda…, en fin, de alguna manera tendrás mucho dinero; tal vez te toque la lotería, recibas una herencia, no sé…, no se ve claramente. Estarás siempre soltero, aunque veo grandes amores, pero también grandes fracasos. Pero bueno, podrás vivir con total libertad y a tu manera.

Ejercicio 10

Si encuentro un buen trabajo me compraré un coche para ir de vacaciones con él a Estambul;

siempre he querido conocer esta ciudad. Si voy a Estambul seguro que conoceré a la mujer de mi vida, y en ese caso viviré una historia de amor increíble, como en las películas. Entonces, no querré volver a España nunca más y me quedaré allí a vivir. Si me quedo en esa fantástica ciudad, tendré que vender mi coche para conseguir dinero y poder alquilar un apartamento. No podré quedarme siempre en un hotel; son muy caros. Cuando se me acabe el dinero, buscaré un trabajo allí para pagar el apartamento y poder quedarme más tiempo.

ámbito 2 Esto se acaba

Ejercicio 3

1.
Para mí lo más difícil es la conversación, porque cuando intento hablar se me olvidan las palabras, las reglas y lo confundo todo. Además, no puedo hablar rápido porque no puedo pensar.

2.
Para mí la pronunciación es muy difícil. Yo intento pronunciar bien la «erre» pero no lo consigo, y por eso a veces no me entienden. También es muy difícil pronunciar la «ce». Mis amigos españoles me dicen que se nota muchísimo mi acento francés. Bueno, este verano voy a practicar mucho para mejorar mi pronunciación y mi acento.

3.
Yo también tengo el mismo problema. Para mí es muy difícil la pronunciación, tan difícil como la gramática. Me gusta mucho hablar, y aunque sé que hablo mal no me importa; por eso la conversación ha sido para mí lo mejor.

4.
Para mí es muy difícil el vocabulario. Cada día hemos aprendido muchas palabras nuevas, y no consigo recordarlas. Me gusta conocer el nombre de todas las cosas, por eso siempre estoy preguntando: «¿Cómo se llama esto?». Tengo un cuaderno en el que apunto todas las palabras, pero enseguida se me olvidan. Es lo más difícil.

5.
Para mí lo más difícil es la gramática, porque hay muchas reglas y muchas excepciones. Todavía no entiendo bien los tiempos pasados, y no sé utilizar el subjuntivo. Mi profesor me dice que el próximo curso lo aprenderé todo y que entonces la gramática me parecerá fácil, pero yo no lo creo. ¡Los verbos son tan difíciles!

glosario

Este glosario recoge una selección de los términos aprendidos en cada lección. No pretende ser un diccionario, sino una herramienta de consulta que facilite a los alumnos y al profesor el trabajo en clase. En la traducción a cinco idiomas se ha incluido la variante brasileña entre paréntesis a continuación del portugués.

LECCIÓN 1

ámbito 1

ESPAÑOL	INGLÉS	FRANCÉS	ALEMÁN	ITALIANO	PORTUGUÉS (BRASILEÑO)
alemán	German	allemand	deutsch	tedesco	alemão
americano	American	américain	amerikanisch	americano	americano
año	year	année, an	Jahr	anno	ano
apellido	surname, last name	nom de famille	Nachname	cognome	apelido (sobrenome)
árabe	Arab	arabe	arabisch	arabo	árabe
argelino	Algerian	algérien	algerisch	algerino	argelino
argentino	Argentinian	argentin	argentinisch	argentino	argentino
boliviano	Bolivian	bolivien	bolivianisch	boliviano	boliviano
brasileño	Brazilian	brésilien	brasilianisch	brasiliano	brasileiro
chileno	Chilean	chilien	chilenisch	cileno	chileno
contestar	to answer	répondre	antworten	rispondere	responder
coreano	Korean	coréen	koreanisch	coreano	coreano
cubano	Cuban	cubain	kubanisch	cubano	cubano
economista	economist	économiste	Volkswirtschaftler	economista	economista
edad	age	âge	Alter	età	idade
egipcio	Egyptian	égyptien	ägyptisch	egiziano	egípcio
escribir	to write	écrire	schreiben	scrivere	escrever
escuchar	to listen	écouter	hören	ascoltare	escutar
español	Spanish	espagnol	spanisch	spagnolo	espanhol
estudiante	student	étudiant	Student	studente	estudante
fecha de nacimiento	date of birth	date de naissance	Geburtsdatum	data di nascita	data de nascimento
francés	French	français	französisch	francese	francês
hablar	to speak	parler	reden, sprechen	parlare	falar
hola	hello	salut	hallo	ciao	olá
holandés	Dutch	hollandais	holländisch	olandese	holandês
húngaro	Hungarian	hongrois	ungarisch	ungherese	húngaro
indio	Indian	indien	indisch	indiano	indiano
inglés	English	anglais	englisch	inglese	inglês
irlandés	Irish	irlandais	irisch	irlandese	irlandês
italiano	Italian	italien	italienisch	italiano	italiano
japonés	Japanese	japonais	japanisch	giapponese	japonês
lengua	language	langue	Sprache	lingua	língua
marcar	to mark	marquer	markieren	segnare	marcar
médico	doctor	médecin	Arzt	medico	médico
mexicano	Mexican	mexicain	mexikanisch	messicano	mexicano
mirar	to look at	regarder	ansehen	guardare	olhar
nacionalidad	nationality	nationalité	Staatsangehörigkeit	nazionalità	nacionalidade
no	no	non	nein	no, non	não
nombre	name	nom	Name	nome	nome
oír	to hear	entendre	hören	udire	ouvir
país	country	pays	Land	paese	país
pasaporte	passport	passeport	Reisepass	passaporto	passaporte
peruano	Peruvian	péruvien	peruanisch	peruviano	peruano
portugués	Portuguese	portugais	portugiesisch	portoghese	português
preguntar	to ask	demander	fragen	chiedere, domandare	perguntar
profesor	teacher	professeur	Lehrer	professore	professor
relacionar	to relate	rapporter, relier	in Verbindung bringen	mettere in rapporto	relacionar
rumano	Romanian	roumain	rumänisch	rumeno	romeno
ruso	Russian	russe	russisch	russo	russo
sí	yes	oui	ja	sì	sim
turco	Turkish	turc	türkisch	turco	turco
uruguayo	Uruguayan	uruguayen	uruguayisch	uruguaiano	uruguaio
venezolano	Venezuelan	vénézuélien	venezolanisch	venezuelano	venezuelano
ver	to see	voir	sehen	vedere	ver

ámbito 2

ESPAÑOL	INGLÉS	FRANCÉS	ALEMÁN	ITALIANO	PORTUGUÉS (BRASILEÑO)
adiós	goodbye	au revoir	auf Wiedersehen	addio	adeus
agenda	notebook, diary	agenda	Terminkalender, Taschenkalender	agenda	agenda
autobús	bus	autobus	Bus	autobus	autocarro (ônibus)
aeropuerto	airport	aéroport	Flughafen	aeroporto	aeroporto

ESPAÑOL	INGLÉS	FRANCÉS	ALEMÁN	ITALIANO	PORTUGUÉS (BRASILEÑO)
bien	good; well	bien	gut, wohl	bene	bem
bombero	fireman	pompier	Feuerwehrmann	pompiere	bombeiro
buenas noches	goodnight	bonne nuit, bonsoir	gute Nacht	buonanotte	boa-noite
buenas tardes	good afternoon	bonjour, bonsoir	guten Abend	buonasera	boa-tarde
buenos días	good morning	bonjour	guten Morgen	buongiorno	bom-dia
calle	street	rue	Straße	via	rua
ciudad	city; town	ville	Stadt	città	cidade
código postal	postal code	code postal	Postleitzahl	codice postale	código postal (CEP)
cómo	how	comment	wie	come	como
cuál	which	quel, quelle	welche (r, s)	quale	qual
cuándo	when	quand	wann	quando	quando
dónde	where	où	wo	dove	onde
encantado	pleased	enchanté	sehr erfreut	incantato, felice	muito prazer
fenomenal	great	formidable	fabelhaft	eccezionale, fenomenale	formidável
gracias	thank you	merci	danke	grazie	obrigado
hablar	to speak	parler	reden, sprechen	parlare	falar
hasta luego	see you later	à tout à l'heure	bis später	ciao	até logo
hasta mañana	see you tomorrow	à demain	bis morgen	a domani	até amanhã
hasta pronto	see you soon	à bientôt	bis bald	a presto	até já
hasta siempre	all the best, see you	au revoir	auf ewig	arrivederci	até mais
hospital	hospital	hôpital	Krankenhaus	ospedale	hospital
mal	bad	mal	schlecht	male	mal
mucho gusto	nice to meet you	enchanté	sehr erfreut	piacere	muito prazer
número de teléfono	phone number	numéro de téléphone	Telefonnummer	numero di telefono	número de telefone
piso	floor	étage	Stockwerk	piano	andar
policía	police	police	Polizei	polizia	polícia
qué	what, which	que	was, welche	che	que
quién	who	qui	wer	chi	quem
ser	to be	être	sein	essere	ser
tener (edad)	to be (years, old)	avoir (âge)	(... Jahre alt) sein	avere (età)	ter (idade)
universidad	university	université	Universität	università	universidade

agua caliente	hot water	eau chaude	warmes Wasser	acqua calda	água quente
aire acondicionado	air conditioning	air conditionné	Klimaanlage	aria condizionata	ar condicionado
alfombra	carpet	tapis	Teppich	tappeto	alfombra, tapete
al lado (de)	next to/beside	à côté de	neben	a fianco (di)	ao lado (de) (do lado)
almorzar	to have lunch	déjeuner	Mittag essen	pranzare	almoçar
alquiler	rent	location, loyer	Miete	affitto, noleggio	aluguer (aluguel)
antiguo	old, antique	ancien	alt, antik	antico	antigo
apartamento	apartment	appartement	Appartement	appartamento	apartamento
armario	cupboard, wardrobe	armoire	Schrank	armadio	roupeiro (guarda-roupa)
ascensor	elevator, lift	ascenseur	Fahrstuhl	ascensore	elevador
aseo	bathroom, toilet	toilettes	Badezimmer	toilette	asseio (toalete)
balcón	balcony	balcon	Balkon	balcone	varanda (balcão, sacada)
bañera	bathtub	baignoire	Badewanne	vasca da bagno	banheira
barato	cheap	bon marché	billig	economico, a buon mercato	barato
bonito	lovely, pretty	joli	hübsch	bello, carino	bonito
botella	bottle	bouteille	Flasche	bottiglia	garrafa
buhardilla	attic, garret, loft	mansarde	Dachboden	mansarda	águas-furtadas (água-furtada)
cafetera	coffee pot	cafetière	Kaffeemaschine	caffettiera	cafeteira
cafetería	coffee shop, café	cafétéria	Café	caffè, tavola calda	café
calefacción	heating	chauffage	Heizung	riscaldamento	sistema de aquecimento (calefação)
cama	bed	lit	Bett	letto	cama
caro	expensive	cher	teuer	caro	caro
casa	house	maison	Haus	casa	casa
cazuela	casserole	casserole	Kochtopf	casseruola	caçarola
cenar	to have dinner	dîner	zu Abend essen	cenare	jantar
céntrico	central	central	zentral gelegen	centrale	central
cepillo de dientes	toothbrush	brosse à dents	Zahnbürste	spazzolino da denti	escova dos dentes (escova de dentes)
chalé	chalet, cottage, house	chalet, villa	Villa	villa	casa geminada
cocina	kitchen	cuisine	Küche	cucina	cozinha
cocina eléctrica	electric stove	cuisinière électrique	Elektroherd	cucina elettrica	fogão eléctrico (fogão elétrico)
comenzar	to begin	commencer	beginnen	cominciare	começar
comer	to eat	manger	essen	mangiare	comer
comprar	to buy	acheter	kaufen	comprare	comprar
copa	stemmed glass	coupe, verre	Glas	coppa	copa (taça)
cortina	curtain	rideau	Vorhang	tenda	cortina
cuadro	painting, picture	tableau	Gemälde	quadro	quadro

ciento ochenta y tres 183

ESPAÑOL	INGLÉS	FRANCÉS	ALEMÁN	ITALIANO	PORTUGUÉS (BRASILEÑO)
cuarto de baño	bathroom	salle de bains	Badezimmer	bagno	casa de banho (banheiro)
cuchara	spoon	cuiller	Löffel	cucchiaio	colher
cuchillo	knife	couteau	Messer	coltello	faca
delante (de)	in front of	devant	vor	davanti	diante
desayunar	to have breakfast	prendre le petit déjeuner	frühstücken	fare colazione	tomar o pequeno-almoço (tomar café-da-manhã)
debajo (de)	under	sous	unter, unterhalb	sotto	debaixo
detrás (de)	behind	derrière	hinter	dietro	detrás
dormitorio	bedroom	chambre à coucher	Schlafzimmer	camera da letto	dormitório, quarto
ducha	shower	douche	Dusche	doccia	duche (ducha)
ducharse	to have a shower	se doucher	sich duschen	farsi la doccia	tomar banho
encima (de)	on top of, above	sur	auf, über	su	em cima
enfrente (de)	in front of	en face	gegenüber	di fronte	em frente
entrada	entry	entrée	Eingang	entrata	entrada
entrar	to enter	entrer	eintreten	entrare	entrar
entre	between, among	entre	zwischen, unter	fra	entre
espejo	mirror	miroir	Spiegel	specchio	espelho
estantería	shelves	rayonnage	Regal	scaffalatura, scaffale	estante
estudiar	to study	étudier	studieren	studiare	estudar
exterior	outside	extérieur	äußere	esteriore	exterior
fregadero	sink	évier	Spülbecken	acquaio, lavandino, lavello	pia
frigorífico	refrigerator	réfrigérateur	Kühlschrank	frigorifero	frigorífico (geladeira)
garaje	garage	garage	Garage	garage	garagem
habitación	room	chambre	Zimmer	stanza, camera	quarto
horno	oven	four	Backofen	forno	forno
interior	interior, inside	intérieur	innere	interiore	interior
irse	to go away	partir	gehen	andarsene	ir embora
jabón	soap	savon	Seife	sapone	sabão
jardín	garden	jardin	Garten	giardino	jardim
jarra	jar, mug, pitcher	jarre, carafe	Krug, Kanne	brocca, giara	jarra
lámpara	lamp	lampe	Lampe	lampada	lâmpada
lavabo	washbasin	lavabo	Waschbecken	lavandino	lavabo, lavatório (pia)
lavadora	washing machine	machine à laver	Waschmaschine	lavatrice	máquina de lavar roupa
lavarse	to wash	se laver	sich waschen	lavarsi	lavar-se
lavavajillas	dishwasher	lave-vaisselle	Geschirrspülmaschine	lavastoviglie, lavapiatti	máquina de lavar pratos (máquina de lavar louça)
leche	milk	lait	Milch	latte	leite
levantarse	to get up	se lever	aufstehen	alzarsi	levantar-se
llamarse	to be called	s'appeler	heißen, sich nennen	chiamarsi	chamar-se
luz	light	lumière	Licht	luce	luz
mantel	tablecloth	nappe	Tischdecke	tovaglia	toalha de mesa
mesa	table	table	Tisch	tavola	mesa
mesilla	bedside table	table de nuit	Nachttisch	tavolino	mesinha-de-cabeceira (mesa-de-cabeceira)
moderno	modern	moderne	modern	moderno	moderno
nuevo	new	nouveau	neu	nuovo	novo
parqué	parquet	parquet	Parkett	parquet	parquete
pasillo	corridor	couloir	Flur	corridoio	corredor
piscina	swimming pool	piscine	Schwimmbad	piscina	piscina
pizarra	blackboard	tableau noir	Tafel	lavagna	quadro-negro, lousa escolar (lousa)
planta	plant	plante	Pflanze	pianta	planta
plato	course, dish, plate	assiette, plat	Teller, Gericht	piatto	prato
ponerse (la ropa), vestirse	to get dressed	mettre (des vêtements), s'habiller	sich anziehen (Kleidung)	vestirsi	vestir-se
precio	price	prix	Preis	prezzo	preço
precioso	lovely, precious	précieux, très jolie	kostbar, wunderschön	prezioso	precioso
puerta	door	porte	Tür	porta	porta
regresar	to return	rentrer, revenir	zurückkommen	ritornare	regressar
retrete	toilet, water-closet	W.C.	Toilette, WC	gabinetto W. C.	sanita (vaso sanitário)
salir	to leave, to go out	sortir	aus-, hinaus-, herausgehen	uscire	sair
salón	living room, sitting room	salon	Wohnzimmer	salone	sala de estar
sartén	frying pan	poêle	Pfanne	padella	frigideira
servilleta	napkin	serviette	Serviette	tovagliolo	guardanapo
silla	chair	chaise	Stuhl	sedia	cadeira
sillón	armchair	fauteuil	Sessel	poltrona	poltrona
sofá	couch, sofa	sofa	Sofa	divano	sofá
suelo	ground, floor	sol, plancher	Boden	pavimento, suolo	chão, soalho
taza	cup	tasse	Tasse	tazza	chávena (xícara)

ESPAÑOL	INGLÉS	FRANCÉS	ALEMÁN	ITALIANO	PORTUGUÉS (BRASILEÑO)
televisión	television	télévision	Fernsehen	televisione	televisão
tenedor	fork	fourchette	Gabel	forchetta	garfo (de mesa)
terraza	balcony, terrace	terrasse	Terrasse	terrazza	terraço
toalla	towel	serviette de toilette	Handtuch	asciugamano	toalha
tomar	to take	prendre	nehmen	prendere	tomar
tostada	toast	toast	Toast	toast	torrada
vaso	glass	verre	Glas	bicchiere	copo
vender	to sell	vendre	verkaufen	vendere	vender
venir	to come	venir	kommen	venire	vir

ámbito ❷

ESPAÑOL	INGLÉS	FRANCÉS	ALEMÁN	ITALIANO	PORTUGUÉS (BRASILEÑO)
ahí	there	là	dort	là	aí
allí	there	là-bas	dort	là	ali
alto	tall	grand, haut	hoch	alto	alto
alumno	pupil, student	élève	Schüler	alunno	aluno
amable	kind	aimable	freundlich	amabile, gentile	amável
antipático	unpleasant, unfriendly	antipathique	unsympathisch	antipatico	antipático
aquí	here	ici	hier	qui	aqui
aspecto físico	physical appearance	aspect physique, allure	Aussehen	aspetto fisico	aspecto físico
bajo	short	bas, petit	niedrig	basso	baixo
barba	beard	barbe	Bart	barba	barba
bigote	moustache	moustache	Schnurrbart	baffo	bigode
bolígrafo	ballpoint pen	stylo à bille	Kugelschreiber	penna a sfera	esferográfica (caneta)
borrador	board rubber, eraser	gomme	Radierer	cancellino, gomma	apagador
camarero	waiter	garçon	Kellner	cameriere	empregado de mesa (garçom)
carácter	character	caractère	Charakter	carattere	carácter
carpeta	folder, portfolio	chemise, dossier	Akten(mappe)	cartella	pasta
clase	classroom	classe	Klasse	classe	classe
corto (pelo)	short (hair)	courts (cheveux)	kurzhaarig	corti (capelli)	curto (cabelo)
cuaderno	notebook	cahier	Heft	quaderno	caderno
decidido	determined, resolute	décidé, résolu	entschlossen, energisch	deciso, risoluto	decidido, resoluto
delgado	slim, thin	mince	schlank	magro	magro
diccionario	dictionary	dictionnaire	Wörterbuch	dizionario	dicionário
estuche	case	étui	Etui	astuccio	estojo
feo	ugly	laid	hässlich	brutto	feio
gafas	glasses	lunettes	Brille	occhiali	óculos
goma de borrar	eraser	gomme	Radierer	gomma da cancellare	borracha
gordo	fat	gros, gras	dick	grasso	gordo
guapo	good-looking	beau	hübsch, gut aussehend	bello	bonito
inteligente	intelligent	intelligent	intelligent	intelligente	inteligente
joven	young	jeune	jung	giovane	jovem
lápiz	pencil	crayon de papier	Bleistift	matita	lápis
largo (pelo)	long (hair)	longs (cheveux)	langhaarig	lunghi (capelli)	comprido (cabelo)
libro	book	livre	Buch	libro	livro
liso (pelo)	straight (hair)	lisses (cheveux)	glattes Haar	lisci (capelli)	liso (cabelo)
mapa	map	carte, plan	Landkarte	carta geografica, mappa	mapa
mochila	backpack, knapsack	sac à dos	Rucksack	zaino	mochila
moreno	brown, dark	brun	dunkelbraun	bruno	moreno
moreno (pelo)	dark (hair)	noirs, bruns (cheveux)	schwarzhaarig, dunkelhaarig	bruni (capelli)	cabelos escuros
ojo	eye	œil	Auge	occhio	olho
ordenador	computer	ordinateur	Computer	computer	computador
papelera	wastepaper basket	corbeille à papiers	Papierkorb	cestino	papeleira (cesto de papel)
perchero	coat rack	portemanteau	Garderobe	attaccapanni	cabide
regla	ruler	règle	Regel	regola, riga, righello	régua
rizado (pelo)	curly (hair)	frisés (cheveux)	lockig	ricci (capelli)	encaracolado (cabelo) (enrolado cabelo)
rubio (pelo)	blond (hair)	blonds (cheveux)	blond	biondi (capelli)	louro
sacapuntas	pencil sharpener	taille-crayon	Bleistiftspitzer	temperamatite	apara-lápis (apontador)
serio	serious	sérieux	ernst	serio	sério
simpático	likeable, nice	sympathique	sympathisch	simpatico	simpático
sombrero	hat	chapeau	Hut	cappello	chapéu
tímido	shy	timide	schüchtern	timido	tímido
tiza	chalk	craie	Kreide	gesso	giz
tonto	silly	sot	dumm	scemo, schiocco	tonto (bobo)
ventana	window	fenêtre	Fenster	finestra	janela
viejo (≠ joven)	old	vieux	alt	vecchio	velho

LECCIÓN 3 ámbito 1

ESPAÑOL	INGLÉS	FRANCÉS	ALEMÁN	ITALIANO	PORTUGUÉS (BRASILEÑO)
a menudo	often	souvent	häufig, oft	spesso	com frequência (com freqüência)
a veces	sometimes	parfois	manchmal	a volte	às vezes
abuelo	grandfather	grand-père	Großvater	nonno	avô
acostarse	to go to bed	se coucher	sich hinlegen, zu Bett gehen	coricarsi	deitar-se
afeitarse	to shave	se raser	(sich)rasieren	farsi la barba	fazer a barba (barbear-se)
ama de casa	housewife	maîtresse de maison	Hausfrau	casalinga	dona de casa
arquitecto	architect	architecte	Architekt	architetto	arquitecto (arquiteto)
bar	bar	bar	Bar	bar	bar
beber	to drink	boire	trinken	bere	beber
campo de fútbol	football pitch, soccer field	stade, terrain de football	Fußballfeld	campo di calcio	campo de futebol
cantante	singer	chanteur	Sänger	cantante	cantor
casado	married	marié	verheiratet	sposato	casado
cocinero	cook	cuisinier	Koch	cuoco	cozinheiro
colegio	school	école, collège	Grundschule	scuola, collegio	colégio
comisaría	police station	commissariat	Kommissariat	commissariato	esquadra (delegacia)
conductor	driver	conducteur	Fahrer	autista, conduttore	condutor (motorista)
dependiente	salesperson, shop assistant	commis, vendeur	Verkäufer	commeso	empregado de loja (vendedor, balconista)
director	director	directeur	Direktor	direttore	director (diretor)
divorciado	divorced	divorcé	Geschiedene (r)	divorziato	divorciado
domingo	Sunday	dimanche	Sonntag	domenica	domingo
dormir	to sleep	dormir	schlafen	dormire	dormir
enfermero	male nurse	infirmier	Krankenpfleger	infermiere	enfermeiro
frecuentemente	often, frequently	fréquemment	häufig, oft	frequentemente	frequentemente (freqüentemente)
futbolista	football / soccer player	footballeur	Fußballspieler	calciatore	jogador de futebol
gritar	to shout	crier	schreien	gridare	gritar
gustar	to like	aimer	gefallen	piacere	gostar de
hacer la compra	to do the shopping	faire son marché / les courses	einkaufen	fare la spesa	fazer a compra (ir às compras)
hermano	brother	frère	Bruder	fratello	irmão
hijo	son	fils	Sohn	figlio	filho
jueves	Thursday	jeudi	Donnerstag	giovedì	quinta-feira
lavar la ropa	to wash the clothes, to do the laundry	laver le linge	die Wäsche waschen	fare il bucato	lavar a roupa
leer	to read	lire	lesen	leggere	ler
lunes	Monday	lundi	Montag	lunedì	segunda-feira
madre	mother	mère	Mutter	madre	mãe
martes	Tuesday	mardi	Dienstag	martedì	terça-feira
mecánico	mechanic	mécanicien	Mechaniker	meccanico	mecânico
médico	doctor	médecin	Arzt	medico	médico
miércoles	Wednesday	mercredi	Mittwoch	mercoledì	quarta-feira
mucho	a lot of	beaucoup	viel	molto	muito
nieto	grandchild	petit-fils	Enkel	nipote	neto
normalmente	normally, usually	en général, d'habitude	normalerweise	normalmente	normalmente
novio	boyfriend	fiancé, petit ami	Verlobter, fester Freund	fidanzato	namorado
nunca	never	jamais	nie	mai	nunca
obra (de construcción)	building site	chantier	Baustelle	lavori (di construzione)	obra (de construção)
oficina	office	bureau	Büro	ufficio	escritório
padre	father	père	Vater	padre	pai
peluquería	hairdresser's	salon de coiffure	Friseursalon	salone di bellezza	salão de cabeleireiro (salão de beleza)
periódico (lugar de trabajo)	newspaper office	rédaction d'un journal	Zeitung, Zeitungsverlag	redazione del giornale	redacção de jornal (redação de jornal)
periodista	journalist	journaliste	Journalist	giornalista	jornalista
piloto	pilot	pilote	Pilot	pilota	piloto
policía (persona)	policeman	policier	Polizist	poliziotto	polícia (pessoa) (policial)
primo	cousin	cousin	Cousin	cugino	primo
pronto	quickly, soon, early	vite; tôt	bald, früh	pronto, presto	em breve, logo, cedo
restaurante	restaurant	restaurant	Restaurant	ristorante	restaurante
sábado	Saturday	samedi	Samstag	sabato	sábado
secretario	secretary	secrétaire	Sekretär	segretario	secretário
sentarse	to sit down	s'asseoir	sich setzen	sedersi	sentar-se
siempre	always	toujours	immer	sempre	sempre
sobrino	nephew	neveu	Neffe	nipote di zio	sobrinho
soler	to usually do	accoutumer, habituer	pflegen	di solito	costumar
soltero	single	célibataire	ledig	celibe, nubile	solteiro
soñar	to dream	rêver	träumen	sognare	sonhar
supermercado	supermarket	supermarché	Supermarkt	supermercato	supermercado
taller	workshop	atelier	Werkstatt	officina	oficina mecânica

ESPAÑOL	INGLÉS	FRANCÉS	ALEMÁN	ITALIANO	PORTUGUÉS (BRASILEÑO)
tardar	to delay	tarder, mettre du temps à	verzögern	tardare	demorar
tarde	late	tard	spät	tardi	tarde
tío	uncle	oncle	Onkel	zio	tio
todo el día	all day	toute la journée	den ganzen Tag	tutto il giorno	todo o dia (o dia inteiro)
todos los días	every day	tous les jours	jeden Tag	tutti i giorni	todos os dias
trabajar	to work	travailler	arbeiten	lavorare	trabalhar
vestirse	to get dressed	s'habiller	sich anziehen	vestirsi	vestir-se
viernes	Friday	vendredi	Freitag	venerdì	sexta-feira
viudo	widower	veuf	Witwe(r)	vedovo	viúvo

ámbito ❷

ESPAÑOL	INGLÉS	FRANCÉS	ALEMÁN	ITALIANO	PORTUGUÉS (BRASILEÑO)
abril	April	avril	April	aprile	Abril (abril)
agosto	August	août	August	agosto	Agosto (agosto)
aguinaldo	Christmas box	étrennes	Weihnachtsgeld	strenna	consoada, gratificação de Natal
aniversario	anniversary	anniversaire	Jahrestag	anniversario	aniversário
beso	kiss	baiser	Kuss	bacio	beijo
boda	wedding	noce, mariage	Hochzeit	nozze	casamento
broma	joke	plaisanterie	Scherz	scherzo	brincadeira
campanada	stroke of a bell	coup de cloche	Glockenschlag	tocco di campana	badalada
cantar	to sing	chanter	singen	cantare	cantar
carbón	coal	charbon	Kohle	carbone	carvão
carnaval	carnival	carnaval	Karneval	carnevale	carnaval
cava	champagne	vin champagnisé catalan	Sekt	champagne	champanha
chocolate	chocolate	chocolat	Schokolade	cioccolato	chocolate
colonia	cologne	eau de Cologne	Kölnischwasser	acqua di colonia	colónia (colônia)
concierto	concert	concert	Konzert	concerto	concerto (show)
corbata	tie	cravate	Krawatte	cravatta	gravata
correr	to run	courir	rennen	correre	correr
cumpleaños	birthday	anniversaire	Geburtstag	compleanno	aniversário
Día de los Enamorados	Valentine's Day	Saint Valentin	Valentinstag	Giorno di San Valentino	Dia dos namorados
Día de los Santos Inocentes	equivalent to April Fools' Day (28th Dec.)	équivaut au Poisson d'Avril (28 décembre)	Tag der Unschuldigen (entspricht dem deutschen 1. April)	Pesce d'Aprile	Dia da Mentira
diciembre	December	décembre	Dezember	dicembre	Dezembro (dezembro)
dinero	money	argent	Geld	denaro, soldi	dinheiro
disfrazarse	to disguise	se déguiser	sich verkleiden	travestirsi	mascarar-se (fantasiar-se)
dulce	sweet	doux, sucré	süß	dolce	doce
enero	January	janvier	Januar	gennaio	Janeiro (janeiro)
estar de vacaciones	to be on holiday / vacation	être en vacances	in Ferien sein	essere in vacanze	estar em férias
febrero	February	février	Februar	febbraio	Fevereiro (feverciro)
flor	flower	fleur	Blume	fiore	flor
fumar	to smoke	fumer	rauchen	fumare	fumar
gastar bromas	to play jokes / tricks	plaisanter	scherzen	fare scherzi	fazer brincadeiras (fazer brincadeira)
gimnasia	gymnastics	gymnastique	Gymnastik	ginnastica	ginástica
gimnasio	gymnasium	gymnase, salle de sports	Turnhalle	palestra	ginásio (academia)
globo	balloon	ballon	(Luft)ballon	globo	globo
invitar	to invite	inviter	einladen	invitare	convidar
julio	July	juillet	Juli	luglio	Julho (julho)
junio	June	juin	Juni	giugno	Junho (junho)
limpiar	to clean	nettoyer	putzen	pulire	limpar
marzo	March	mars	März	marzo	Março (março)
mayo	May	mai	Mai	maggio	Maio (maio)
mazapán	marzipan	massepain, pâte d'amandes	Marzipan	marzapane	maçapão
monigote	rag doll	pantin, bonhomme	Männchen	pupazzo	boneco
Nacimiento (belén)	Nativity scene	Crèche (de Noël)	(Weihnachts) krippe	presepio	nascimento
Navidad	Christmas	Noël	Weihnachten	Natale	Natal
Nochebuena	Christmas Eve	nuit de Noël	Heiligabend	notte di Natale	Noite de Natal
Noche de San Juan	Midsummer's Eve	la Saint-Jean	Johannesnacht	Notte di San Giovanni	Noite de São João
Nochevieja	New Year's Eve	nuit de la Saint-Sylvestre	Sylvester	Capodanno	Réveillon
noviembre	November	novembre	November	novembre	Novembro (novembro)
octubre	October	octobre	Oktober	ottobre	Outubro (outubro)
procesión	procession	procession	Prozession	processione	procissão
regalar	to give present	faire cadeau de, offrir	schenken	regalare	presentear
regalo	gift	cadeau	Geschenk	regalo	prenda (presente)
resaca	hangover	gueule de bois	Kater	postumi da sbronza	ressaca
Reyes Magos	Epiphany	Rois Mages	Heilige Drei Könige	Re Magi	Reis Magos
roscón de Reyes	Traditional cake eaten on 6th January	galette des Rois	typisch span. Hefekranz zum 6. Januar	ciambella dei Magi	bolo-rei (bolo dos reis)
Semana Santa	Easter	Pâques	Osterwoche	Pasqua	Semana Santa
septiembre	September	septembre	September	settembre	Setembro (setembro)

ESPAÑOL	INGLÉS	FRANCÉS	ALEMÁN	ITALIANO	PORTUGUÉS (BRASILEÑO)
tarjeta de felicitación	greeting card	carte de voeux	Glückwunschkarte	cartolina di auguri	postal de felicitações (cartão de felicitações)
tarta	cake	tarte	Torte	torta	bolo, torta
toro	bull	taureau	Stier	toro	touro
turrón	nougat	nougat	Nugat	torrone	nogado, torrone
uva	grape	raisin	Traube	uva	uva
verbena	fair, open-air celebration	kermesse	Volksfest	sagra, festa popolare	festa popular
viajar	to travel	voyager	reisen	viaggiare	viajar
villancico	(Christmas) carol	chant de Noël	Weihnachtslied	canto natalizio	canções de Natal
visitar	to visit	visiter	besuchen	visitare	visitar

LECCIÓN 4 ámbito 1

ESPAÑOL	INGLÉS	FRANCÉS	ALEMÁN	ITALIANO	PORTUGUÉS (BRASILEÑO)
abrigo	coat	manteau	Mantel	capotto	sobretudo
aceite de oliva	olive oil	huile d'olive	Olivenöl	olio d'oliva	azeite de oliva
algodón	cotton	coton	Baumwolle	cotone	algodão
almacén	store, warehouse	magasin	Lager	magazzino	armazém
almeja	clam	clovisse	Venusmuschel	vongola	amêijoa
amarillo	yellow	jaune	gelb	giallo	amarelo
arroz	rice	riz	Reis	riso	arroz
atún	tuna fish	thon	Thunfisch	tonno	atum
azúcar	sugar	sucre	Zucker	zucchero	açúcar
azul	blue	bleu	blau	azzurro	azul
bañador	bathing suit	maillot de bain	Badeanzug	costume da bagno	fato de banho (maiô, sunga)
barra	bar	barre	Stange	sbarra	barra
barrer	to sweep	balayer	den Boden fegen	spazzare	varrer
bollo	bread roll	brioche	Brötchen	panino dolce	pão doce
boquerón	anchovy	anchois	Sardelle	acciuga	anchova
bota	boot	botte	Stiefel	stivale	bota
bragas	knickers	culotte	Schlüpfer	mutandine	cuecas (calcinha)
bufanda	scarf	cache-nez, écharpe	Schal	sciarpa	cachecol
calamar	squid	calmar	Tintenfisch	calamaro	lula
calcetín	sock	chaussette	Socke	calzino	peúga (meia)
calzado	shoes	chaussures	Schuhwerk	calzatura	calçado
calzoncillo	underpants	caleçon	Unterhose	mutande	ceroulas (cueca)
camisa	shirt	chemise	Hemd	camicia	camisa
camiseta	T-shirt	t-shirt	T-Shirt	maglietta	camisola (camiseta)
carnicería	butcher's	boucherie	Metzgerei	macelleria	talho (açougue)
carro de la compra	shopping cart / trolley	chariot	Einkaufswagen	carrello della spesa	carrinho das compras (carrinho de supermercado)
cazadora	jacket	blouson	Windjacke	giubbotto	casaco (jaqueta)
cebolla	onion	oignon	Zwiebel	cipolla	cebola
chorizo	spicy pork sausage	chorizo	rote Paprikawurst	salame (con paprica)	chouriço
chuleta de cerdo	pork chop	côtelette de porc	Schweinekotelett	costoletta di maiale	costeleta de porco
cuadros (camisa de)	checked shirt	carreaux (chemise à)	kariertes (Hemd)	quadroni (camicia a)	camisa aos quadros (camisa xadrez)
docena	dozen	douzaine	Dutzend	dozzina	dúzia
encantar	to love, to charm	adorer, enchanter	bezaubern	piacere molto	encantar
escoba	broom	balai	Besen	scopa	vassoura
estropajo	scourer	lavette	Topfreiniger	strofinaccio	esponja (bucha)
falda	skirt	jupe	Rock	gonna	saia
filete de ternera	veal steak	escalope	Kalbsschnitzel	bistecca di vitello	bife de vitela
flores (camisa de)	flowered shirt	fleurs (chemise à)	geblümtes (Hemd)	fiori (camicia a)	camisa às flores (camisa estampada)
fregar (el suelo, los platos)	to scrub (the floor), to wash (the dishes)	frotter / laver (le sol, la vaisselle)	wischen (den Boden), spülen (das Geschirr)	lavare (il pavimento, i piatti)	esfregar o chão, lavar os pratos
fregona	mop	serpillière	Wischmopp	spazzolone	esfregona
fresco	fresh	frais	frisch	fresco	fresco
frutería	fruit shop	fruiterie	Obsthandlung	fruttivendolo	frutaria (quitanda)
galleta	biscuit	biscuit	Keks	biscotto	bolacha
gamba	prawn	crevette	Krabbe	gamberetto	camarão
gorro	cap	bonnet	Mütze	berretto	barrete (gorro)
guante	glove	gant	Handschuh	guanto	luva
hacer (la cama, la comida)	to make (the bed, a meal)	faire (le lit, le repas)	machen (das Bett, das Essen)	fare (il letto, il pranzo)	fazer (a cama, a comida) (arrumar a cama)
harina	flour	farine	Mehl	farina	farinha
huevo	egg	œuf	Ei	uovo	ovo
jamón	ham	jambon	Schinken	prosciutto	presunto
jersey	sweater, pullover	pull-over	Pullover	maglione	camisola (suéter)
lana	wool	laine	Wolle	lana	lã
lata	can	boîte (en fer blanc)	Dose	latta	lata

ESPAÑOL	INGLÉS	FRANCÉS	ALEMÁN	ITALIANO	PORTUGUÉS (BRASILEÑO)
lechuga	lettuce	laitue	Kopfsalat	lattuga	alface
limpiar (el polvo, los cristales)	to dust; to clean the windows	essuyer la poussière; nettoyer les vitres	putzen, wischen (die Fenster, Staub)	togliere la polvere; spolverare pulire i vetri	limpar o pó, os vidros
liso	flat	plat	glatt	liscio	liso
lunares (camisa de)	polka-dot shirt	pois (chemise à)	gepunktetes (Hemd)	pois (camicia a)	camisa às bolinhas (camisa de bolinha)
maduro	ripe	mûr	reif	maturo	maduro
mantequilla	butter	beurre	Butter	burro	manteiga
manzana	apple	pomme	Apfel	mela	maçã
más	more	plus	mehr	più	mais
mayor	bigger, greater, older	plus grand, plus âgé	größer, älter	maggiore	maior
media	tights	bas	Strümpfe	calza	meia
mejillón	mussel	moule	Miesmuschel	cozza	mexilhão
mejor	better	meilleur	besser	migliore	melhor
melón	melon	melon	Melone	melone	melão
menor	smaller	plus petit	kleiner, jünger	minore	menor
menos	less	moins	weniger	meno	menos
merluza	hake	merluche	Seehecht	merluzzo	pescada
muy	very	très	sehr	molto	muito
naranja	orange	orange	Orange	arancia	laranja
odiar	to hate	haïr	hassen	odiare	odiar
pan	bread	pain	Brot	pane	pão
panadería	bakery	boulangerie	Bäckerei	panetteria	padaria
pantalón	pants, trousers	pantalon	Hose	pantalone	calça
paquete	packet	paquet	Paket	pacco	pacote
pasado	overcooked, overripe	pourri	überreif, verdorben	guasto	estragado, muito maduro
patata	potato	pomme de terre	Kartoffel	patata	batata
peor	worse	pire, plus mauvais	schlimmer, schlechter	peggiore	pior
pera	pear	poire	Birne	pera	pêra
pescadería	fishmonger's	poissonnerie	Fischgeschäft	pescivendolo	peixaria
piel	skin	peau	Haut	pelle	pele
pijama	pyjamas	pyjama	Pyjama	pigiama	pijama
pimiento	pepper	piment	Paprika	peperone	pimento (pimentão)
pinza	clothes peg	pince	(Wäsche) Klammer	pinzette	prendedor de roupa
plancha	iron	fer à repasser	Bügeleisen	ferro da stiro	ferro de engomar (ferro de passar)
planchar	to iron	repasser (le linge)	bügeln	stirare	engomar (passar roupa)
plátano	banana	banane	Banane	banana	banana
poco	little	peu	wenig	poco	pouco
pollo	chicken	poulet	Hähnchen	pollo	frango
poner (la lavadora)	to put (the washing machine on)	mettre (la machine à laver)	die Waschmaschine anstellen	caricare (la lavatrice)	pôr (a máquina de lavar) (ligar a máquina de lavar)
poner la mesa	to set/to lay the table	mettre la table	den Tisch decken	apparecchiare la tavola	pôr a mesa
preferir	to prefer	préférer	vorziehen	preferire	preferir
probarse (ropa)	to try on (clothes)	essayer (des vêtements)	anprobieren (Kleidung)	provarsi (vestiti)	provar (roupa) (experimentar)
queso	cheese	fromage	Käse	formaggio	queijo
rayas (camisa de)	striped shirt	rayures (chemise à)	gestreiftes (Hemd)	righe (camicia a)	camisa às riscas (camisa listrada)
rojo	red	rouge	rot	rosso	vermelho
sacar la basura	to throw out, put out the garbage / rubbish	sortir les ordures	den Müll wegbringen	gettare la spazzatura	deitar o lixo (jogar o lixo fora)
salchicha	sausage	saucisse	Wurst	salsiccia	salsicha
seda	silk	soie	Seide	seta	seda
talla	size	taille	Größe	taglia	tamanho
también	also	aussi	auch	anche	também
tampoco	neither	non plus	auch nicht	nemmeno, neanche	tão-pouco (tampouco)
tanto	so much	tant de	so viel	tanto	tanto
tarea	task	tâche	Aufgabe	compito	tarefa
tendedero	clothes line	étendoir, séchoir	Wäscheständer	stenditoio	estendal (varal)
tender la ropa	to hang out the clothes	étendre le linge	die Wäsche aufhängen	stendere i panni	estender a roupa
tomate	tomato	tomate	Tomate	pomodoro	tomate
traje	suit	costume	Anzug	abito	fato (terno)
trapo	rag	chiffon	Lappen	straccio	pano
ultramarinos	grocer's	épicerie	Lebensmittelgeschäft	(bottega di) coloniali	mercearia
vaqueros	jeans	blue-jeans	Jeans	blue-jeans	jeans (calça jeans)
verde (≠ maduro)	green, unripe	vert (≠ mûr)	grün, unreif	acerbo	verde
verdura	vegetable	légume vert	Gemüse	verdura	verdura, hortaliça (legume)
vestido	dress	robe	Kleid	vestito, abito	vestido
vino	wine	vin	Wein	vino	vinho
yogur	yoghourt	yaourt	Joghurt	iogurte, yogurt	iogurte
zanahoria	carrot	carotte	Mohrrübe, Karotte	carota	cenoura
zapato	shoe	chaussure	Schuh	scarpa	sapato
zumo	juice	jus	(Frucht)Saft	succo	sumo (suco)

ESPAÑOL	INGLÉS	FRANCÉS	ALEMÁN	ITALIANO	PORTUGUÉS (BRASILEÑO)
ámbito 2					
abrigarse	to cover up, wrap oneself up	se couvrir	sich warm anziehen	coprirsi	abrigar-se
aburrido	bored	ennuyeux	langweilig	annoiato	aborrecido (entendiado)
afónico	aphonic	aphone	heiser	afono	afônico (afônico)
agotado	exhausted	épuisé	erschöpft	esaurito	esgotado
alergia	allergy	allergie	Allergie	allergia	alergia
análisis de sangre	blood test	analyse de sang	Blutprobe	analisi del sangue	análise de sangue (exame de sangue)
boca	mouth	bouche	Mund	bocca	boca
brazo	arm	bras	Arm	braccio	braço
cabeza	head	tête	Kopf	testa	cabeça
cadera	hip	hanche	Hüfte	anca	anca (quadril)
calor	heat	chaleur	Hitze	caldo	calor
cansado	tired	fatigué	müde	stanco	cansado
cintura	waist	taille	Taille	vita	cintura
codo	elbow	coude	Ellbogen	gomito	cotovelo
consulta (del médico)	doctor's consulting room	cabinet de consultation	Sprechzimmer (Arzt)	studio del medico	consultório
contento	pleased, happy	content	froh, zufrieden	contento	contente
crema	cream	crème	Creme	crema	creme
cuello	neck	cou	Hals	collo	pescoço
dedo	finger	doigt	Finger	dito	dedo
desabrocharse	to undo, to unbutton	déboutonner, dégrafer	aufknöpfen	sbottonarsi	desabotoar
descansar	to rest	se reposer	ausruhen	riposare	descansar
diente	tooth	dent	Zahn	dente	dente
doler	to hurt	faire mal	schmerzen	fare male	doer
dolor	pain	douleur	Schmerz	dolore	dor
espalda	back	dos	Rücken	schiena	costas
estómago	stomach	estomac	Magen	stomaco	estômago
estornudar	to sneeze	éternuer	niesen	starnutire	espirrar
estrés	stress	stress	Stress	stress	stress
fiebre	fever	fièvre	Fieber	febbre	febre
frío	cold	froid	kalt	freddo	frio
garganta	throat	gorge	Kehle	gola	garganta
grano	spot	bouton	Pickel	foruncolo	espinha
grasa	fat	graisse	Fett	grasso	gordura
hambre	hunger	faim	Hunger	fame	fome
hombro	shoulder	épaule	Schulter	spalla	ombro
insomnio	insomnia	insomnie	Schlaflosigkeit	insonnia	insónia (insônia)
inyección	injection	piqûre, injection	Spritze	iniezione	injecção (injeção)
jarabe	syrup	sirop	Sirup	sciroppo	xarope
mano	hand	main	Hand	mano	mão
manzanilla	camomile	camomille	Kamille, Kamillentee	camomilla	camomila
mareado	dizzy	(avoir) mal au coeur	schwindelig, krank	nauseato	enjoado
miel	honey	miel	Honig	miele	mel
muela	molar, back tooth	molaire, dent	Backenzahn	molare	dente molar
muñeca	wrist	poignet	Handgelenk	polso	pulso
muslo	thigh	cuisse	(Ober)schenkel	coscia	coxa
nariz	nose	nez	Nase	naso	nariz
oído	hearing, ear	ouïe, oreille	Gehör	udito	ouvido
oreja	ear	oreille	Ohr	orecchia, orecchio	orelha
pantorrilla	calf	mollet	Wade	polpaccio	barriga da perna (batata da perna)
pie	foot	pied	Fuß	piede	pé
pierna	leg	jambe	Bein	gamba	perna
preparado	prepared	préparé	vorbereitet, bereit	preparato	preparado
pulmón	lung	poumon	Lunge	polmone	pulmão
remedio	remedy	remède	Hilfsmittel	rimedio	remédio
respirar	to breathe	respirer	atmen	respirare	respirar
riñón	kidney	rein	Niere	rene	rim
rodilla	knee	genou	Knie	ginocchio	joelho
sed	thirst	soif	Durst	sete	sede
síntoma	symptom	symptôme	Symptom	sintomo	sintoma
talón	heel	talon	Ferse	tallone	calcanhar
tener ganas (de)	to want to, to feel like	avoir envie (de)	Lust haben (auf)	avere voglia	ter vontade
tobillo	ankle	cheville	Fußknöchel	caviglia	tornozelo
tortícolis	stiff neck	torticolis	steifer Hals	torcicollo	torcicolo
tos	cough	toux	Husten	tosse	tosse
triste	sad	triste	traurig	triste	triste
tumbarse	to lie down	s'allonger, s'étendre	sich hinlegen	sdraiarsi, stendersi	deitar-se
voz	voice	voix	Stimme	voce	voz

ESPAÑOL	INGLÉS	FRANCÉS	ALEMÁN	ITALIANO	PORTUGUÉS (BRASILEÑO)

LECCIÓN 5 ámbito 1

ESPAÑOL	INGLÉS	FRANCÉS	ALEMÁN	ITALIANO	PORTUGUÉS (BRASILEÑO)
aire	air	air	Luft	aria	ar
albergue	lodging	auberge	Herberge	albergo	albergue
al final	at the end	finalement	am Ende	alla fine	no fim (no final)
alojamiento	lodging, accomodation	logement	Unterkunft, Unterbringung	alloggio	alojamento
autostop	hitchhiking	auto-stop	Autostop	autostop	pedir boleia (pedir carona)
avión	airplane	avion	Flugzeug	aereo	avião
azafata	air hostess	hôtesse de l'air	Stewardess	hostess	hospedeira (aeromoça)
banco	bank	banque	Bank	banca	banco
barco	ship	bateau	Schiff	nave	barco
biblioteca	library	bibliothèque	Bibliothek	biblioteca	biblioteca
bicicleta	bicycle	bicyclette	Fahrrad	bicicletta	bicicleta
botones (persona)	bellboy, porter	groom	Laufbursche	fattorino	mensageiro de hotel
buen tiempo	nice weather	beau temps	gutes Wetter	buon tempo	bom tempo
cámping	camping site	camping	Campingplatz	camping, campeggio	campismo (camping)
campo	field, countryside	champ, campagne	Land, Feld	campo, campagna	campo, campina
capitán	captain	capitaine	Kapitän	capitano	capitão
carretera	road	route	(Land)Straße	strada	estrada
carril	lane	voie	Schiene	corsia	via (pista)
castillo	castle	château	Schloss	castello	castelo
cerca	near	près	nahe	vicino	perto
clima	climate	climat	Klima	clima	clima
coche	car	voiture	Wagen	macchina	viatura (carro)
coger (una calle)	to take (a street)	prendre (une rue)	fahren	prendere (una via)	tomar (uma rua) (pegar)
cordillera	mountain range, chain	cordillère, chaîne	Gebirgskette	cordigliera	cordilheira
Correos	post office	poste	Post	posta	correios (correio)
costa	coast	côte	Küste	costa	costa
(a la) derecha	to the right	à droite	(nach) rechts	a destra	à direita
desierto	desert	désert	Wüste	deserto	deserto
doble (habitación)	double room	chambre double	Doppelzimmer	camera doppia	quarto duplo (apartamento duplo)
esquina	corner	angle	Ecke	angolo	esquina
estación	station	gare	Bahnhof	stazione	estação
estanco	tobacconist's	bureau de tabac	Tabakladen	tabaccheria	tabacaria
este (punto cardinal)	east	est	Osten	est	Este (leste)
farmacia	drugstore, pharmacy	pharmacie	Apotheke	farmacia	farmácia
gasolinera	petrol / gas station	poste d'essence	Tankstelle	distributore (di benzina)	estação de serviço (posto de gasolina)
girar	to turn	tourner	abbiegen	girare	girar (virar)
hotel	hotel	hôtel	Hotel	hotel, albergo	hotel
individual (habitación)	single room	chambre simple	Einzelzimmer	camera singola	apartamento simples (quarto individual)
isla	island	île	Insel	isola	ilha
(a la) izquierda	to the left	à gauche	(nach) links	a sinistra	à esquerda
lejos	far (away)	loin	weit	lontano	longe
librería	bookshop	librairie	Buchhandlung	librería	livraria
llover	to rain	pleuvoir	regnen	piovere	chover
lluvia	rain	pluie	Regen	pioggia	chuva
mal tiempo	bad weather	mauvais temps	schlechtes Wetter	cattivo tempo	mau tempo
mar	sea	mer	Meer	mare	mar
media pensión	half board	demi-pension	Halbpension	mezza pensione	meia pensão
meseta	plateau	plateau	Hochebene	altopiano	planalto
metro	subway, underground	métro	U-Bahn	metropolitana	metro (metrô)
montaña	mountain	montagne	Berg	montagna	montanha
monumento	monument	monument	Denkmal	monumento	monumento
moto	motorcycle	moto	Motorrad	motocicletta	moto
museo	museum	musée	Museum	museo	museu
nevar	to snow	neiger	schneien	nevicare	nevar
niebla	fog	brouillard	Nebel	nebbia	névoa
nieve	snow	neige	Schnee	neve	neve
norte	north	nord	Norden	nord	Norte (norte)
nublado	clouded	nuageux	bewölkt	nuvoloso	nublado
océano	ocean	océan	Ozean	oceano	oceano
oeste	west	ouest	Westen	ovest	oeste
paracaidista	parachutist	parachutiste	Fallschirmspringer	paracadutista	pára-quedista
parada de autobús	bus stop	arrêt d'autobus	Bushaltestelle	fermata degli autobus	paragem de autocarro (ponto de ônibus)
párking	car park, parking lot	parking	Parkhaus, Parkplatz	parcheggio	parque de estacionamento (estacionamento)
pensión completa	full board	pension complète	Vollpension	pensione completa	pensão completa

ciento noventa y una 191

ESPAÑOL	INGLÉS	FRANCÉS	ALEMÁN	ITALIANO	PORTUGUÉS (BRASILEÑO)
playa	beach	plage	Strand	spiaggia	praia
puerto	port, harbour	port	Hafen	porto	porto
quiosco	kiosk, newsstand	kiosque	Kiosk	chiosco, edicola	quiosque
raíl	rail	rail	Schiene	rotaia	trilho
(todo) recto	straight on	tout droit	immer geradeaus	sempre dritto	tudo recto (sempre reto)
reservar	to reserve	réserver	reservieren	prenotare	reservar
revisor	ticket inspector	contrôleur	Schaffner, Kontrolleur	controllore	revisor (fiscal)
río	river	fleuve	Fluss	fiume	rio
seguir	to follow	suivre	folgen	seguire	seguir
sol	sun	soleil	Sonne	sole	sol
sur	south	sud	Süden	sud	sul
taxi	taxi	taxi	Taxi	tassi, taxi	táxi
tomar (una calle)	to take (a street)	prendre (une rue)	nehmen (ein straße)	prendere (una via)	tomar (uma rua) (pegar)
torcer	to turn	tourner	abbiegen	girare	virar
transporte	transport	transport	Transport	trasporto	transporte
tren	train	train	Zug	treno	comboio (trem)
vacaciones	holidays, vacation	vacances	Ferien	vacanze	férias
viento	wind	vent	Wind	vento	vento

ámbito 2

ESPAÑOL	INGLÉS	FRANCÉS	ALEMÁN	ITALIANO	PORTUGUÉS (BRASILEÑO)
actor	actor	acteur	Schauspieler	attore	actor (ator)
actriz	actress	actrice	Schauspielerin	attrice	actriz (atriz)
argumento	argument	argument	Argument	argomento	argumento
arroz con leche	rice pudding	riz au lait	Milchreis	riso al latte	arroz-doce
arte	art	art	Kunst	arte	arte
asado	roasted	rôti	gebraten	arrosto	assado
auditorio	auditorium	auditoire	Zuhörerschaft Auditorium	auditorio	auditório
aventura	adventure	aventure	Abenteuer	avventura	aventura
bailar	to dance	danser	tanzen	ballare	dançar
baloncesto	basketball	basket-ball	Basketball	pallacanestro	basquetebol
caminar	to walk	marcher	zu Fuß gehen, laufen	camminare	caminhar
cartelera	entertainment guide	programme, affiche	Kulturanzeiger	cartellone	programação cultural
cerveza	beer	bière	Bier	birra	cerveja
ciencia	science	science	Wissenschaft	scienza	ciência
ciencia-ficción	science fiction	science-fiction	Science-Fiction	fantascienza	ciência e ficção (ficção científica)
cine	cinema	cinéma	Kino	cinema	cinema
cochinillo	piglet	cochon de lait	Spanferkel	porcellino da latte	leitão
comedia	comedy	comédie	Komödie	commedia	comédia
conducir	to drive	conduire	fahren	guidare	conduzir (dirigir)
cortometraje	short (film)	court métrage	Kurzfilm	cortometraggio	curta-metragem
crema catalana	catalan pudding	crème à la catalane	katalanische Creme	crema catalana	creme de ovos com fina camada de açúcar (creme catalã)
deporte	sport	sport	Sport	sport	desporto (esporte)
discoteca	discotheque	discothèque	Disko(thek)	discoteca	discoteca (danceteria)
divertirse	to have fun	s'amuser	sich amüsieren	divertirsi	divertir-se
escuchar música	to listen to music	écouter de la musique	Musik hören	ascoltare musica	ouvir música
esquiar	to ski	faire du ski	Ski laufen	sciare	esquiar
exposición	exhibition	exposition	Ausstellung	mostra, esposizione	exposição
fabada asturiana	bean stew (typical of Asturias region)	sorte de cassoulet typique des Asturies	asturianischer Bohneneintopf	zuppa di fagioli bollotti alla asturiana	feijoada de feijão branco (típica de Astúrias)
flan	crème caramel	flan	Karamelpudding	budino	pudim
fútbol	football, soccer	football	Fußball	calcio	futebol
galería	gallery	galerie	Galerie	galleria	galeria
gazpacho	gazpacho	gazpacho	Gazpacho	gazpacho	gazpacho
género	genre	genre	Gattung	genere	género (gênero)
guerra	war	guerre	Krieg	guerra	guerra
hacer deporte	to play sports	faire du sport	Sport treiben	fare sport	praticar desporto (praticar esporte)
helado	ice cream	glace	Eis	gelato	gelado (sorvete)
ir de compras	to go shopping	faire des courses / du shopping	einkaufen gehen	fare acquisti, fare spese	ir às compras (fazer compras)
jugar (a las cartas)	to play (cards)	jouer (aux cartes)	(Karten) spielen	giocare (carte)	jogar (cartas)
mahonesa	mayonnaise	mayonnaise	Mayonnaise	maionese	maionese
menú	menu	menu	Speisekarte, Menü	menù	ementa (cardápio)
montar a caballo	to ride a horse	monter à cheval	reiten	montare a cavallo	andar a cavalo
montar en bicicleta	to ride a bicycle	monter à bicyclette	Fahrrad fahren	montare in bicicletta	andar de bicicleta
música	music	musique	Musik	musica	música
musical	musical	musical	musikalisch	musicale	musical
nadar	to swim	nager	schwimmen	nuotare	nadar
natillas	custard	crème renversée	Cremespeise	crema inglese	creme feito com ovos, leite e açúcar
novela	novel	roman	Roman	romanzo	romance, novela

ESPAÑOL	INGLÉS	FRANCÉS	ALEMÁN	ITALIANO	PORTUGUÉS (BRASILEÑO)
obra (de teatro)	play	pièce (de théâtre)	(Theater-) Stück	opera (teatrale)	obra (de teatro)
ópera	opera	opéra	Oper	opera	ópera
paella valenciana	paella	paella à la valencienne	Valencianische Reispfanne, Paella	paella valenziana	paelha valenciana (paella)
pasear	to walk	se promener	spazieren gehen	passeggiare	passear
película	film, movie	film	Film	film	filme
pisto manchego	ratatouille, vegetable stew	ratatouille niçoise	Gemüsepfanne aus La Mancha	frittura di verdure alla mancega	legumes à moda manchega
postre	dessert	dessert	Nachtisch	dessert	sobremesa
primer plato	first dish	entrée	erstes Gericht	primo piatto	primeiro prato (entrada)
refresco	soft drink	rafraîchissement	Erfrischung	rinfresco	refresco (refrigerante)
romántico	romantic	romantique	romantisch	romantico	romântico
segundo plato	second dish	plat de résistance	zweiter Gang	secondo piatto	segundo prato (prato principal)
sopa de marisco	shellfish soup	soupe aux fruits de mer	Meeresfrüchtesuppe	zuppa di frutti di mare	sopa de marisco
teatro	theatre	théâtre	Theater	teatro	teatro
tenis	tennis	tennis	Tennis	tennis	ténis (tênis)
ternera	veal	génisse, veau	Kalb	vitella	vitela
título	title	titre	Titel	titolo	título
tocar (un instrumento)	to play (an instrument)	jouer (d'un instrument)	(ein Musikinstrument) spielen	suonare (uno strumento)	tocar (um instrumento)
vino tinto	red wine	vin rouge	Rotwein	vino rosso	vinho tinto
vino blanco	white wine	vin blanc	Weißwein	vino bianco	vinho branco
vino rosado	rosé wine	vin rosé	Rosé (wein)	vino rosato	vinho rosado
zarzuela	Spanish operetta	opérette espagnole	Spanische Operette	operetta spagnola	zarzuela

LECCIÓN 6 ámbito 1

ESPAÑOL	INGLÉS	FRANCÉS	ALEMÁN	ITALIANO	PORTUGUÉS (BRASILEÑO)
abrir	to open	ouvrir	öffnen	aprire	abrir
agencia	agency	agence	Agentur	agenzia	agência
apagar	to extinguish	éteindre	auslöschen, ausmachen	spegnere, estinguere	apagar, extinguir
callar	to be quiet	taire	schweigen	tacere	calar
césped	lawn, grass	gazon	Rasen	erba, tappeto erboso	relva (gramado)
curar	to cure	guérir	heilen	guarire	curar
dentista	dentist	dentiste	Zahnarzt	dentista	dentista
disculparse	to apologize	s'excuser	sich entschuldigen	scusarsi	desculpar-se
encender	to light	allumer	anzünden	accendere	acender
favor	favour	faveur	Gefallen	favore	favor
fotocopiar	to photocopy	photocopier	fotokopieren	fotocopiare	fotocopiar
guardia	guard	garde	Wache	guardia	guarda
hacer falta	to need, to be lacking	manquer, avoir besoin de	nötig sein	occorrere, bisognare	fazer falta
iglesia	church	église	Kirche	chiesa	igreja
imprimir	to print	imprimer	drucken	stampare	imprimir
ingeniero	engineer	ingénieur	Ingenieur	ingegnere	engenheiro
juez	judge	juge	Richter	giudice	juiz
juzgar	to judge	juger	beurteilen	giudicare	julgar
llevar	to carry; to wear	porter	bringen; tragen	portare	levar
móvil (teléfono)	cell / mobile phone	téléphone mobile / portable	Handy	cellulare	telemóvel (celular)
ordenar	to put in order	ranger, ordonner	ordnen	ordinare	ordenar
organizar	to organize	organiser	organisieren	organizzare	organizar
pasar	to pass, to go in	passer	vorbeigehen, reichen	passare	passar
pedir un favor	to ask a favour	demander un service	um einen Gefallen bitten	chiedere un favore	pedir um favor
pedir permiso	to ask permission	demander la permission de	um Erlaubnis bitten	chiedere permesso	pedir licença (pedir permissão)
poder	can, to be able to	pouvoir	können	potere	poder
político	politician	(homme) politique	Politiker	politico	político
regar	to water	arroser	gießen	innafiare	regar
solicitar	to request	solliciter	erbitten, bewerben	chiedere, sollecitare	solicitar
tirar	to throw	jeter	(weg) werfen	gettare	deitar fora (jogar)
traer	to bring	apporter	(mit) bringen	portare	trazer

ámbito 2

ESPAÑOL	INGLÉS	FRANCÉS	ALEMÁN	ITALIANO	PORTUGUÉS (BRASILEÑO)
algo	something	quelque chose	etwas	qualcosa	algo
alguien	somebody	quelqu'un	jemand	qualcuno	alguém
alguno (algún)	some	quelque, un	irgendein, ein, kein(e)	qualcuno (qualche)	algum
bombón	chocolate, sweet	chocolat	Praline	cioccolatino	bombom
botiquín	first-aid kit	trousse à pharmacie	Verbandskasten, Hausapotheke	stipetto, armadietto dei medicinali	estojo de primeiros socorros
chal	shawl	châle	Schal	scialle	xaile (xale)
dejar (prestar)	to lend	prêter	leihen	prestare	deixar (emprestar)
desear	to desire	désirer	wünschen	desiderare	desejar
despedida	goodbye, farewell	adieu(x)	Abschied	congedo	despedida
esperar	to hope, to expect	attendre, espérer	hoffen	sperare, augurarsi	esperar

ciento noventa y tres 193

ESPAÑOL	INGLÉS	FRANCÉS	ALEMÁN	ITALIANO	PORTUGUÉS (BRASILEÑO)
felicitar	to congratulate	féliciter	gratulieren	rallegrarsi, fare gli auguri	felicitar
folio	sheet (paper)	feuille	Blatt	foglio	fólio (folha)
gorro	cap	bonnet	Mütze	berretto	gorro (touca)
lápiz	pencil	crayon de papier	Bleistift	matita	lápis
llevarse (bien)	to get along	s'entendre bien	sich gut verstehen	andare d'accordo	dar-se bem
llevarse (mal)	not to get along	s'entendre mal	sich schlecht verstehen	non andare d'accordo	dar-se mal
madera	wood	bois	Holz	legno	madeira
maletín	briefcase	porte-documents	Reisetasche, Handkoffer	valigetta, ventiquattrore	maleta
nada	nothing	rien	nichts	niente	nada
nadie	nobody	personne	niemand	nessuno	ninguém
ningún, ninguno	none	aucun	kein, Keiner	nessun, nessuno	nenhum
perfume	perfume, scent	parfum	Parfüm	profumo	perfume
plástico	plastic	plastique	aus Plastik	plastica	plástico
pluma	fountain pen	stylo plume	Feder	penna	caneta-tinteiro
prohibir	to forbid	interdire, défendre	verbieten	proibire	proibir
pulsera	bracelet	bracelet	Armband	braccialetto	pulseira
ratón	mouse	souris	Maus	topo	rato
suerte	luck	chance, sort	Glück	fortuna	sorte

LECCIÓN 7 ámbito 1

ESPAÑOL	INGLÉS	FRANCÉS	ALEMÁN	ITALIANO	PORTUGUÉS (BRASILEÑO)
a la intemperie	outside in the cold	en plein air	draußen	all'aperto	à intempérie
absolutamente	absolutely	absolument	absolut, völlig	assolutamente	absolutamente
acompañar	to go with	accompagner	begleiten	accompagnare	acompanhar
alcantarilla	sewer	égout	Abwasserkanal	fogna	esgoto
aldea	hamlet	village	Dorf	villaggio	aldeia
ambulancia	ambulance	ambulance	Krankenwagen	ambulanza	ambulância
aún no	not yet	pas encore	noch nicht	ancora no, ancora non	ainda não
autóctono	autochthonous, native	autochtone	einheimisch	autoctono	auctóctone
autoridad	authority	autorité	Autorität	autorità	autoridade
avance (tecnológico)	progress (technological)	progrès (technologique)	(technischer) Fortschritt	progresso (tecnologico)	avanço (tecnológico)
aventurero	adventurer	aventurier	abenteuerlustig	avventuriero	aventureiro
ayudar	to help	aider	helfen	aiutare	ajudar
basura	garbage, rubbish	ordures	Abfall	immondizia	lixo
breve	brief	bref	kurz	breve	breve
caerse	to fall (down)	tomber	fallen	cadere	cair
camello	camel	chameau	Kamel	cammello	camelo
cartón	cardboard	carton	Pappe	cartone	papelão
colaborar	to collaborate	collaborer	zusammenarbeiten, mitwirken	collaborare	colaborar
comprender	to understand	comprendre	verstehen	comprendere	compreender
contaminación	pollution	pollution, contamination	Verschmutzung	inquinamento, contaminazione	poluição
contenedor	container	container	Container	container	contentor (container)
convertirse (en)	to turn into, to become	devenir	werden	diventare	tornar-se
cooperar (con)	to cooperate	coopérer	zusammenarbeiten, kooperieren	cooperare	cooperar
correo electrónico	email	courrier électronique, email	Email	E-mail	E-mail
creíble	credible	crédible, croyable	glaubhaft	credibile	crível
cruzar a nado	to swim across	traverser à la nage	durchschwimmen	attraversare a nuoto	atravessar a nado
cueva	cave	caverne, grotte	Höhle	grotta	caverna
cuidadosamente	carefully	soigneusement	vorsichtig	attentamente	cuidadosamente
chubasquero	raincoat	imperméable	Regenmantel	impermeabile	impermeável (capa de chuva)
depositar	to deposit, to place, to put	déposer	hinterlegen, deponieren	depositare	depositar
depuradora	purifying plant	station d'épuration	Kläranlage	impianto di depurazione	estação de tratamento, depurador
desastre	disaster	désastre	Unglück, Katastrophe	disastro	desastre
desperdicio	waste	déchet	Abfall	spreco	desperdício
divertido	amusing	divertissant, amusant	lustig	divertente	divertido
ecología	ecology	écologie	Ökologie	ecologia	ecologia
en vías de extinción	about to become extinct	en voie de disparition	vom Aussterben bedroht	in via di estinzione	em vias de extinção
en peligro	endangered	en danger	in Gefahr	in pericolo	em perigo
entrevista	interview	entrevue, entretien, interview	Besprechung, Interview	intervista	entrevista
escarpado	steep	escarpé	schroff	scosceso	escarpado
escombro	rubble	décombres	Trümmer	maceria	entulho
espantoso	terrifying, horrific	épouvantable	schrecklich	spaventoso	pavoroso (espantoso)
especie (animal)	species	espèce (animale)	Art	specie (animale)	espécie (animal) (espécie)
exactamente	exactly	exactement	genau	esattamente	exatamente
exótico	exotic	exotique	exotisch	esotico	exótico
experiencia	experience	expérience	Erfahrung	esperienza	experiência
exuberante	exuberant	exubérant	üppig	esuberante	exuberante
facilitar	to facilitate	faciliter	erleichtern	facilitare	facilitar
fax	fax	fax	Fax	fax	fax
forestal	forest	forestier, de forêt	Forst-	forestale	florestal
fotocopia	photocopy	photocopie	Fotokopie	fotocopia	fotocópia

ESPAÑOL	INGLÉS	FRANCÉS	ALEMÁN	ITALIANO	PORTUGUÉS (BRASILEÑO)
hacerse daño	to hurt oneself	se faire mal	sich verletzen	farsi male	magoar-se (machucar-se)
hoy	today	aujourd'hui	heute	oggi	hoje
humanitario	humanitarian	humanitaire	humanitär	umanitario	humanitário
imaginar	to imagine	imaginer	vorstellen, vermuten	immaginare	imaginar
impermeable	waterproof	imperméable	wasserdicht	impermeabile	impermeável
importante	important	important	wichtig	importante	importante
imposible	impossible	impossible	unmöglich	impossibile	impossível
inconveniente	difficulty, disadvantage	inconvénient	Nachteil	inconveniente	inconveniente
inflamable	inflammable	inflammable	brennbar	infiammabile	inflamável
interesante	interesting	intéressant	interessant	interessante	interessante
inundación	flood	inondation	Überschwemmung	inondazione	inundação
invento	invention	invention	Erfindung	invenzione	invento (invenção)
llegar	to arrive	arriver	ankommen	arrivare	chegar
maltratado	mistreated, abused	maltraité	misshandelt	maltrattato	maltratado
medio de comunicación	the media	média	Medien	mezzo di comunicazione	meio de comunicação
medio ambiente	environment	environnement	Umwelt	l'ambiente	meio ambiente
modelo	model	modèle	Modell	modello	modelo
mortal	mortal	mortel	tödlich	mortale	mortal
muda	change of underwear	linge propre	frische Wäsche, Bettwäsche	muta	muda
mudarse (de casa)	to move house	déménager	umziehen	traslocare	mudar-se
novelista	novelist	romancier	Romanautor	romanziere	romancista
operación (quirúrgica)	operation	opération (chirurgicale)	Operation	operazione (chirurgica)	operação (cirúrgica)
paracaídas	parachute	parachute	Fallschirm	paracadute	pára-quedas
perder	to lose, to miss	perdre	verlieren	perdere	perder
pescar	to fish	pêcher	fischen, angeln	pescare	pescar
pila	battery	pile	Batterie	pila	pilha
planeta	planet	planète	Planet	pianeta	planeta
polución	pollution	pollution	Verschmutzung	polluzione	poluição
potable	drinkable	potable	trinkbar	potabile	potável
preparativo(s)	preparations	préparatifs	Vorbereitung	preparativo	preparativo
presentador	compere, presenter	présentateur	Ansager	presentatore	apresentador
prisa	hurry	hâte	Eile	fretta	pressa
recibir	to receive	recevoir	erhalten	ricevere	receber
reciclar	to recycle	recycler	wiederverwerten	riciclare	reciclar
recientemente	recently	récemment	kürzlich	recentemente	recentemente
recurso	resource	recours, ressource	Ressourcen	risorsa	recurso
rellenar	to fill in	remplir	(nach)füllen	riempire	preencher
representante	representative	représentant	Vertreter	rappresentante	representante
ropa de safari	safari clothes	vêtements de safari	Safarikleidung	indumenti da safari	roupa de safári
saco de dormir	sleeping bag	sac de couchage	Schlafsack	sacco a pelo	saco de dormir
selva	forest, jungle	forêt, jungle	Dschungel	selva	selva
sendero	path	sentier	Pfad	sentiero	senda (vereda)
soportable	bearable	supportable	erträglich	sopportabile	suportável
tecnología	technology	technologie	Technologie	tecnologia	tecnologia
todavía no	not yet	pas encore	noch nicht	ancora no, ancora non	ainda não
tomar	to take	prendre	nehmen	prendere	tomar
trámite	step, procedure	formalité, démarche	Verfahrensweg, Formalität	pratica	trâmite
ya	already	déjà	schon	già	já

ámbito 2

ESPAÑOL	INGLÉS	FRANCÉS	ALEMÁN	ITALIANO	PORTUGUÉS (BRASILEÑO)
accidente (geográfico)	(geographical) feature	accident (du relief)	Unebenheit (geographisch)	incidente (geografico)	acidente (geográfico)
agotador	exhausting	épuisant	anstrengend	sfiancante	cansativo
agradable	pleasant, nice	agréable	angenehm	gradevole, piacevole	agradável
ala delta	hang-glider, hang-gliding	deltaplane	Flugdrachen	deltaplano	asa delta
almacenar	to store, to stock up	emmagasiner, stocker	lagern	immagazzinare	armazenar
alpinismo	climbing	alpinisme	Bergsteigen	alpinismo	alpinismo
arena	sand	sable	Sand	sabbia	areia
argumentar	to argue	argumenter	schließen, argumentieren	argomentare	argumentar
asociación	association	association	Verband	associazione	associação
atleta	athlete	athlète	Athlet	atleta	atleta
barranco	gully, ravine	ravin	Schlucht	burrone	barranco
caminata	long walk, hike	randonnée	langer Fußmarsch	camminata	caminhada
catástrofe	catastrophe	catastrophe	Katastrophe	catastrofe	catástrofe
cenicero	ashtray	cendrier	Aschenbecher	portacenere	cinzeiro
chatarra	junk, scrap	ferraille	Alteisen	ferri vecchi	sucata
ciclista	cyclist	cycliste	Radfahrer	ciclista	ciclista
cierto	certain	certain	wahr	certo	certo
colilla	cigarette butt	mégot	Zigarettenkippe	mozzicone	ponta, toco
conquista (del espacio)	space conquest	conquête (de l'espace)	Eroberung (des Alls)	conquista (dello spazio)	conquista (do espaço)
continente	continent	continent	Kontinent	continente	continente

ESPAÑOL	INGLÉS	FRANCÉS	ALEMÁN	ITALIANO	PORTUGUÉS (BRASILEÑO)
continuo	continuous	continu	ständig	continuo	contínuo
creer	to believe	croire	glauben	credere	crer
crucero	cruise	croisière	Kreuzfahrt	crociera	cruzeiro
cualquier	any	quelconque	irgendein (e, er, s)	qualunque	qualquer
cultivar (la tierra)	to cultivate (the land)	cultiver (la terre)	anbauen, bestellen	coltivare (la terra)	cultivar (a terra)
cuota	quota	quote-part	Quote	quota	quota
dar una opinión	to express an opinion	donner son avis	eine Meinung abgeben	dare un'opinione	dar uma opinião
de acuerdo	alright	d'accord	einverstanden	d'accordo	ok
deforestación	deforestation	déforestation	Abrodung	diboscamento	deflorestação (desflorestamento)
desembocar	to flow into	déboucher	(ein)münden, führen	sboccare	desembocar
desertización	desertification	désertisation	Verwüstung	desertizzazione	desertificação
dirigirse	to address, to aim for	se diriger vers	sich richten an	dirigersi	dirigir-se
disciplinado	disciplined	discipliné	diszipliniert	disciplinato	disciplinado
duna	dune	dune	Düne	duna	duna
embalse	reservoir	réservoir, barrage	Stausee	bacino, stagno artificiale	represa
equitación	horse riding	équitation	Reitsport	equitazione	equitação
esquiador	skier	skieur	Skifahrer	sciatore	esquiador
estar de acuerdo	to agree	être d'accord	einverstanden sein	essere d'accordo	concordar
estar en desacuerdo	to disagree	ne pas être d'accord	nicht einverstanden sein	non essere d'accordo	discordar
excursión	excursion	excursion	Ausflug	escursione	excursão
explorar	to explore	explorer	erforschen	esplorare	explorar
fallo	mistake, fault	faute, défaillance	Fehler, Versagen	sbaglio	falha
fauna	fauna	faune	Fauna	fauna	fauna
flora	flora	flore	Flora	flora	flora
folleto	brochure	brochure	Broschüre	opuscolo	folheto
hábitat	habitat	habitat	Lebensraum	habitat	habitat
humo	smoke	fumée	Rauch	fumo	fumo (fumaça)
junto a	next to	près de	nahe, in der Nähe von	vicino a	junto
locura	madness	folie	Wahnsinn	pazzia	loucura
lunático	lunatic	lunatique	verrückt, launisch	lunatico	lunático
maquinaria	machinery	machinerie	Maschinerie	macchinario	maquinaria
maravilloso	wonderful	merveilleux	wunderbar	meraviglioso	maravilhoso
medios de transporte	means of transport	moyens de transport	Transportmittel	mezzi di trasporto	meios de transporte
natación	swimming	natation	Schwimmen	nuoto	natação
nave	ship	vaisseau	Schiff	nave	navio
opinar	to think, to give one's opinion	penser, opiner	meinen	opinare, pensare	opinar
parque	park	parc	Park	parco	parque
pensar	to think	penser	denken	pensare	pensar
población	population	population	Bevölkerung	popolazione	população
polluelo	chick	poussin	Küken	pulcino	pintainho (pinto)
practicar (deportes)	to play (sports)	pratiquer (des sports)	(Sport) treiben	praticare (sport)	praticar (desportos) (fazer)
prado	meadow	pré	Wiese, Weide	prato	prado
razón	reason	raison	Vernunft	ragione	razão
recado	message	commission	Nachricht, Bescheid	messaggio	recado
refugio	shelter, refuge	refuge	Schutzraum, Berghütte	rifugio	refúgio
reserva	reserve	réserve	Vorbehalt, Reservierung	riserva	reserva
sendero	path	sentier	Pfad	sentiero	senda (vereda)
sequía	drought	sécheresse	Dürre	siccità	seca
sierra	mountain (range)	chaîne de montagnes	Gebirgskette	giogaia	serra
silvestre	wild	sauvage, sylvestre	wild	silvestre	silvestre
sistema solar	solar system	système solaire	Sonnensystem	sistema solare	sistema solar
Tercer Mundo	Third World	Tiers Monde	Dritte Welt	Terzo Mondo	Terceiro Mundo
valla	fence	clôture	Zaun	steccato	valado (cerca)
valle	valley	vallée	Tal	valle	vale
vela	candle	bougie	Kerze	candela	vela

LECCIÓN 8 ámbito 1

ESPAÑOL	INGLÉS	FRANCÉS	ALEMÁN	ITALIANO	PORTUGUÉS (BRASILEÑO)
anteayer	the day before yesterday	avant-hier	vorgestern	avantieri	anteontem
ayer	yesterday	hier	gestern	ieri	ontem
casarse	to get married	se marier	heiraten	sposarsi	casar-se
cómic	comic	bande dessinée	Comic	fumetto	banda desenhada (revista em quadrinhos)
componer	to compose	composer	komponieren	comporre	compor
conocer	to know	connaître	kennen	conoscere	conhecer
cuadro	painting	tableau	Gemälde	quadro	quadro
cuando	when	quand	wenn, als	quando	quando
después	afterwards, then	après	danach	dopo	depois
dibujar	to draw	dessiner	zeichnen	disegnare	desenhar

196 ciento noventa y seis

ESPAÑOL	INGLÉS	FRANCÉS	ALEMÁN	ITALIANO	PORTUGUÉS (BRASILEÑO)
diseñar	to design	dessiner, concevoir	entwerfen, zeichnen	disegnare	desenhar
enamorarse	to fall in love	tomber amoureux	sich verlieben	innamorarsi	enamorar-se
enfermar	to fall ill	tomber malade	krank werden	ammalarsi	enfermar, adoecer
enfermedad	illness	maladie	Krankheit	malattia	doença
(al) final	in the end	finalement	am Ende, schließlich	alla fine	no fim (no final)
luego	then	après, ensuite	danach, dan	dopo	logo
más tarde	later	plus tard	später	più tardi	mais tarde
morir	to die	mourir	sterben	morire	morrer
muerte	death	mort	Tod	morte	morte
músico	musician	musicien	Musiker	musicista	músico
nacer	to be born	naître	geboren werden	nascere	nascer
pintar	to paint	peindre	malen	dipingere	pintar
pintor	painter	peintre	Maler	pittore	pintor
pintura	painting	peinture	Gemälde, Malerei	pittura	pintura
por último	finally	finalement	zuletzt, als Letztes, schießlich	per ultimo	por último
primero	first	premier	erste (r, s)	primo	primeiro
producir	to produce	produire	herstellen	produrre	produzir
rodar (una película)	to film, to shoot	tourner (un film)	drehen	girare	rodar, filmar
terminar	to finish	terminer	beenden	finire	terminar
trabajo	work	travail	Arbeit	lavoro	trabalho
trasladarse	to move	se rendre, se déplacer	umziehen, sich begeben	trasferirsi	trasladar-se (transferir-se)
vivir	to live	vivre	leben	vivere	viver

ámbito 2

ESPAÑOL	INGLÉS	FRANCÉS	ALEMÁN	ITALIANO	PORTUGUÉS (BRASILEÑO)
acontecimiento	event	événement	Ereignis	avvenimento	acontecimento
ala	wing	aile	Flügel	ala	asa
aparcamiento	car park, parking lot	parking	Parkhaus, Parkplatz	parcheggio	parque de estacionamento (estacionamento)
arcén	hard shoulder, lay-by	bas-côté	Rand (streifen)	marciapiede	faixa de emergência (acostamento)
arrancar	to start	arracher	starten	strappare	começar, arrancar
autopista	motorway	autoroute	Autobahn	autostrada	auto-estrada (rodovia)
caravana	backup, tailback	file de voitures	Wohnwagen, Wohnmobil	ingorgo	congestionamento, caravana (engarrafamento, trailer)
cumbre	summit	sommet	Gipfel	cima	cimo (cima)
descolonizar	to decolonise	décoloniser	entkolonisieren	decolonizzare	descolonizar
fotografía	photography	photographie	Fotografie	fotografia	fotografia
guía	guide	guide	(Fremden-)Führer	guida	guia
muelle	platform, quay	quai, môle	(Sprung) Feder	molo	mola
mundial	worldwide	mondial	Welt-	mondiale	mundial
muro	wall	mur	Mauer	muro	muro, parede
navegar	to navigate	naviguer	(mit einem Schiff) fahren	navigare	navegar
olimpiada	Olympiad, Olympic Games	olympiade	Olympiade	olimpiade	Olimpíada
pasear	to walk	promener	spazierengehen	passeggiare	passear
paz	peace	paix	Friede (n)	pace	paz
pilotar	to pilot	piloter	steuern	pilotare	pilotar
pista de aterrizaje	landing strip	piste d'atterrissage	Landebahn	pista d'atterraggio	pista de aterragem (pista de aterrissagem)
postal	post card	carte postale	Postkarte	cortolina postale	cartão-postal
revisar	to check, to revise	réviser	überprüfen	rivedere	revisar
selva	forest, jungle	forêt, jungle	Dschungel	selva	selva
tener lugar	to take place	avoir lieu	stattfinden	avere luogo	ter lugar
terminal	terminal	terminal, aérogare	Terminal, Abfertigungshalle	terminale	terminal

LECCIÓN 9 ámbito 1

ESPAÑOL	INGLÉS	FRANCÉS	ALEMÁN	ITALIANO	PORTUGUÉS (BRASILEÑO)
burro	donkey	âne	Esel	asino	burro
caballo	horse	cheval	Pferd	cavallo	cavalo
cariñoso	affectionate, tender	affectueux	zärtlich, liebevoll	affettuoso	carinhoso
chistoso	amusing, funny	blagueur, drôle	witzig	simpatico, buffo	divertido (engraçado)
conejo	rabbit	lapin	Kaninchen	coniglio	coelho
despistado	absent-minded, confused	distrait, perdu	unaufmerksam, zerstreut	distratto	distraído (desligado)
dibujos animados	cartoons	dessins animés	Zeichentrickfilm	cartoni animati	desenhos animados
educado	educated, polite	éduqué, poli	erzogen, wohlerzogen	educato	educado
egoísta	selfish	égoïste	egoistisch	egoista	egoísta
elefante	elephant	éléphant	Elefant	elefante	elefante
gato	cat	chat	Kater, Katze	gatto	gato
generoso	generous	généreux	großzügig	generoso	generoso
guitarra	guitar	guitare	Gitarre	chitarra	guitarra (violão)
hablador	talkative	bavard	Schwätzer	chiacchierone	falador (falador)

ESPAÑOL	INGLÉS	FRANCÉS	ALEMÁN	ITALIANO	PORTUGUÉS (BRASILEÑO)
hacer gimnasia	to do gym(nastics)	faire de la gymnastique	Gymnastik machen	fare ginnastica	fazer ginástica
jirafa	giraffe	girafe	Giraffe	giraffa	girafa
juguete	toy	jouet	Spielzeug	giocattolo	brinquedo
león	lion	lion	Löwe	leone	leão
maleducado	rude, unpolite	mal élevé	unerzogen, unhöflich	maleducato	mal-educado
mentiroso	lying, liar	menteur	Lügner	bugiardo	mentiroso
mono	monkey	singe	Affe	scimmia	macaco
obediente	obedient	obéissant	gehorsam	obbediente	obediente
optimista	optimistic	optimiste	Optimist	ottimista	optimista (otimista)
oso	bear	ours	Bär	orso	urso
paloma	dove, pigeon	pigeon	Taube	colomba	pomba
peluche	stuffed animal	peluche (jouet)	Plüsch, Plüschtier	pupazzo di peluche	pelúcia (bichinho de pelúcia)
perezoso	lazy	paresseux	faul, träge	pigro	preguiçoso
perro	dog	chien	Hund, Hündin	cane	cão (cachorro)
pesimista	pessimistic	pessimiste	Pessimist	pessimista	pessimista
piano	piano	piano	Klavier	pianoforte	piano
pingüino	penguin	pingouin	Pinguin	pinguino	pinguim (pingüim)
responsable	responsible	responsable	verantwortlich	responsabile	responsável
sincero	sincere	sincère	ehrlich, aufrichtig	sincero	sincero
tigre	tiger	tigre	Tiger	tigre	tigre
toro	bull	taureau	Stier	toro	touro
travieso	mischievous, naughty	espiègle	unartig, ungezogen	monello	travesso
uniforme	uniform	uniforme	Uniform	uniforme	uniforme
vaca	cow	vache	Kuh	vacca	vaca
yegua	mare	jument	Stute	cavalla	égua
zoológico	zoo	parc zoologique, zoo	Zoo	giardino zoologico, zoo	zoológico

ámbito 2

ESPAÑOL	INGLÉS	FRANCÉS	ALEMÁN	ITALIANO	PORTUGUÉS (BRASILEÑO)
alegre	happy	gai	fröhlich	allegro	alegre
cambiar	to change	troquer, (é)changer	wechseln, ändern	cambiare	mudar
comilón	greedy, big eater	gros mangeur	gefräßig	mangione	comilão
dejar (de)	to stop	cesser de	aufhören zu	smettere di	deixar de
increíble	incredible	incroyable	unglaublich	incredibile	incrível
incurable	incurable	incurable	unheilbar	incurabile	incurável
invisible	invisible	invisible	unsichtbar	invisibile	invisível
marcharse	to leave	partir	gehen	andarsene	ir embora
materialista	materialist	matérialiste	materialistisch	materialista	materialista
renovable	renewable	renouvelable	erneuerbar	rinnovabile	renovável
robo	robbery, theft	vol	Diebstahl	furto	roubo
seguir sin	still not have	être toujours sans	noch ohne sein	seguire senza	seguir sem
tebeo	comic	illustré (pour enfants)	Comic, Comic-Heft	fumetto	banda desenhada (revista em quadrinhos)
volverse	to turn, to become	devenir	sich verwandeln	diventare	tornar-se, ficar

LECCIÓN 10 ámbito 1

ESPAÑOL	INGLÉS	FRANCÉS	ALEMÁN	ITALIANO	PORTUGUÉS (BRASILEÑO)
agotar	to exhaust	épuiser	erschöpfen	esaurire	esgotar
a lo mejor	maybe, perhaps	peut-être	vielleicht, womöglich	forse	talvez
aumentar	to increase	augmenter	vergrößern, zunehmen	aumentare	aumentar
beneficiar	to benefit	faire du bien, favoriser	nutzen	beneficiare	beneficiar
beneficio	benefit, profit	bienfait, bénéfice	Nutzen, Wohltat	beneficio, profitto	benefício
científico	scientific	scientifique	wissenschaftlich, Wissenschaftier	scientifico	científico
clonación	cloning	clonage	Klonen	clonazione	clonação
conquistar	to conquer	conquérir	erobern	conquistare	conquistar
conservar	to preserve	conserver	konservieren	conservare	conservar
continuar	to continue	continuer	weitermachen, fortsetzen	continuare	continuar
creación	creation	création	Schöpfung, Schaffung	creazione	criação
crear	to create	créer	(er-)schaffen	creare	criar
desarrollar	to develop	développer	entwickeln	sviluppare	desenvolver
desarrollo	development	développement	Entwicklung	sviluppo	desenvolvimento
descubrimiento	discovery	découverte	Entdeckung	scoperta	descobrimento
descubrir	to discover	découvrir	entdecken	scoprire	descobrir
destrucción	destruction	destruction	Zerstörung	distruzione	destruição
destruir	to destroy	détruire	zerstören	distruggere	destruir
disminución	decrease	diminution	Verminderung	diminuzione	diminuição
disminuir	to decrease	diminuer	vermindern, nachlassen, zurückgehen	diminuire	diminuir
embrión	embryo	embryon	Embryo	embrione	embrião
espacio	space	espace	Raum	spazio	espaço
genética	genetics	génétique	Genetik	genetica	genética
humanidad	mankind	humanité	Menschheit	umanità	humanidade

ESPAÑOL	INGLÉS	FRANCÉS	ALEMÁN	ITALIANO	PORTUGUÉS (BRASILEÑO)
inventar	to invent	inventer	erfinden	inventare	inventar
invento	invention	invention	Erfindung	invenzione	invento
investigación	investigation, research	investigation	(wissenschaftlich) Untersuchung	investigazione	investigação (pesquisa)
investigar	to investigate, to research	rechercher	(er)forschen, untersuchen	investigare	investigar (pesquisar)
perjudicar	to damage	nuire à	schaden	danneggiare	prejudicar
perjuicio	damage	préjudice, tort	Schaden	pregiudizio, danno	prejuízo
proyecto	plan, project	projet	Projekt	progetto	projecto (projeto)
quizá	perhaps	peut-être	vielleicht	forse	talvez
secar	to dry	sécher	trocknen	asciugare	secar
siglo	century	siècle	Jahrhundert	secolo	século
tal vez	maybe	peut-être	vielleicht	forse	talvez
universo	universe	univers	Universum	universo	universo

ámbito 2

ESPAÑOL	INGLÉS	FRANCÉS	ALEMÁN	ITALIANO	PORTUGUÉS (BRASILEÑO)
actividad	activity	activité	Aktivität	attività	actividade (atividade)
actitud	attitude	attitude	Haltung	atteggiamento	atitude
aprendizaje	apprenticeship, learning	apprentissage	Lehre	apprendistato	aprendizagem
asociar	to associate	associer	vereinen	associare	associar
asistir	to help, to attend	assister	unterstützen, assistieren	assistere	assistir
atreverse	to dare	oser	sich trauen	osare	atrever-se
comentar	to comment	commenter	besprechen, kommentieren	commentare	comentar
conversación	conversation	conversation	Gespräch	conversazione	conversação
conversar	to talk	converser	sich unterhalten	conversare	conversar
correcto	correct	correct	korrekt	corretto	correcto (correto)
corregir	to correct	corriger	korrigieren	correggere	corrigir
deberes	homework, duties	devoirs	Pflichten, Hausaufgaben	compiti	dever de casa
deducir	to deduce, to deduct	déduire	ableiten, folgern	dedurre	deduzir
ejercicio	practice, exercise	exercice	Übung	esercizio	exercício
equivocarse	to make a mistake	se tromper	sich irren	sbagliarsi	enganar-se (equivocar-se)
error	mistake	erreur	Fehler	errore	erro
explicar	to explain	expliquer	erklären	spiegare	explicar
incorrecto	incorrect	incorrect	falsch	scorretto	incorrecto (incorreto)
innecesario	unnecessary	superflu	unnötig	non necessario	desnecessário
intentar	to try	tenter	versuchen	tentare	tentar
interesar	to interest	intéresser	interessieren	interessare	interessar
inútil	useless	inutile	unnütz, zwecklos	inutile	inútil
más o menos	more or less	plus ou moins	mehr oder weniger	più o meno	mais ou menos
molestar	to bother	gêner, ennuyer	stören, belästigen	dar fastidio, disturbare	incomodar
necesario	necessary	nécessaire	notwendig	necessario	necessário
participar	to participate	participer	teilnehmen	partecipare	participar
poner atención	to pay attention	prêter attention	aufpassen, beachten	prestare attenzione	prestar atenção
practicar	to practise	pratiquer	praktizieren	praticare	praticar
práctico	practical	pratique	praktisch	pratico	prático
preocuparse	to worry, to be concerned	s'inquiéter	sich sorgen	preoccuparsi	preocupar-se
pronunciación	pronunciation	prononciation	Aussprache	pronuncia	pronunciação (pronúncia)
pronunciar	to pronounce	prononcer	aussprechen	pronunciare	pronunciar
regla	rule	règle	Regel	regola	régua
relacionar	to relate, to connect	rattacher, mettre en rapport	in Verbindung bringen	mettere in relazione	relacionar, pôr em relação
repetir	to repeat	répéter	wiederholen	ripetere	repetir
significado	meaning	signifié	Bedeutung	significato	significado
significar	to mean	signifier	bedeuten	significare	significar
útil	useful	utile	nützlich	utile	útil
vergüenza	shame	honte	Scham, Schande	vergogna	vergonha